気候変動期の行政法

山田 洋

気候変動期の行政法

学術選書
254
行政法

信山社

はしがき

　記録的な猛暑に加えて，想定外の迷走台風による豪雨など，今年の夏も，いわゆる気候変動の影響を体感させる気象現象には事欠かなかった。その社会的な影響も甚大となっている。もちろん，個別の気象現象と地球規模の気候変動とを直結させることには慎重であるべきであろうが，その間の一定の関係を示唆する多くの専門家による見解も伝えられている。いよいよ，気候変動の影響も，われわれの身近なものになってきたようである。それに対する社会的な関心も高まることとなり，それへの対応を迫られる国家とりわけ行政の在り方，さらにはそれを統御すべき行政法の役割も問われることとなろう。

　もちろん，筆者の身近な行政法等の研究者においても，これに関係するテーマへの関心は広がっているようで，とりわけ近年は，筆者自身も，各種の場で，気候変動への対応に関連したテーマでの報告や寄稿の機会を与えられることが少なくなかった。これらの論稿について，気候変動に対応するインフラ法制とそれに対する訴訟の在り方，再エネ化などのエネルギー転換と気候変動対策の在り方，気候変動による水害を防御する法制度の在り方，の三部に整理して編集したのが本書である。筆者の能力の限界から，多くの論稿において，ドイツの法制度が多く参照されているのは，従来の拙著と同様である。

　本書の書名については，序章の冒頭に若干の記述をしているが，今回も，随分と大仰なものになってしまった。もちろん，本書は，このような大きなテーマ全体を網羅的あるいは体系的に論ずることを志したものではなく，上述のとおり，様々な機会に執筆した論稿を集約したものに過ぎない。たとえば，再エネ化における定番のテーマである風力発電や太陽光発電については，優れた先行業績も多くあるため，意図的に触れていない。さらに，再エネ化や河川管理などの科学技術的な側面については，もちろん，筆者は全くの素人であり，それぞれの機会に，興味に即して，手近な啓蒙書等で「にわか勉強」したに過ぎない。多くの誤解があるであろうことは，予めお詫びしておく。また，本書のテーマは，法制度だけでも，極めて変化の激しい分野であるが，本書への収録に当たっては，一部の誤記等の修正をしたほかは，各論稿の内容的なアップデートは断念した。これも，筆者の能力の限界に由来するが，今回も，〈追記〉において，その後の動きなどを簡単に紹介するに止めている。文献の引用等が悉皆的でありえないことも，もちろんである。

はしがき

　さて，本書に収録した論稿は，一篇（第9章）を除き，本年3月退職までの6年間にわたる筆者の獨協大学法学部での在職中に執筆したものである。この間，コロナ禍をはさんだこともあって，必ずしも長い年月とはいえなかったものの，まことに快適な環境で過ごさせていただいた。この機会に，同僚の諸先生らの公私にわたるご厚情に対して，深甚の謝意を表させていただく。相変わらず質量ともに中途半端な本書ではあるが，この時期に敢えて出版することを決意したのは，これによって皆様への謝意を形にしたかったからである。もちろん，このような本書の出版が可能となったのは，今回も信山社のご厚意によるが，ご尽力いただいた同社の稲葉文子氏にも，御礼を申し上げる。

　2024年9月　残暑の日　　　　　　　　　　　　　　　　　　筆　者

〈目　次〉

はしがき（v）

序　章　気候変動期の行政法 …………………………………………… 3

 Ⅰ　はじめに（3）
 Ⅱ　気候変動の緩和と行政法（6）
 Ⅲ　気候変動への適応と行政法（9）
 Ⅳ　むすびにかえて（12）

第 1 部　インフラ計画と訴訟

第 1 章　計画策定手続の課題 ……………………………………………… 17

 Ⅰ　はじめに（17）
 Ⅱ　立法化の挫折（19）
 Ⅲ　インフラ施設整備手続の階層化（21）
 Ⅳ　審査事項の多様化と複雑化（24）
 Ⅴ　計画実現の迅速化と市民参加（27）
 Ⅵ　むすびにかえて（30）

第 2 章　気候変動対策としての鉄道整備？
  ——「法律による計画（Legalplanung）」の復活 ……………… 33

 Ⅰ　はじめに（33）
 Ⅱ　計画手続の存在目的（36）
 Ⅲ　計画手続促進論の推移（38）
 Ⅳ　計画手続の促進と「法律による計画」（42）
 Ⅴ　「法律による計画」の復活（45）
 Ⅵ　評価と展望（50）
 Ⅶ　むすびにかえて（55）

目次

第3章　温室効果ガスとインフラ訴訟
　　　　──ドイツの気候保護法をめぐって 59
　Ⅰ　はじめに (59)
　Ⅱ　気候変動と環境影響評価 (62)
　Ⅲ　排出削減への配慮義務 (65)
　Ⅳ　裁判による保障 (68)
　Ⅴ　むすびにかえて (70)

第4章　ドイツにおける気候訴訟 73
　Ⅰ　はじめに (73)
　Ⅱ　個別プロジェクトと気候訴訟 (74)
　Ⅲ　排出削減目標と年間許容排出量の法定 (77)
　Ⅳ　連邦憲法裁決定の登場 (79)
　Ⅴ　連邦憲法裁決定の影響 (81)
　Ⅵ　むすびにかえて (83)

第2部　エネルギー政策と環境

第5章　水銀排出規制と石炭火力発電の将来
　　　　──EU水枠組み指令とドイツ 89
　Ⅰ　はじめに (89)
　Ⅱ　EUの水枠組み指令 (91)
　Ⅲ　石炭火力発電への影響 (93)
　Ⅳ　水銀排出訴訟の登場 (96)
　Ⅴ　悪化防止要請の展開 (98)
　Ⅵ　フェーズアウトの将来？ (100)
　Ⅶ　むすびにかえて (102)

第 6 章　シェールガス採掘と環境リスク
　　　　——ドイツの模索 ·· 105

　　Ⅰ　は じ め に（105）
　　Ⅱ　シェールガスとドイツ（107）
　　Ⅲ　フラッキングと環境リスク（109）
　　Ⅳ　従来の法規制（112）
　　Ⅴ　立法によるモラトリアム（115）
　　Ⅵ　評価と展望（117）
　　Ⅶ　むすびにかえて（120）

第 7 章　水素エネルギー利用の立法的課題
　　　　——ドイツの動向から ·· 123

　　Ⅰ　は じ め に（123）
　　Ⅱ　ドイツの水素エネルギー政策（127）
　　Ⅲ　グリーン水素とブルー水素（129）
　　Ⅳ　水素エネルギーとインフラ法制（132）
　　Ⅴ　むすびにかえて（135）

第 8 章　地熱発電と立地規制 ·· 139

　　Ⅰ　は じ め に（139）
　　Ⅱ　自然公園と地熱発電（141）
　　Ⅲ　自然公園法による規制とその緩和（144）
　　Ⅳ　温泉法による規制（146）
　　Ⅴ　ドイツの地熱発電？（149）
　　Ⅵ　むすびにかえて（152）

　　　　　　　第 3 部　気候変動と洪水防御

第 9 章　洪水防御と土地利用計画
　　　　——ドイツの「浸水地域」制度をめぐって ···················· 157

　　Ⅰ　は じ め に（157）

目次

　Ⅱ　ドイツの水管理法制と洪水防御 (160)
　Ⅲ　浸水地域の設定 (163)
　Ⅳ　新規計画の禁止 (165)
　Ⅴ　計画裁量と衡量 (167)
　Ⅵ　建築の制限 (170)
　Ⅶ　むすびにかえて (172)

第10章　洪水防御は誰のためか
　　　　―― 土地利用規制の保護利益をめぐって ·············· 175

　Ⅰ　はじめに (175)
　Ⅱ　都市計画制度における洪水防御 (178)
　Ⅲ　浸水地域指定と土地利用計画 (181)
　Ⅳ　洪水防御と個人の保護 (184)
　Ⅴ　むすびにかえて (187)

第11章　気候変動への適応と水害リスクの防御 ·············· 191

　Ⅰ　はじめに (191)
　Ⅱ　水害への「適応」とその「主流化」 (193)
　Ⅲ　リスク管理としての水害防御 (195)
　Ⅳ　都市計画による水害防御 (198)
　Ⅴ　むすびにかえて (200)

気候変動期の行政法

序　章　気候変動期の行政法

I　はじめに

(1)　現代を「気候変動期」と呼ぶことが許されよう。もちろん，長期で見れば，地球は，今日まで，さまざまな気候変動を経てきており，（たとえば，氷期の始まりと終わりのように）その変動が顕著であった時期は，たびたびあったはずである。しかし，今日，われわれが直面している気候変動は，長期的な自然現象ではなく，人間の営みによる二酸化炭素などの温室効果ガスの排出に由来する現象であって，従来の気候変動とは質的にまったく異なる。逆に言えば，人間の営みに由来する以上は，人間によって制御が可能な現象であるはずで，その意味でも，従来の現象とは様相を異にすることとなる。

もっとも，こうした意味での気候変動は，現象としては，遅くとも工業化などによって温室効果ガスの排出が急激に拡大して以降は，徐々に拡大してきたはずで，現代において急に発生したものではない。しかし，猛暑（あるいは寒冷）や豪雨（あるいは干ばつ）といった気候変動に伴う極端な気象現象，さらには，それによる健康被害や水害などの様々な社会的な悪影響が顕在化し[1]，これらが人間の営みにより排出される温室効果ガスに由来するものであるとする認識が社会的に共有されることとなったのは，ここ数十年（見方によっては十数年）のことに過ぎない。この結果，1997年採択の京都議定書，さらには2015年採択のパリ条約などを契機として，世界的にも，気候変動への対応が緊急かつ最重要の政策課題として意識されることとなっているのは，周知のとおりである。そうした社会的背景から，温室効果ガスの排出等による気候変動への対応が社会的な最重要の課題として位置付けられる時期として，現代こそが「気候変動期」と呼ぶに相応しいといえよう。

(2)　さて，先にも触れたとおり，現代における気候変動が人間の営みの結果であるとすれば，その制御も人間によってなされうるはずである。そして，それへの対応が一個人や企業の努力のみによっては実現できない以上，気候変動への対

---

[1]　近年では，最早，「気候変動（Klimawandel）」ではなく，「気候危機（Klimakrise）」という呼び方すら，一般化しつつある。たとえば，大塚直「わが国の気候変動法制の展開（総論）」同編『気候変動を巡る法政策』3頁（信山社，2023）。

応は，すぐれて国家の役割ということになる。さらに，もはや，その社会的な影響が放置できない状況に至っているとすれば，それへの対応は，むしろ国家による国民への責任ということにもなろう。もちろん，現代の法治国家においては，こうした気候変動に対応する国家の諸活動を制御することも，法の役割であり，それへの責任は，法的責任ともなりうる。気候変動への対応について，国家が国民に対して憲法上の責任を有すること，さらには，その懈怠が（とりわけ将来の）国民の基本権への侵害と繋がりうることについては，たとえば，ドイツの連邦憲法裁判所による2021年の著名な決定（いわゆる「気候決定」)[2]においても，強調されているところであり，わが国においても，広く紹介されてきた[3]。

　そうした観点からは，気候変動に対応する国家活動を有効に制御するための法制度の設計が急がれることになるが，この分野においても，課題への直接の対応が求められるのは，さしあたり国及び地方の各レベルの行政組織であろうから，それを制御すべきは，主として各分野の「行政法」ということになる。「気候変動期」たる現代において，その課題に対応する行政法あるいは行政法学のあり方が問われる所以である。現実に，わが国のみならず，いずれの国においても，この分野の行政活動を制御するための多くの立法がなされ，行政法学においても，様々な議論が展開しつつある。

　(3)　気候変動に対する国家による対応としては，いうまでもなく，産業活動や道路交通さらには日常生活など，あらゆる分野からの温室効果ガスの排出を削減（あるいは，吸収）して，気候変動にブレーキをかける措置が求められる。先に触れたパリ条約による「2℃目標」なども，このための政策目標を設定し，これを達成するための措置を各国に求めている。いわゆる気候変動の「緩和（mitigation）」である。周知の例を挙げれば，温室効果ガスの排出量の多いエネルギー部門では，化石エネルギーから再生可能エネルギーへの転換を図り，産業部門では，排出権取引や炭素税の導入などにより排出削減を促し，交通部門では，EVの導入といった排出源対策とともに，大量輸送機関への転換を図る，といった措置である。こうした各種の制度を設計するとともに，その実現を確保するのが行

---

[2]　BVerfG, Beschl.v. 24. 3. 2021. BVerfGE 157,30＝NVwZ 2021, S.951ff. (Rn.116ff.).

[3]　わが国における詳細な分析として，桑原勇進「気候変動と憲法」上智法学論集65巻4号133頁（2022）。そのほか，憲法学の観点からの分析として目についたものとして，玉蟲由樹「国家の気候保護義務と将来世代の自由」上智法学論集65巻4号233頁（2022），同「憲法上の権利にもとづく気候保護の可能性」法学館憲法研究所 Law Journal 28号19頁（2023），石塚壮太郎「気候変動対策における世代間の公正な負担」自治研究98巻12号145頁（2022）。筆者自身によるものとして，山田洋「ドイツにおける気候訴訟」法学館憲法研究所 Law Journal 28号67頁（2023）〔本書第4章〕。

Ⅰ　はじめに

政組織の役割であり，それを制御するのが行政法ということになろう[4]。

　ただし，こうした緩和措置が実施され，それが一定の効果を上げたとしても，気候変動の影響を完全に抑え込むことは，困難と考えられる。そうなると，われわれは，相応の気候変動を覚悟しなければならず，これによる社会的な悪影響を減らすための備えをなさなければならないこととなる。いわゆる気候変動への「適応（adaptation）」である。気候変動による豪雨の頻発に備えて，河川管理を強化して洪水被害等の減少を図るというは，もっとも理解しやすい例であろうが，ヒートアイランド現象を軽減するために，都市の緑化や建築制限を実施するなど，極めて多様な方策が考えられよう。この気候変動に対する「適応」は，その「緩和」に比べると，従来は，その必要性についての社会的な関心が薄かったといえようが，パリ条約にも，その必要性への言及があるなど，世界的にも，認識は広まりつつあるといえる[5]。ちなみに，先に触れたドイツの憲法裁決定においても，気候変動の緩和すなわち「気候保護（Klimaschutz）」と並んで，それへの「気候適応（Klimaanpassung）」についても，国家の責務であることが明言されている[6]。この気候変動の緩和の局面においても，国や地方の行政組織の役割，ひいては行政法の機能への期待が大きいことは，言を俟たないはずである[7]。

　⑷　さて，気候変動の緩和とそれへの適応のいずれについても，その実現のために国家がなすべき対応は，極めて多岐にわたる。後にも述べるように，むしろ，全ての国家活動がそれらへの相応の配慮の下になされるべきことになる。一般に，一定の政策目標実現のための国家による社会の制御において，基礎的な意味を持つ手法は，それに向けた土地利用の制御ということになるが，気候変動への対応においても，国家による制御によって，これに配慮した土地利用の実現することは，優先的な課題といえる。たとえば，都市計画においては，温室効果ガスの排出削減に資する街づくりが求められる一方，水害や猛暑に強い街づくりが目指されなければならず，インフラ計画においても，同様の配慮が求められることになろう。ドイツなどにおいて，気候変動への対応の主要な手段として，土地

4）　気候変動の緩和についての行政手法については，すでに，それなりの整理がなされている。わが国の例として，大塚直『環境法BASIC〔第4版〕』438頁（有斐閣，2023）。ドイツの例として，Kloepfer/Durner, Umweltschutzrecht, 3. Aufl. (2020), S.291ff.

5）　先駆的なものとして，Reese, Klimaanpassung im Raumplanungsrecht, ZUR 2015, S.16ff.: Köck, Festlegelungen zur Anpassung an den Klimawandel durch die Raumplanung, ZUR 2013, S.269ff.; Kment, Raumplanung unter Ungewissheit, ZUR 2011, S.127ff.

6）　BVerfG, (Fn.2), Rn.144ff.

7）　気候変動に対する適応についての行政手法の整理を試みるものとして，Hilbert, Klimawandelanpassung durch Verwaltungsrecht, DVBl. 2022, S.1409ff.

利用計画あるいは国土利用計画（Raumplanung）が取り上げられる所以である[8]。

　いうまでもなく，土地利用の制御は，行政法あるいは行政法学の伝統的かつ主要な対象分野である。伝統的な土地利用計画制度あるいは計画法理論の中に，いかにして気候変動への対応を組み込んでいくべきかが問われることとなる。本稿では，極めて広範にわたる気候変動の緩和と適応に対する行政法学の課題の中から，土地利用の制御の問題に例を取りながら，その課題を概観したい。

II　気候変動の緩和と行政法

　(1)　わが国における気候変動の緩和，とりわけ温室効果ガスの排出削減に対する取組については，企業の自主的な取組の偏重や実効的な施策の遅れなどへの批判は絶えないものの[9]，それなりに多様な施策が実施されてはきたわけで，それについての法制度も極めて多岐にわたる[10]。しかし，その詳細を紹介することは，本稿の課題ではない。その中で，わが国における気候変動の緩和策の枠組みを定めているのは，1998年に制定された「地球温暖化対策の推進に関する法律」であり，幾度もの改正を経て，今日に至っている[11]。この法律自体においては，温室効果ガスの排出抑制のための具体的制度としては，排出企業による排出量の算定・報告・公表の制度が規定されているのみであるが，同法に基づいて定められる国の「地球温暖化対策計画」と地方公共団体の実行計画の定める枠組みに従って，各種の対策が実施されることとなる。

　ちなみに，この法律の対象は，後に述べる「気候変動適応法」と異なり，「気候変動」ではなく「地球温暖化」とされている。両者の定義を子細に比較すると，「地球温暖化」が人の営みに由来する現象に限定されているのに対して，「気候変動」には純粋の自然現象も含みうることとされている点で，両者は区別されている。原因である排出の抑制を基本とする「緩和」においては，その対象は人為的な「地球温暖化」とされる一方，結果である社会的影響に対する対策である「適応」においては，その原因を区分することは困難かつ無意味であるので，その対象は原因を問わない「気候変動」とされ，区別されているのである。日常用語とは異なる実定法上の約束事である[12]。

　8）　たとえば，Reese, ZUR 2015, S.16ff.; Hilbert, DVBl. 2022, S.1410ff.
　9）　その課題について，大塚直「わが国の気候変動法制の課題」同編・前掲注1）419頁。
　10）　大塚・前掲注4）436頁など。
　11）　改正の経緯や法の内容につき，大塚・前掲注4）438頁など。
　12）　この点につき，角倉一郎「気候変動適応法の展開」大塚編・前掲注1）89頁。

さらに付言すれば，対策推進法の対象となる地球温暖化対策としては，もちろん温室効果ガスの排出抑制が中心となるが，これと並び，その「吸収」も含まれている。いわゆるカーボンニュートラルの実現のためには，森林の保全や拡大などによる吸収も重要ではある。そのほか，政府や産業界では，温室効果ガスを回収して地中に貯蔵する新技術である「二酸化炭素回収貯留（CCS）」にも期待が集まり，試行などもなされている[13]。ただし，これについては，なお技術的あるいは経済的なハードルが高いようで[14]，むしろ，化石燃料利用の延命の口実ではないかとの批判もある。

　(2)　さて，四半世紀前の制定以来，時代の推移を反映しながら，大小の改正を重ねてきた同法であるが，本稿の関心事との関係で最も注目すべきなのは，2021年の改正である。前年に当時の総理大臣が2050年のカーボンニュートラルの実現を宣言したのを受けて，この改正においては，同法の「基本理念」として，パリ条約の「2℃目標」や「1.5℃目標」を踏まえて，わが国で2050年までに「脱炭素社会」（いわゆるカーボンニュートラル）の実現を目指す旨が明文化されている[15]。わが国の法律において，このような政策の数値目標と達成年度が明文化される例は，必ずしも多くはない。

　もちろん，わが国でも知られているドイツの気候保護法（Klimaschutzgesetz）[16]においては，こうした最終目標に加えて，それを達成するために遵守すべき各部門ごとの毎年の排出許容量なども明文化されている。これに比較すれば，わが国の立法の在り方は，抽象度が高く，その実効性に疑問が残ることは否定できない。しかし，こうした国家としての政策目標が法律で明文化されたことの現実の重みは無視しがたい。この目標を実現するために，同法に基づく推進計画などに基づいて，さまざまな施策がより積極的に実現していくこととなろうし，長年の懸案である炭素税の本格導入[17]などの施策についても，この立法が一つの弾みとなりうるかもしれない。なによりも，この立法化によって，温暖化対策を直接の目的としない各種の国家活動についても，この法定された国家目標

---

[13]　柳憲一郎「CCS法制度・政策戦略に関する統合的研究」大塚編・前掲注1）59頁。
[14]　ちなみに，ドイツは，この技術に極めて慎重であり，法整備はなされたものの，実際の進展はない。Kloepfer/Durner, aaO. (Fn.4) S.310f.
[15]　大塚・前掲注4）443頁など。
[16]　Bundes-Klimaschutzgesetz v. 12. 12. 2019, BGBl. I S.2513. zuletzt geändert am 18.8. 2021. BGBl. I S.3905. この法律についての紹介として，勢一智子「ドイツにおける気候変動法制の進展」大塚編・前掲注1）169頁。そのほか，山田洋「温室効果ガスと訴訟」法と政治72巻1号591頁（2021）〔本書第3章〕。
[17]　大塚・前掲注9）423頁など。

との整合性が問われなければならなくなるはずである。いわば温暖化対策が「メインストリーム化（mainstreaming）」されることになるのであろう。

　(3)　こうした変革に対して，直ちに対応が問われることになるのが土地利用の制御の分野といえる。土地利用の在り方は，そこにおける人間の活動と不可分であり，人間の活動は，多かれ少なかれ，温室効果ガスの排出と結びつく。そうであれば，全ての土地利用の在り方は，温室効果ガスの削減という政策目標との整合性を問われなければならないはずであるし，それに資するような国家による制御がなされるべきこととなろう。それを実現するためのさまざまな立法措置が正当化され，さらには求められることになろうし，土地利用の制御のための既存の法令の解釈も，それに資するように再構成されるべきこととなるはずである。そこにおける計画裁量の在り方とその判断過程の制御は，行政法学における古くからの重要課題でもある[18]。

　先に触れたドイツの気候保護法は，全ての国家的な計画や決定において，同法の目的や同法所定の目標に配慮すべきことを明文化している[19]。近年では，この規定を根拠として，自動車道路の延長計画について，それによる温室効果ガスの排出増加についての明示的な配慮を欠くため違法（ただし，手続の補充により治癒）であるとする連邦行政裁判所の判決なども登場して，注目を集めている[20]。わが国の対策推進法には，こうした条文はないものの，その立法趣旨は共通していよう。今回の改正で明文化された同法の基本理念は，同法のみならず，他の法の解釈にも影響する「横断条項」として機能させることもできるはずである。この目標を援用することにより，排出削減に資する各種の措置の公益性が根拠づけられるとともに，排出拡大につながる措置の規制が正当化されることとなろう。温室効果ガス削減に逆行する土地利用の象徴である石炭火力発電所の新設に対しては，各地で訴訟が頻発しているが[21]，温室効果ガス排出の違法性の主張を裁判の土俵に上げること自体に原告が苦労を強いられている現状を考えると，同法の適用の活性化が期待される。

---

[18]　計画裁量と衡量原則に関する近年の労作として，海老沢俊郎『行政裁量と衡量原則』1頁（信山社，2021）。

[19]　この点について，山田・前掲注16）591頁。さらに，Kment, Klimaschutzziel und Jahresemisionsmenge – Kernelemente des neuen Bundes-Klimaschutzgesetz, NVwZ 2020, S.1537ff.; Schink, Das Berücksichtigungsgebot des §13 Klimaschutzgesetz, NuR 2021, S.1ff.

[20]　BVerwG, Urt. v. 4. 5. 2022, NVwZ 2022, S.1549ff. その解説として，Uechtritz, NVwZ 2022, S.1525ff.

[21]　さしあたり，島村健「SDGsと気候訴訟」ジュリスト1556号49頁（2022）。

(4) もちろん，この政策目標との整合性によって，排出削減に資する全ての措置が正当化されるわけでもなければ，全ての排出行為が許されなくなるわけでもない。ドイツの気候保護法の表現を借りれば，行政による各種の意思決定において，他の様々な要素とともに，重要な一要素として「配慮（Berücksichtigung）」されなければならないのである[22]。この点は，先の行政裁判所判決も強調するところであり，排出削減の要請は他の衡量要素に絶対的に優先するわけではなく，結論としては，本件の道路延長による影響は少ないとして，その決定が適法とされている。たとえば，太陽光発電や地熱発電施設の設置は，排出削減に資するものとして正当化されようが，それが景観や自然保護の利益に常に優先するかといえば，そうではない。あるいは，原子力発電は，排出削減に資するかもしれないが，その是非については，別途の議論が必要となろう。

　結局，問題は，各種の国家的な意思決定に際しての利益衡量において，温室効果ガス排出削減の利益について，その適正な重みづけを如何に確保するかである。もちろん，この問題は，衡量過程の適正化という行政法学の積年の課題の延長線上にある。個々の計画や決定に係る温室効果ガスの排出の拡大や抑制は，地球規模の気候変動に与える影響としては，常に微少である。しかし，こうした微少な影響の積み重ねが気候変動を惹起してきたことも，また，事実であり，こうした微少な影響を個々に吟味していくしか気候変動を緩和する途はない。たとえば，環境影響評価における温室効果ガスの排出の評価方法の工夫など，微少な影響を最少化する制度的な工夫が求められよう。

III　気候変動への適応と行政法

(1) 気候変動による社会的な悪影響としては，水害や熱中症の増加といった顕在化したもののほか，農林水産業の被害，疫病の拡大，動植物の生態系の変化など，多様なものが考えられ，それへの対策も，温室効果ガスの削減などと比較しても，はるかに多岐にわたりうることとなる。こうした中で，水害対策などは，かなり早期から，気候変動による降水量の増加等を意識した対応がなされてきた。しかし，気候変動への適応が一つの国家的な政策パッケージとして意識されるようになったのは，2018年の「気候変動適応法」[23]とそれに基づく「気候変動

---

[22] この点を強調するものとして，Haß/Peters/Schöneberger/Verheyen, Das Gebot der Berücksichtigungen der Klimaschutzes auf Vorhabenebene – de lege lata und de lege ferenda, NVwZ 2023, S.113ff.

[23] これについて，角倉・前掲注12)83頁，村上慈「気候変動適応法」法令解説資料総覧443号

序　章　気候変動期の行政法

適応計画」が契機となっている。これについての計画の策定（2015年に先行）という面では，ドイツ（2008年）などの各国にやや後れを取った感があるが，気候変動の緩和策とは独立し，それへの適応策に特化した法律としては，先行例は見当たらないようである[24]。

　先に見た温暖化対策推進法と同様に，この気候変動適応法も，法律自体が国家等によりなされるべき具体の適応措置を定めているわけではなく，それらは同法に基づいて設定された気候変動適応計画に定められることとなる。そうした意味では，同法制定の直接的意味は，同計画を法定計画化したことにあるといえる。なされるべき適応策が極めて他分野かつ多岐にわたる以上，こうした構造は，当然のことともいえる。とはいえ，多岐にわたる措置が適応計画によってパッケージ化されることになるわけで，法定計画化の意義は少なくない。

　さらに，現在の対策推進法においては，その基本理念として温室効果ガスの排出削減目標を明文化しているのに対して，適応法は，こうした規定を欠き，その目的として，気候変動への「必要な措置」を講じて，「気候変動適応を推進」し，「国民の健康で文化的な生活の確保に寄与する」という極めて抽象的な規定を置くのみである。緩和策と異なり，適応策については，多様な影響に対する措置が求められることになるから，達成すべき全体的な数値目標といったものの設定にはなじまず，パリ条約においても，もちろん適応についての数値目標は存在しない。したがって，こうした適応法の在り方は当然ともいえる。ちなみに，ドイツにおいても，先に触れた気候保護法とは別に，連邦の気候変動適応法の立法手続が進められ，2023年12月末に同法[25]が公布（翌7月施行）されるに至っているが，ここでも，わが国と類似の抽象的な目的規定が置かれているにとどまる。

　(2)　ただし，ここで注目しておきたいのは，ドイツの適応法は，そこでの目的規定の抽象性にもかかわらず，気候保護法と同様に，全ての国家の決定や計画に際して，これに「配慮」すべきことを義務付けていることである。もちろん，ここでは，気候保護法におけるのとは異なり，数値目標の達成との関係で国家活動の在り方を評価するといったことはできないが，たとえば，気候変動による降水量の増加についていえば，河川施設の計画はもちろん，各種の都市計画やその他

　　29頁（2018）。
24)　村上・前掲注23)29頁。
25)　Bundes-Klimaanpassungsgesetz（KAnG）von 20.12.2023, BGBl. I, 2023 Nr.393, S.1ff. この法律について，Fellenberg/Dingemann/Römling, Das Bundes-Klimaanpassungsgesetz, NVwZ 2024, S.281ff. ドイツにおける気候変動への適応法制につき，勢一智子「ドイツにおける気候変動適応法制の動向」大塚編・前掲注1)333頁。

のインフラ設置計画などにおいても，これに対する対応を明示的に考慮することが義務付けられることとなる。もちろん，場合によっては，従来からの計画についても，気候変動への適応の観点からの見直しが求められよう。

もっとも，ドイツにおいては，気候変動への適応と直接の関係が考えられる河川管理に係る水管理法や都市計画に係る建築法などについては，2013年などの法改正によって，気候変動の緩和に加えて，それへの適応についても，考慮すべき原則として明文化されている[26]。その意味では，今回の適応法が立法化されても，それほど大きな影響はないとも考えられる。そうした意味から，考えなければならないのは，わが国の現状である。もちろん，わが国の気候変動適応法には，地球温暖化対策推進法と同様に，ドイツにおけるような「配慮条項」は存在しない。さらに，都市計画法や河川法などの関連諸法においても，気候変動対応への言及は，見当たらない。

たとえば，従来のわが国における河川管理は，もっぱら河川施設の強化により洪水を起こさないことを旨としてきたが，気候変動による豪雨の頻発により，限界が来ている[27]。もはや流域の土地利用の制御などにより，洪水被害を低減する方策への転換が始まっている。これが「流域治水」である[28]。ここでは，河川管理と都市計画との接合が求められることになるが，結局は，気候変動への適応の視点からの河川法と都市計画法との役割ないしは解釈の見直しが求められつつある。配慮条項の明文を欠くとはいえ，地球温暖化対策推進法と同様に，気候変動適応法についても，ある種の「横断条項」として，たとえば，河川法と都市計画法に気候変動への適応の観点を注入し，そうした観点から両方を接合する役割が求められるのではないか[29]。

(3) 類似の例を別の観点から述べれば，現在の都市計画法あるいは建築基準法において，洪水の被害の蓋然性が高い開発行為や建築を拒むことは，必ずしも容易ではない。結局のところ，もともとの法の仕組みにおいても，個別の開発等の是非の判断においても，開発による経済的な利益のほうが将来的な洪水の危険回避の利益よりも優先されがちだからである。先に触れた気候変動の緩和におけるのと同様の利益衡量における利益の重みづけの問題であり，気候変動への適応

---

26) Hilbert, DVBl. 2022, S.1409ff.
27) 山田洋「気候変動への適応と水害リスクの防御」法律時報91巻8号64頁（2021）〔本書第11章〕。
28) 宇賀克也「流域治水関連法について」行政法研究49号5頁（2023）など。
29) ただし，本法が「基本法」ではないため，河川法等にリンクさせる規定が必要とする指摘として，大塚・前掲注9）469頁。

は，不確定な将来のリスクへの対応という性格が強いこともあって，気候変動の緩和以上に軽視されがちな利益であるといえよう。

先に地球温暖化対策推進法について述べたのと同様に，気候変動対応法についても，あらゆる法分野における気候変動対応のメインストリーム化を求めるものと解したい。配慮条項を明文化しているドイツに準じて，気候変動への適応策に対する相応の配慮がなされ，それに相応の重みづけがなされることが要請されていると解されよう。いうまでもなく，この気候変動への適応の利益が他のすべての利益に常に優先されるべきものでないことも，気候変動の緩和の利益と同様である。相応の重みづけが可視的な衡量過程の中でなされるべきであり[30]，こうした仕組みの構築が行政法学の年来の課題であることも，先に述べた。

Ⅳ　むすびにかえて

(1)　以上，わが国における気候変動の緩和とそれへの適応の今後のあり方について，これらの政策的な枠組みを規律する地球温暖化対策推進法と気候変動適応法という観点から，考えてきた。もちろん，従来から，こうした法律の目的や理念を定めた諸規定は，法的な拘束力を欠く宣言規定と解されるのが通常であり，いわんや，他の法令の解釈適用に影響を及ぼすものではないとされることになる。むしろ，これを他分野に持ち込むことについては，他事考慮として抑制的に考えられてきたのは，周知のとおりである[31]。しかし，ここまで述べてきたように，パリ条約などの国際的な趨勢を踏まえた立法経緯に照らしても，これらの法律は，すべての国家活動において気候変動の緩和とそれへの適応への配慮を求める趣旨と解するべきで，こうした配慮のメインストリーム化を目指すものと理解すべきであろう。本稿で念頭に置いてきた例でいえば，今後のすべての都市計画やインフラ計画などにおいて，温室効果ガスの排出抑制や気候変動に則した水害対策などについて，適切な配慮が明示的になされることが要請されるといえる。

行政法学的な表現をすれば，国や地方の行政組織による土地利用等の決定において，その計画裁量の基礎となるべき利益衡量の中で，気候変動の緩和とそれへの適応という利益が確実に考慮され，それらの利益に適切な重みづけがなされる

---

30)　ドイツにおいても，強調されるところであり，最近のものとして，Muffler, Klimaschutz in der Abwägung von Verwaltungsentscheidungen, KlimR 2023, S.240ff.
31)　この点につき，大塚・前掲注9）469頁など。

Ⅳ　むすびにかえて

ことが求められることとなる。従来の理論枠組みにおいても，こうした衡量過程は，本来，すべての関連利益に対して開かれていたはずで，これまでも，各種の環境利益などの新たな利益が加えられてきた。たとえば，都市計画法に基づく衡量過程の中に，対策推進法や適応法によって新たな利益が加えられることになるわけで，行政法学には，従来の計画裁量論の延長線上で，これらの利益にどのような重みづけを与えるかが問われることになろう。

(2)　先にも述べたように，個別の計画や決定に係るプロジェクトによる温室効果ガスの排出量，あるいは，それによる排出抑制効果については，地球規模の気候温暖化に対して与える影響は，常に微少である。同様に，気候変動による甚大な社会的影響を前にすれば，個別の適応策により回避しうる被害も，常に微少であろう。もちろん，衡量過程において，こうした利益が他の利益に対して絶対的に優位するものではないことも先に述べた。他方，こうした微少な利益は，放置すれば，衡量過程の中で埋没し，結局は無視されることも，これまでの経験が示すところである。

ともすれば埋没する傾向にあった生活環境や自然環境の利益を可視化し，これに対する評価を客観化するために，行政法学は，一般的な利益衡量の過程とは独立させて，環境影響評価という制度を発展させてきた。ここでは，対象事業による環境への影響を可視的に予測し，それによる負荷を最小化する途が探られることとなる。おそらく，将来的には，対象となる国家活動による気候変動の緩和やそれへの適応に対する効果を客観的に評価し，可能な限り，それを最大化する途を探る場としての「気候変動影響評価」といった制度について[32]，環境影響評価との関係なども含めて[33]，制度設計の議論が求められよう。

今後の途は，なお遠いが，残された時間は，多くはなさそうである。

〈追記〉

　本稿は，2023年9月16日，東呉大学（台北）において開催された同大学環境エネルギー法研究センター及び台湾環境資源エネルギー法学会の主催による研究会における報告を基に，脚注を付すなどの加筆修正を加えたものであり，2024年4月，「気候変動期の行政法学」の題名で獨協法学123号に掲載されている。研究会の開催にご尽力いただいた東呉大学の関係の諸先生及び当日の通訳の労を煩わせた頼宇松副教授（国立東華大学）に謝意を表させていただく。

---

32) こうした制度について，Kling, Zur Klimaverträglichkeitsprüfung, ZUR 2024, S.141ff.
33) 環境影響評価との関係についての指摘として，大塚・前掲注9）458頁など。

◆ 第1部 ◆
インフラ計画と訴訟

第1章　計画策定手続の課題

I　はじめに

　(1)　わが国においても，ようやく，地球規模の気候変動への対応が重要な政治課題として意識されつつある。国の責務として，地球温暖化対策促進法により，エネルギー転換による温室効果ガスの削減などの気候変動への対応が，さらに，気候変動適応法により，洪水対策などの気候変動への適応が求められることとなった。これらの法律とそれにより法定化された基本計画によって，その厳密な法的効果は置くとしても，国によるすべての事業等において，温室効果ガスの削減や気候変動への適応などへの配慮が義務付けられ，これらへの配慮は，よく使われる言葉に従えば，「メインストリーム化」されたことになる[1]。

　とりわけ，道路，鉄道，電力施設，河川施設などのインフラ施設に係る事業においても，こうした気候変動への対応と適応への配慮は，必須となる。もちろん，気候変動への対応策の一環としてのエネルギー転換のために新たな送電線整備が必要とされたり，気候変動による豪雨対策として河川施設の整備が求められるといった気候変動対策を直接の目的とする施設整備も増えるであろう。さらに，道路整備といった気候変動対策を直接の目的としない事業においても，一方では，それによる交通量の拡大による温室効果ガスの排出増加と森林伐採による吸収減少といった気候変動への影響，他方では，今後の豪雨における洪水浸水時の影響や避難救援の機能など，気候変動への様々な配慮が求められることになる。

　(2)　土地収用における公益性判断などに関する判例に待つまでもなく，インフラ施設の在り方に関する政策判断は，結局のところ，それによって「得られる利益」と「失われる利益」との比較衡量によるべきこととなるが，社会の複雑化や価値観の多様化によって，そこでの衡量に供されるべき要素は，拡大の一途をたどってきた[2]。周辺の生活環境や自然環境への配慮などは，もはや欠かせない要素となっているが，先に触れた気候変動への配慮も，その新たな一例といえる。このように衡量要素が多様化し，その過程が複雑化するほど，他の要素との関係

---

[1]　この点につき，さしあたり，山田洋「気候変動への適応と水害リスクの防御」法律時報91巻8号64頁（2019）〔本書第11章〕。

[2]　インフラ施設の在り方に関する利益衡量につき，著名な例として，最一判平成18年11月2日民集60巻9号3249頁。

17

において，ある要素が無視されたり，応分に評価されないといった事態が生ずるリスクも大きくなる。さらに，その一時期の風潮などにより，重要な利益が過小評価されるといった事態も起こりうる。

　たとえば，温室効果ガスの削減の利益などは，他の経済的利益などとの比較において，従来から等閑視されてきたことは疑いなく，今後も相応の評価を受けるか否かは不安なしとしない[3]。地球温暖化対策推進法は，この要素の重みづけを法定化したともいえようが，こうした個別の立法措置と並んで，すべての必要な諸要素について，それが衡量において適切に評価されることを保障するため，透明度が高く検証可能な衡量プロセスの制度化が求められてきたわけであり，そうした要請は，ますます強まっていると考えられる[4]。

　(3)　こうしたインフラ施設の設置計画について，関係する諸利益を適正に反映して，これを決定するための手続は，諸外国に広く存在しているが[5]，ドイツにおける計画確定手続（Planfeststellungsverfahren）が広く知られてきた。これについては，著者自身のものも含めて，わが国でも多くの紹介がなされているが[6]，自動車道，鉄道，空港，廃棄物施設，送電線などのインフラ施設等において，幅広く採用されている施設設置手続であり，1976年制定の行政手続法に一般規定がおかれている。もともとは，19世紀前半のプロイセンにおける鉄道設置手続を起源とする古い歴史を有する制度であるが，行政手続法の制定後も，環境影響評価が組み込まれるなど，様々な変容を経ながら，新たな利益を含めた多様な利益について，これらをインフラ整備に柔軟に反映する手続として，今日まで，機能し続けてきた[7]。たとえば，最近でも，これまで触れてきた温室効果ガス削減について，自動車道路新設に際しての計画確定手続において配慮されるべき重要な利益であることを強調する連邦行政裁判所判決が登場して，注目を集めている[8]。

3）各地の石炭火力発電所に関する訴訟において，温室効果ガス対策への配慮の在り方が争われているが，これについて，島村健「SDGsと気候訴訟」ジュリスト1566号49頁（2022）。
4）近年の一例のみを挙げれば，西田幸介「大規模プロジェクトにおける利害対立とその調整」法学教室505号30頁（2022）。
5）たとえば，フランスにおける公衆参加手続について，久保茂樹『都市計画と行政訴訟』81頁（日本評論社，2021）。
6）著者自身によるものとして，やや古くなったが，山田洋「施設設置手続の基本設計」同『大規模施設設置手続の法構造』1頁（信山社，1995）など。
7）近年までの動きについて，山田洋「気候変動対策としての鉄道整備？」獨協法学112号351頁（2020）〔本書第2章〕。以下，本稿の性格上，ドイツ文献の直接の引用は，避ける。
8）こうした判決につき，山田洋「ドイツにおける気候訴訟」法学館憲法研究所 Law Journal 28号78頁（2023）〔本書第4章〕。

そのほか，再エネ電力のための送電線の設置促進のための様々な手続的な工夫がなされるなど[9]，ドイツにおけるインフラ設置手続としての計画確定手続は，実体法および手続法の両面におけるイノベーションを経ながら，重要な役割を果たし続けている。

この手続は，要するに，関係者及び関係機関の参加の下に，当該施設に係るすべての諸利益を衡量して，その在り方を一元的に決する手続であるが，わが国でも，これに範をとった手続の立法化が話題となったことがある。30年前の行政手続法の制定過程の初期に，その立法課題とされていた「計画策定手続」であり，これが本稿のテーマである。そこでは，当初は，用途地区などのゾーニング計画を念頭に置いた土地利用規制計画策定手続と並んで，インフラ施設整備の手続である「公共事業実施計画確定手続」が検討対象とされていた。前者については，すでに都市計画法による一応の立法的整備がなされていることでもあり，気候変動への対応など，インフラ施設整備の在り方が新たに問われる中，この機会に，とくに後者の計画確定手続の立法化について再考してみたい[10]。

II　立法化の挫折

(1)　1980年に当時の行政管理庁の下に「行政手続法研究会（第一次研究会）」が設置され，それによって1983年に「法律案要綱（案）」が発表されたが[11]，この第一次研究会案が1993年制定の現行の行政手続法の母体となったことは，周知のとおりである。この研究会は，もともと，行政の透明化等を図るための「長期的な課題」としての行政手続法の在り方を検討することを目的としていた。当時は，その立法化が見通せていなかったこともあって，そこでは，未だ制定から間もなかった（西）ドイツの行政手続法を含め，比較法的な調査も踏まえて，幅広い対象についての検討がなされている。そして，その成果である要綱案においては，処分や行政指導に関する手続と並んで，後に立法化が実現することとなる命令制定手続（行政立法手続）のほか，本稿のテーマである計画策定手続（土地利用規制計画策定手続及び公共事業実施計画確定手続）に関する規定も置かれていた。

---

9) この点につき，マルティン・イブラー（山本紗知訳）「計画確定」獨協法学109号339頁（2019）。
10) ドイツの動向を参照しつつ，わが国の計画策定手続の整備を提唱する近年の論稿として，長谷川福造「ドイツにおける計画策定手続の展開に関する考察」日本法学86巻1号1頁（2020）。
11) 行政手続法研究会「行政手続法研究会報告」ジュリスト810号42頁（1984）。

ただし，これも周知のとおり，その後の行政手続法の立法化は，当時から緊急の政治課題とされてきた行政改革とりわけ規制改革の流れに乗ることによって実現することとなる[12]。その過程において，法の内容においても，そうした課題から縁遠いと考えられた規定内容が削ぎ落されていく結果となった。すなわち，行政改革を旗印とする第二次臨時行政調査会の答申を受けて1985年に総務省に設置された「行政手続研究会（第二次研究会）」は，1989年に新たな要綱案を含む中間報告を答申しているが[13]，ここでは立法を急ぐ見地から，官庁等の抵抗が強い命令制定手続や計画策定手続は除外されることとなった。そして，以後の立法過程においても，この骨格が維持されて，1993年の行政手続法の立法化に至ったわけである。

（2）もっとも，計画策定手続とともに積み残しとなった命令制定手続については，1996年に発足した行政改革会議の主導するいわゆる「橋本行革」の過程において，行政の内部的ルールによる不透明な経済規制への対策としてのパブリック・コメント制度として，あらためて注目されることとなる。これが規制に係る「意見提出手続」として1999年の閣議決定により制度化され，結果的には，行政手続法の見直しのための「行政手続法検討会」による報告を経て[14]，現行の「意見公募手続」として2005年の法改正により行政手続法に取り込まれることとなっている。

ただし，この検討会においても，一応，法全般の見直しが目的とはされていたものの，実際上は，当初からの共通認識として，意見公募手続の立法化の実現が目指されていたわけで，ここでも計画策定手続は，積み残される結果となった。もちろん，この意見公募手続についても，その対象として，現在の命令等だけではなく，インフラ計画等を加えるといった制度設計もありえなくはない。そのような方向での立法化の提案もなされているし[15]，現実にも，それに近い運用も存在する[16]。しかし，規制改革を原動力とする当時の背景事情を考えると，意見公募手続の立法化の過程で，このような対象の拡大が本格的に検討される状況にはなかったといえる。

---

12) 以下，行政手続法の制定・改正の過程と規制改革の関係につき，山田洋「行政手続法と規制改革」法律時報80巻10号22頁（2008）。
13) 行政手続法研究会「行政手続法研究会（第二次）中間報告」ジュリスト949号100頁（1990）。
14) 「行政手続法検討会報告」ジュリスト1304号92頁（2006）。
15) 行政計画への意見公募手続の拡張について，仲野武志「行政上の計画論（四・完）」自治研究95巻4号75頁（2019）。
16) インフラ施設についてのパブリック・コメントの実施について，西田・前掲注4)35頁。

III　インフラ施設整備手続の階層化

　(3)　結局，インフラ施設計画などに関する計画確定手続の立法化は，行政手続法の立法化さらには改正の過程において，積み残されてしまうこととなった[17]。その後も，いわゆる「公共事業の見直し」論の高まりの中で，いわゆるパブリック・インボルブメントの仕組みが話題となるなど，その端緒となりうる状況もなくはなかったのであろうが[18]，実際上は，その立法化が具体的な検討課題とされることもなく，今日に至っている。30年前の行政手続法の制定当時に比べても，それが話題となることすら少なくなったといえそうである。

　もちろん，こうした状況は，何よりも，規制緩和という時の政治課題に乗れなかったといった実際的な動機付けの欠如によるものといえる。しかし，それと並んで，こうした手続の立法化に伴う技術的なハードルの高さが妨げとなっていることも否定できない。もちろん，第一次要綱案における計画確定手続の提案については，その性格上，他の部分以上に大づかみであったことは，関係者も自覚していたはずである。そして，そのまま，それ以上の吟味の機会を経ることなく，今日まで放置されてきた。

　この間，その提案のモデルとなったドイツの行政手続法における計画確定手続の在り方は，時代の要請に応えて，大きく変貌しているが，こうしたドイツにおける制度のアップデートをもたらした社会的要請の多くがわが国にも共通するとも考えられる。この結果，今日のわが国において，その是非と現実性はともかく，もし，以前のように「ドイツ並み」の計画確定手続の整備を標榜するとすれば，そのハードルは，当時より格段に高くなっているといえよう。以下，ドイツにおける変貌の経緯を管見しながら，わが国の立法化において想定される課題のいくつかについて，考えていくこととしたい。

III　インフラ施設整備手続の階層化

　(1)　計画策定の手続の立法化を考えるにしても，いうまでもなく，行政機関によって策定される「計画（Plan）」には極めて多様なものがあり，すべてを単一の手続規定の対象とはできない。視野をインフラ施設の整備計画に限定するとしても，交通施設，エネルギー施設，河川施設，廃棄物施設など，その種類は，ほとんど無数といえる[19]。そのため，インフラ施設の計画確定手続の対象となる

---

[17]　当時から，多くの指摘があるが，著者自身のものとして，山田洋「行政手続」法学教室226号31頁（1999）。
[18]　パブリック・インボルブメントと計画策定手続について，交告尚史「計画策定手続」ジュリスト1304号68頁（2005）。

第 1 部 インフラ計画と訴訟　第 1 章 計画策定手続の課題

施設については，何らかの形で限定して法定化すべきこととなり，ドイツの行政手続法による計画確定手続の対象となる施設も，遠距離道路法に基づく道路，一般鉄道法に基づく鉄道，航空交通法に基づく空港など，この手続による旨を個別の事業法が定めたものに限られる。対象とすべき施設の範囲や法定化の形式等は措くとして，これを法定化すべきこと自体は，当然といえる。

　さて，こうした手続をわが国で立法化するとすれば，たとえば，大規模インフラ施設の代表格である新幹線鉄道は，当然，その対象として法定化されるべきこととなろう。ただ，問題は，高速道路等の他の多くの施設と同様に，新幹線鉄道についても，全国新幹線鉄道整備法によって，階層的な計画システムが定められていることである[20]。すなわち，大雑把な言い方をすれば，まず，国交大臣は，「基本計画」によって，その起点終点や主な経由地等を決定し，さらに，これに基づく「整備計画」によって，より詳細なルートなどを決定する。そして，これに基づいて建築の指示を受けた建築主体が「工事実施計画」を策定して国交大臣の認可を受けて，それに沿って工事がなされる三段階の仕組みである。ここに計画確定手続を組み込もうとすれば，いずれの「計画」の段階をその対象とするかが問題とならざるを得ない。

　(2)　これと類似の構造は，ドイツにおいても見ることができ，そこでの鉄道や遠距離道路についても，基本的には，三段階の計画システムが定められている[21]。まず，現在は法律の形式で全国的な路線計画が定められ，これに基づいて，路線ごとのルート等の計画決定（路線決定）が策定される。さらに，区間ごとの詳細な計画についての確定決定（計画確定決定）がなされて，これに基づく工事が実施されることとなる。いうまでもなく，行政手続法所定の「計画確定手続」が実施されるのは，最後の計画確定決定の段階である。こうしたネットワーク型の施設に限らず，計画確定手続の対象とされる他のインフラ施設についても，それに先行して，個別の事業法によるさまざまな計画が策定されており，それぞれの策定手続が存在しているわけである。さらに，こうした施設計画に関する手続のほかにも，施設の計画プロセスには，そうした施設と広域的な国土計画との整合性を審査するための国土整備手続（Raumordnungsverfahren）など，各

---

19) 多様な行政上の計画の策定手続については，多くの研究があるが，包括的なものとして，西谷剛『実定行政計画法』43頁（有斐閣，2003）。近年の研究として，仲野武志「行政上の計画論（一～四・完）」自治研究95巻 1 ～ 4 号61頁，68頁，93頁，72頁（2019）。
20) 以下，新幹線鉄道の計画システムの多層性については，西田・前掲注 4 ）31頁。
21) 鉄道や道路における計画の多層化につき，山田洋「計画確定手続の多段階化」同・前掲注 6 ）180頁，同「道路建設と自然環境保護」同『道路環境の計画法理論』9 頁（信山社，2004）。

種の計画手続が組み込まれることになる[22]。

このような構造自体は，古くから存在していたわけであるが，伝統的には，最後の計画確定決定のみが市民との関係で施設の設置やあり方を法的に決定する外部的な法効果を有するものとされ，それ以前の計画やその策定手続は，すべて，その準備のための行政の内部的行為と整理されてきた。そのため，計画確定決定のみが関係者等の参加や司法審査の対象とされる一方，それに先行する計画等は，行政法学の視野の外に置かれていたということができる。その結果，インフラ施設の手続としては，もっぱら計画確定手続に着目され，その一般規定が行政手続法により立法化されることともなったのである。

(3) しかし，インフラ施設による環境問題などが顕在化し，それに対する市民の意思の反映などへの意識が高まるにつれて，その決定過程の全体が関心の対象となってくる。関係者等の参加も，計画確定手続段階では手遅れであるとして，後にも触れるように，さまざまな早期の市民参加が提唱されることとなる。当初は，計画確定手続段階に限定されていた環境影響評価も，戦略アセスといった形で前倒しされている。他方では，各計画段階での決定事項を整理して，先行の需要計画による後続の計画確定決定への一定の拘束力を認めるという判例なども登場することにもなる[23]。

近年においては，もはや計画確定手続のみに視野を限定することなく，それに先行する諸計画を含めて，施設の設置に至る計画システム全体を視野に入れて，その適正化あるいは合理化の実現が模索されているといえる。たとえば，現在のドイツにおいては，再エネ電力のための大規模な送電線網の迅速な建設が国家的課題となっている。ここでも，最終的には計画確定手続によって建設するという原則は維持されているものの，それに何層もの計画が先行するという複雑な計画システムが制度設計されている[24]。そうした意味からは，ドイツのインフラ施設の設置手続に関する計画システムは，多様化あるいは複雑化の一途を辿っているといえよう。

(4) わが国においても，今日では，たとえば，先に述べた新幹線鉄道の計画システムの整備を考えるに際して，ドイツに倣った計画確定手続を最後の工事実施計画の段階で組み込むことで事足りるとする論者はいないであろう。もちろん，それをもってドイツ並みの計画策定の手続整備がなされたということもできな

---

22) 山田洋「国土整備手続」同・前掲注6)240頁。ただし，法改正により，現行制度は，かなり変化している。
23) 山田洋「法律による事業計画の決定」同・前掲注21)168頁。
24) イプラー・前掲注9)354頁など。

い。基本計画や整備計画の段階も含めて，計画システム全体として，必要な利益が適正に衡量され，利害が調整されるシステムを考えなければならないのは当然である。このことは，他の施設に関する手続においても，同様であり，それぞれの施設によって，多様な計画システム全体を視野に入れた計画システムを整備していくべきこととなる。まずは，それぞれの計画段階において，何が決まり，それが後続の計画に対して，どのような効力を有するのかが整理されなければなるまい[25]。これは，もはや，単なる関係者の参加等の手続の問題ではなく，計画システムのあり方そのものの問題といえる。

そもそも，新幹線鉄道や高速自動車道路などと異なり，わが国のインフラ施設の法制度においては，その決定に至る計画システム自体が未整備なものも少なくないと思われる。むしろ，計画システムそのものの制度設計によって，それに相応しい策定手続のあり方が見いだされるのかもしれない[26]。そして，そうした計画システムは，施設の種類ごと，多様なものとならざるを得ないと思われる。そうした意味では，インフラ施設の計画確定手続の整備の先んじて，なすべきことは多いといわなければならない。

Ⅳ 審査事項の多様化と複雑化

(1) 冒頭にも触れたように，インフラ施設のあり方に関する政策判断の本質は，それに関わる利害の衡量と調整であり，計画確定手続等の策定手続は，その実現の場ということになる。先の新幹線鉄道の例でいえば，一方では，交通の利便の向上その他のその建設により得られる利益，他方では，騒音，水質汚濁などの周辺環境や自然環境への影響などの失われる利益との衡量や調整の結果として，そのルートや建設方法などが決まってくることとなる。そして，とりわけ，そこで考慮されるべき失われる利益の多くについては，各種の環境保護法令など，それらを保護するための各種の個別法が存在し，本来は，それぞれの担当機関によって審査され，許認可等の判断がなされることとなる。そして，対象施設の規模などが拡大するほど，その審査は，複雑化し，必要となる許認可等は増大するはずである。こうした複雑化を防ぐために，その審査を一つの機関による一つの手続，さらには一つの決定に集約するのがドイツの計画確定手続であり，こ

---

25) ほぼ同旨を指摘するものとして，西田・前掲注4) 33頁。
26) 計画策定手続の前提として，計画制度の創設が必要となるとする指摘として，西谷剛「計画手続の立法判断」成田頼明先生古稀記念『政策実現と行政法』187頁（有斐閣，1998）。

うした施設設置の決定システムの一元化が計画確定決定の「集中効（Konzentrationswirkung）」と呼ばれてきた[27]。まさに，これこそが計画確定手続の本質とされてきたことは，わが国でも広く知られており，以前の要綱案においても，これをインフラ施設の計画確定手続に導入することが明言されていた[28]。

　逆にいえば，この集中効による手続の一元化により，関係するすべての利害が一元的な衡量に供されることが保障されることになるが，こうした衡量による政策的判断について，通常の意味での法的拘束を考えることはできず，そこでは「計画裁量（Planungsermessen）」が語られることとなる。さらに，こうした法的拘束の欠を補う裁判統制の原理として発展してきたのが「衡量原則（Abwägungsgebot）」であることもよく知られている。計画確定手続と計画裁量，さらには衡量原則は，不可分一体のものとして理解されてきたのである[29]。

　(2)　もっとも，ドイツの計画確定手続における審理が関係利害の衡量に尽きるわけではなく，衡量原則以外の法的拘束が存在しないわけではない。たしかに，古くは，計画確定手続の集中効によって，当該施設に適用されるはずの個別法による各種の法的拘束は，すべて，衡量における一考慮要素として相対化され，計画裁量の中に解消されるとする主張も存在した（実体的集中効説）。しかし，以前から，こうした理解に立つ者は少なく，判例においても，こうした立場はとられていない。個別法による各種の法的拘束は，基本的には，計画確定手続による施設にも適用されるのであり，この手続の中で，諸利害の総合的な衡量とは別に，それへの適合性が審理されるのである。以前から，たとえば，イムミシオン防止法による騒音や大気汚染の規制，水管理法による水質汚濁の規制，自然保護法による立地規制などがこうした法的拘束とされてきた。もちろん，道路の構造のルールなど，事業法自体の法的拘束も存在する。いいかえれば，こうした法的拘束によって保護されるべき利益は，衡量により相対化されることなく，絶対的に保護されることとなる[30]。

　ここでの問題は，とりわけ近年において，こうした衡量外の法的拘束が多様化さらには複雑化していることである。EU法の影響を強く被る環境規制や自然保護の分野を中心として，道路等のインフラ施設のあの方に関する法的拘束は，厳

---

[27]　山田洋「計画確定決定の集中効」同・前掲注6）115頁。
[28]　行政手続法研究会・前掲注11)54頁。
[29]　ドイツの計画裁量や衡量原則についても多くの研究があるが，建築管理計画を素材とする近年の研究として，湊二郎『都市計画の裁判的統制』168頁（日本評論社，2018）。さらに，海老沢俊郎『行政裁量と衡量原則』191頁（信山社，2022）。
[30]　さしあたり，イブラー・前掲注9）353頁など。

格化しつつある。たとえば，道路の立地に係る自然保護については，動植物生息地指令（FFH 指令）の国内法化による厳格かつ複雑な拘束が存在する[31]。道路による大気汚染に関しては大気質指令の国内化による拘束[32]，その建設に伴う水質汚濁については水枠組み指令の国内法化など[33]，EU 法に由来する多くの法的拘束が生まれてきた。もちろん，ドイツ国内の独自の環境規制等も少なくない。こうした法的拘束は，衡量の中で他の利害との関係から相対化することは許されず，それへの適合性は，計画確定手続の中でも，それぞれ厳密に審査されなければならないこととなる。やや比喩的な表現をすれば，計画確定手続における計画裁量は，こうした多様な法的拘束の網の目を潜って行使されなければならないわけである[34]。

（3）一方，残された計画裁量の中で衡量されるべき利害も，冒頭で触れたように，多様化している。もちろん，理屈の上では，もともと，必要な利害のすべてが衡量の対象となるべきものであるが，現実に衡量に付される利害は，時代により異なり，拡大していく。ちなみに，建築管理計画の策定において考慮されるべき利害については，建築法典（1条6項）に例示されているが，近年でも，気候保護（2011年）や水害防御（2005年）などが追加されている[35]。この規定は，施設に関する計画確定手続については，直接には適用されないものの，そこにおいても，こうした利益が配慮されるべきことは当然である。これに関連して，気候保護法によって，温室効果ガスの削減目標への配慮も義務付けられている[36]。こうした環境利益に代表されるように，衡量において考慮されるべき利害は，立法措置や社会通念の変化により，時代とともに拡大していくことになる。

さらに，そこで考慮されるべき利害の重みづけについても，複雑な序列化が進行している。よく知られるものとしては，衡量に入れられるべき利害の中には，その中で最大限の尊重を要する利益が存在し，特別の理由がない限り，他の利害をこれに優先させることは許されないされるが，いわゆる「最適化要請（Opti-

---

31) 動植物生息地指令につき，山田・前掲注21) 3頁。
32) 道路の大気汚染対策について，山田洋「計画による都市の大気質改善」同『リスクと協働の行政法』147頁（信山社，2013）。その後の動向につき，戸部真澄「ドイツにおける交通規制とデジタル化」大阪経大論集71巻2号33頁（2020）。
33) 水枠組み指令の規制につき，山田洋「水銀排出規制と石炭火力発電の将来」行政法研究22号37頁（2018）〔本書第5章〕。
34) これが計画実現の傷害となるとの指摘として，イプラー・前掲注9) 353頁など。
35) 洪水防御につき，山田洋「洪水防御は誰のためか」獨協法学110号167頁（2019）〔本書第10章〕。
36) 山田洋「温室効果ガスと訴訟」法と政治72巻1号591頁（2021）〔本書第3章〕。

mierungsgebot)」である[37]。一例としては，インフラ施設等による住宅地などへの環境負荷を最小化することを求める「分離原則」（イムミシオン防止法50条）などがこれに属するとされる。詳細には立ち入れないが，このように，衡量における利害の重みづけについても，立法による各種の制約が存在するわけである。

(4)　ここまで，ドイツの計画確定手続における衡量あるいは計画裁量に対する各種の法的制約の多様化あるいは複雑化について述べてきたが，もちろん，ここには，EU法の影響といったドイツに固有の背景も存在する。しかし，わが国においても，社会の複雑化に伴い，インフラ施設のあり方に影響を与え，その決定過程において考慮すべき利害は，確実に多様化さらには複雑化しているはずであるし，それを反映して，そうした決定に影響を与える法令は増加しているはずである。冒頭に触れた気候変動適応法等による気候変動への配慮などは，その一例に過ぎない。計画確定手続を中心とする計画システムにより，それなりに政策判断の過程が可視化されているドイツと異なり，わが国においては，こうした状況が顕在化していないに過ぎないのではないか。

　もし，現在のわが国のインフラ施設について，集中効を含めた計画確定手続を導入するとすれば，そこで審理されるべき事項を整理することが先決となる。たとえば，新幹線鉄道の建設を決めるためにクリアすべき法令は，もちろん，その整備法だけではない。そこに適用される多数の法令の拘束を整理し，先に触れた手続の多層化をも考慮しながら，それと計画裁量との関係を整理しなければならない。もし，必要なら，こうした実体法規を整理する立法措置も必要となろう[38]。この作業が前提とならなければ，計画確定手続の導入は，大きな混乱を生むことになりそうである。ここでも，立法化へのハードルは，決して低くはない。

V　計画実現の迅速化と市民参加

(1)　先にも触れたとおり，集中効を伴うドイツの計画確定手続の仕組みは，200年近く前に，鉄道建設に伴う複雑な利害関係の調整を一元化して，その計画を早期に実現するための手法として考案された[39]。以後，その効用が広く認められて，この仕組みが遠距離道路や空港など，多くのインフラ施設の計画にも採用されることとなり，今や標準的なシステムとされたわけである。この間，戦争

---

37)　さまざまな議論があるが，海老沢・前掲注29)267頁。
38)　集中効の導入の前提として，計画と個別法との関係を整理することの必要性について，西谷・前掲注26)201頁。さらに，山田・前掲注27)134頁。
39)　山田・前掲注7)356頁。

や国家体制の変革などを経ながら、これにより、鉄道網や道路網などのインフラ整備が進行してきた。

　このシステムによってインフラ計画の対象である事業が迅速に実現できたのは、いうまでもなく、計画確定決定の権限を与えられた鉄道等の事業官庁が広範な計画裁量を行使して、関係利害を一挙に調整し、事業を進展させることが可能であったからである。しかし、ここまで見てきたように、現在では、こうした前提は妥当しにくい。インフラ施設の計画を確定するためには、多種多様な法的拘束をクリアする必要があり、さらに多様かつ複雑な利害を適正に衡量することが求められるのであり、当然、これには相応の労力と時間が必要となる。審査事項の拡大に、環境影響評価の精緻化なども手伝い、鉄道や道路などの一区間の計画確定決定の文書は、通常でも数百頁、場合によっては千頁を超えることとなり、申請から決定までの期間も数年を要することとなる。

　とりわけ1980年代ごろから顕在化してくる計画確定手続の長期化によるインフラ整備の停滞は、一方では、戦後のインフラ復興が一段落し、他方では、国民の環境意識や参加意識が高まってきたことの反映であり、ある意味では、時代の流れの反映であったともいえる[40]。しかし、90年代初頭の東西統一、ほぼ時期を同じくするEUの市場統合への対応などによる交通インフラの整備、近年の気候変動対応のための送電線網の整備など、ドイツにおいても、時流に従って、インフラ整備の迅速化への圧力は、とくに強まることになる。こうした要請に対応するため、90年代以降、行政手続法自体の改正を含めて、さまざまな手続迅速化の立法措置がなされてきたことも、すでに紹介されているとおりである[41]。

　(2)　計画確定手続における利害の衡量が適正になされるためには、関係する利害を反映させるための仕組みが必要とされるが、これを確保するために、この手続においては広範な利害関係者の意見聴取が義務付けられてきた。先の手続迅速化のため、一定の場合に、伝統的な計画確定手続に換えて、意見聴取等を簡略化する「計画許可（Plangenehmigung）」の手続が導入されるなどの立法措置がなされたが、これについては、関係者の手続参加の途を狭めるものとして、多くの批判があった[42]。こうした手続参加について、適正な衡量のための情報収集を超

---

40) 計画確定手続の遅延について、山田・前掲注7）357頁。
41) 計画確定手続の促進のための各種の立法措置について、山田洋「計画手続の促進」同・前掲注6）344頁、山田・前掲注7）357頁。さらに、長谷川・前掲注10）3頁、石塚武志「ドイツにおける交通事業計画手続促進立法の検討（1・2・3完）」法学論叢167巻6号28頁（2010）、168巻2号1頁、4号27頁（2011）。
42) さしあたり、山田・前掲注7）358頁。

えて，市民の権利保護の機能を有することが強調される現代においては，こうした批判が出るのも当然であるが，こうした観点から問題となるのは，そもそも，計画確定手続における関係者の意見聴取自体の機能不全が顕在化していることである。象徴的な例を挙げれば，現在進行中のシュツットガルト中央駅の再開発事業（Stuttgart21）に関しては，計画確定手続の終了の後の工事着工時になって，突然，極めて大規模な市民による反対運動が勃発し，その沈静化に多大な政治的努力とかなりの年月を要することとなっている[43]。もちろん，このような大規模事業において，時間などに限りのある意見聴取手続のみによって，利害関係者等の大方の合意を形成することは不可能であるが，この事件においては，これが事業に対する市民の受容（Akzeptanz）を高める役割を全く果たさなかったことは明らかである[44]。

　こうした計画確定手続の機能不全の原因は，さまざまに分析されてきた[45]。先に触れた計画プロセスの多層化を背景として，計画確定手続における参加の「手遅れ感」については，以前から多くの指摘がある。今回の事件を契機として，行政手続法においても，任意的ながら，計画確定手続のやや早期の段階での意見聴取が制度化されたが[46]，おそらく，計画確定手続段階では，限界があろう。それに先行する国土整備手続段階などでの参加を求める声もある。また，計画確定決定機関の中立性に対する信頼の欠如についても，古くから指摘がある。この事業においても，これを補うため，計画確定手続の終了後ではあるが，第三者による仲裁手続（一種のメディエーション）なども実施され，これも任意の手続ながら，他の事業においても，かなり利用されているようである。そもそも，この事件では，市民の意見や意識が多様化する中で，それを集約すること自体が難しくなっていることが浮き彫りとなっている。ここでは，事業実施の是非は，結局は住民投票で決着することとなったわけであるが，さまざまな市民参加の適切な組合せが求められることとなろう。結局は，こうした工夫によって事業に対する市民による受容を向上させることが計画実現の迅速化の途ということになりそうである。

　(3)　いうまでもなく，現代のわが国においても，いわゆる国土強靱化などのためのインフラ施設の迅速な整備は，喫緊の課題であり続けており，そのために

---

43) この事件について，詳細には，野田崇「大規模施設設置手続と市民──シュツットガルト21を巡る議論（1・2）」法と政治65巻2号1頁，3号47頁（2014）。
44) 野田・前掲注43) 3号47頁。
45) 以下につき，野田・前掲注43) 3号55頁。
46) この改正につき，野田・前掲注43) 3号74頁。

第1部 インフラ計画と訴訟 第1章 計画策定手続の課題

も，関係者の合意形成あるいは受容は不可欠である。これを実現するためにも，長年，広範な関係者の参加を織り込んだインフラ計画の策定手続の整備が求められ続けてきた。一方で，必ずしも法的整備が進んでいない中でも，さまざまの形態で実施されている現状の公聴会などの市民参加については，その形骸化あるいは機能不全への批判が，古くから絶えない。限られた時間の中で，いかにして関係者との対話を深め，その受容を獲得するための手続を設計するかは，いわば解のない永遠の問いというべきであろう。行政手続法による計画確定手続の一般法化以降でも，半世紀近く模索を続けてきたドイツにおいてすら，もちろん適正な解は見出されておらず，状況は，むしろ混沌としてきたといえる[47]。

現在のわが国においても，インフラ施設に対する市民の要求や意識は，以前に比べて，はるかに多様化あるいは複雑化していると考えられる。こうした中で，もし，これについての計画確定手続を立法化し，それに関係者等との対話や受容を高める機能を求めるとすれば，すでに現実には広く実施されているような公聴会等の実施を法的に義務付けるといったことでは，実効は期待できまい。その実効性を高めるために，施設の種類や規模などに応じた様々な工夫が必要となるはずである。ドイツにおけるのと同様に，こうした手続に市民の受容を高める機能を期待すること自体について，そもそも無理筋ではないかという根源的な問いも出てくるはずである[48]。多くの市民を納得させうる参加手続の在り方を考えること自体が以前に比べて格段に難しくなっているのではないか。ここでも，現在の状況に即した計画確定手続の立法化へのハードルは，極めて高そうである。

VI　むすびにかえて

(1)　以上，極めて雑駁ではあるが，ドイツにおける計画確定手続の変貌を踏まえながら，行政手続法制定から30年を経過した今日のわが国において，インフラ施設の計画確定手続の立法化を考える上での前提条件を考えてきた。他にも多くの論点はあろうが，計画システムの多層化，審査事項の多様化と複雑化，手続の迅速化と市民参加の三点について，筆者なりの整理を試みた。くり返し述べてきたように，いずれの点においても，わが国の行政手続法の制定時に比べても，ドイツの計画確定手続をとりまく環境の変化は著しく，なお，これをモデルとした

---

[47] たとえば，計画確定決定を法律の形式とし，それによって関係者の受容を向上させ，裁判を簡略化するといったアイディアも実現しつつあるが，これについて，山田，前掲注7）366頁。
[48] 野田・前掲注43）3号65頁。

Ⅵ　むすびにかえて

計画確定手続の立法化を考えるとすれば，そのハードルは格段に高くなっているといわざるを得ない。

　もっとも，事実としては，インフラ施設に係る利害関係や意識が時代を追って多様化あるいは複雑化し，その調整が困難になっていること自体は，国の如何を問わないと思われる。わが国においても，リニア新幹線鉄道の例を俟つまでもなく[49]，関係利害の調整の難航によってインフラ事業が遅延するといった事態は，珍しくない。計画確定手続が存在するドイツにおいては，そのあり方の問題として，こうした普遍的な事象が顕在化しているということであろう。もし，わが国においても，ドイツをモデルとするか否かを問わず，計画確定手続の立法化を考えるとすれば，こうした問題への対応という難問に直面することになる。そもそも，その立法化を図るか否かにかかわらず，インフラ施設の設置を続ける以上は，事実として，こうした問題への対応を避けられるわけではない。結局，複雑化するインフラ施設をめぐる利害調整について，従来のような柔軟な（やや場当たり的な）手法を続けるか，あるいは，何らかの策定手続の整備によって，より可視的な（やや形式的な）手法に改めるか，いずれを選択すべきかということになる[50]。

　⑵　さて，それに倣った立法化を是とするか否かはともかく，ドイツの計画確定手続の経験に学ぼうとすれば，もちろん，無視できないのは，それに対する裁判所による統制のあり方である。いうまでもなく，古くから計画確定決定は，行政行為であるとされ，利害関係者等による取消訴訟の対象とされてきた。そこでは，計画裁量を前提としつつも，衡量原則などによる極めて密度の高い審査がなされ，これが現実に取消される例も珍しくないことは，わが国でも広く知られている[51]。他方では，EU 法の要請により，環境保護団体による団体訴訟の途が開かれたことも，周知のとおりであり，それが計画確定決定への訴訟の多くを占めている。これまで見てきた計画確定手続の大きな変化も，立法措置もさることながら，むしろ判例による寄与が大きいといわなければならない。こうした判例への対応によって，手続の在り方自体が精緻化していった一方，その長期化といった問題も生じてきたといえる。そして，計画実現の迅速化の方策としては，計画確定手続自体の簡略化に加えて，司法審査の迅速化が課題とされるここともなった。結果的には，今日では，大規模施設の設置に係る計画確定決定に対する取消

---

49) 西田・前掲注 4) 30頁。
50) そうした提案の一例として，西田・前掲注 4) 33頁。
51) たとえば，海老沢・前掲注29) 191頁。

第1部 インフラ計画と訴訟　第1章 計画策定手続の課題

訴訟の多くは，連邦行政裁判所が一審にして終審として裁判することとされている[52]）。

　計画プロセスの適正化を考えるに際し，計画の策定手続とその裁判統制の仕組みが一対のものとして制度設計されなければならないことは当然である。わが国における過去の要綱案における計画策定手続の検討過程では，むしろ計画の処分性の問題に関係者の関心が集中していたようにも思われる。とりわけ計画策定手続については，その形骸化を防ぎ，手続への市民の信頼を確保するために，裁判所による監督が不可欠であるとすれば，まずは司法審査の途を開くのが先決であると考えることにも一理ある。しかし，この点についても，今日まで，大きな立法的な進展はみられない。

　(3)　インフラ施設の計画確定手続を含めた計画策定手続の立法化は，行政手続法の制定以降，30年にわたって果たされなかったわが国の宿題である。しかし，この間，この宿題が放置されてきたことにより，これを果たすことは，今日までの社会状況等の変化もあって，遺憾ながら，ますます困難になっていると考えられる。本稿では，こうした環境の変化の影響を検証するために，ドイツの状況を参照してきたが，おそらく，そこで紹介した問題の多くは，計画の策定手続において普遍的なものといえよう。こうした問題の多くは，以前のようにドイツをモデルとするか否かにかかわらず，わが国でこうした手続を立法化するとすれば，避けられないものといわなければなるまい。

　くり返し述べてきたように，ハードルは決して低くはない。しかし，一般法の制定という形式が可能か否かはともかく，インフラ施設の設置計画等の可視的な策定手続の整備自体については，わが国においても，いつかは果たすべき宿題であることも疑いない。現在の膠着状態を打開するべく，諸外国の制度のあり方への目配りを含めて，各方面での着実な積み重ねが求められよう。

〈追記〉
　本稿は，2023年6月，行政法研究50号に，特集「行政手続法制定30周年」中の一篇として同名で掲載されている。かつて，わが国の立法化に向けた一つのモデルとされ，ここでも参照したドイツの計画確定手続については，もちろん，その在り方について，今日でも多様な議論がある。その改正に向けた議論の近年の一例のみをあげると，Kment, Änderungsbedarf im Recht der Planfeststellung, NVwZ 2023, S.123ff.

---

52) これについて，山田・前掲注7) 359頁。

第 2 章　気候変動対策としての鉄道整備？
——「法律による計画（Legalplanung）」の復活

I　はじめに

　(1)　気候変動（Klimawandel）の緩和，ドイツ的表現では「気候保護（Klimaschutz）」は，現代のドイツにおける最大級の政治的関心事である。パリ条約を受けて，連邦政府は，2030年の温室効果ガスの排出量を1990年比で55％削減するとする意欲的な目標を打ち出している。2019年を基準とすると，約35％の削減となる。その実現のために，2019年12月には，「連邦気候保護法（Klimaschutzgesetz）」[1]が制定され，それに先立つ10月には，法を具体化するための「気候保護プログラム2030」[2]およびその大綱（Eckpunkte）[3]が公表された。ここでは，主要な排出源であるエネルギー産業，製造業，交通運輸，建物（おもに暖房），農業（家畜のメタンガスなど）など，分野別に削減目標と具体策が記載されている。

　これらの諸分野のうち，従来から注目されてきたエネルギー産業については，化石エネルギーから再生可能エネルギーへの「エネルギー転換（Energiewende）」，とりわけ石炭火力発電からの撤退の決定などにより，また，製造業についても，排出権取引の義務化などにより，すでに排出量の相当の削減がなされ，また，今後も見込まれている。むしろ，問題は，大きな排出源でありながら削減が進んでいない自動車交通を中心とする交通運輸分野と暖房などの建物分野であり，今回のプログラムの重点も，ここに置かれている。

　(2)　このうち，交通運輸分野[4]については，温室効果ガスの全排出源の約20％を占めており，2030年には1990年比で約40％の削減が目標とされている。この分野での主たる排出源は，航空機を除けば，いうまでもなくトラックを含む自動車であり，そこからの大幅な排出削減が求められることとなる。その方策を大別す

---

1) Bundes-Klimaschutzgesetz v. 12. 12. 2019, BGBl. I S.2513. この法律について，Scharlau,u.a. Das Bundes-Klimaschutzgesetz, NVwZ 2020, S.1ff.
2) Klimaschutzprogramm 2030 der Bundesregierung zur Umsetzung des Klimaschutzplans 2050.（HP Bundesregierung）．
3) Eckpunkte für Klimaschutzprogramm 2030.（HP Bundesregierung）．
4) Programm（Fn.2), S.61ff.; Eckpunkte（Fn.3), S.8ff.

第 1 部 インフラ計画と訴訟　第 2 章 気候変動対策としての鉄道整備？

れば，一つは，温室効果ガスを排出しない電気自動車（EV）への移行であり，プログラムにおいても，充電ステーションの大幅拡大など，多彩な方策が記載されている。そして，もう一つは，排出量の多い自動車から，より少ない代替交通手段へ移動手段自体を移行させること，いわゆる「モビリティ転換（Mobilitätswende）」である。

こうした代替交通手段として考えられるものとしては，その状況に応じて，自転車，路面電車，船舶など，さまざまな交通手段が考えられることとなるが，旅客や貨物を大量かつ長距離で輸送するとなれば，まずは，鉄道が想定されることとなろう。周知のとおり，ドイツは，世界有数の鉄道大国であり，古くから高密度の鉄道網を有している。さらに，とりわけ1991年のドイツ統一と1994年の鉄道民間化以降は，EUの交通ネット化政策との関係もあり，主要幹線の高速鉄道化のための新線の建設や既存路線の整備などに多額の資金が投じられてきた。そのほか，都市の交通政策の一環として，近郊鉄道の整備も進められている。

しかし，ドイツにおいても，長期的には，旅客輸送では自動車やバス，貨物輸送ではトラックなどとの競争において，鉄道が守勢に立ち続けてきたことは否めず，輸送全体に占める鉄道の比率は，必ずしも伸びてはいない[5]。自動車から鉄道への移動手段のシフトを大きく促進するためには，鉄道施設の整備の一層の促進によって，その利便性を大幅に向上することが求められることとなる。そのため，先のプログラムにおいては，鉄道の整備のため，2030年までに連邦政府とドイツ鉄道（DB）が総額860億ユーロを投資することとされている。さらに，これを助けるため，DBに対して，大株主である連邦政府が2030年までの毎年10億ユーロずつを増資することも決められている。そのほか，路面電車などの近郊交通の整備にも，多額の投資が予定されている。これによって，移動手段としての鉄道等の自動車に対する競争力を高め，道路交通を削減することによって，それによる温室効果ガスの排出削減が意図されているわけである。

(3)　もちろん，全土にわたる大規模な鉄道整備を10年という短期間で実現することへの障害は，資金面だけではない。たしかに，鉄道は，温室効果ガスの排出が少ないということでは，自動車交通に比べて環境適合的な移動手段ではあるが，沿線への騒音被害や建設による自然環境の破壊など，不可避的に他の環境問題を生ぜしめる。このため，古くから，鉄道建設には，沿線住民や環境団体など

5）ドイツにおける近年の鉄道整備の状況全般について，目についたものとして，土方まりこ「ドイツにおける鉄道の競争力強化を企図したダイヤ構築」運輸と経済79巻1号121頁(2019)。

Ⅰ　はじめに

による反対運動が付いてまわる。こうした反対意見などは，ドイツにおいては，環境影響評価を含む計画確定手続（Planfeststellungsverfahren）を通じて行政機関による計画確定決定に反映されることになるが，そこで調整されるべき利害自体の複雑さや EU 法の影響も加わって深刻化の一途をたどる手続の法的な複雑さのため，こうした行政手続には極めて長期を要することとなっている[6]。

さらに，以前から，こうした行政の決定に対しては，周辺住民などからの訴訟の提起が常態化しており，こうした傾向は，EU 法の要請による環境団体訴訟の導入により[7]，一層，顕著となっている。そして，その審理における裁判所による審査の密度もかなり高く，それに相当の時間を要するだけでなく，結果的に決定が取消されるリスクも低くはない。こうした訴訟手続も，プロジェクトの迅速かつ着実な実現の支障となりうることとなる。

今回のプログラムにおいても，鉄道整備等のための手続を促進するための各種の方策も定められているが，本稿で注目したいのは，その一環として，個別事業の実施計画を行政機関に代わって議会が法律の型式で決定するという「法律による計画（Legalplanung）」の手法が採用されていることである[8]。ドイツにおいては，伝統的に，個別事業の実施計画を含め，個別事案を決定する法律を「措置法（Maßnahmengesetz）」と呼んできたが，2020 年 3 月には，鉄道整備等の計画を決定する措置法の法案準備のために踏むべき手続等を定める「措置法準備法（Maßnahmengesetzvorbereitungsgesetz）」[9]も制定されている。もっとも，この手法は，法律型式をとることによって計画決定に対する（連邦憲法裁による違憲審査以外の）司法審査の途を閉ざすことになるなど，様々な法的問題を孕んでおり，立法過程でも基本法上の疑義も表明されている。

(4)　もともと，この「法律による計画」という手法は，東西統一による交通インフラの建設促進のため，鉄道と道路の各一事業について採用された手法である。しかし，これに対しては，州政府から違憲訴訟が提起されるなど，極めて強い批判があった。連邦憲法裁により，一応は合憲との判断がなされたものの，以後は，今日まで四半世紀にわたり封印されてきた手法である。この経緯については，当時，筆者自身も紹介したことがある[10]。ところが，こうした「禁じ手」

---

6) 計画確定手続とその長期間の状況などにつき，さしあたり，マルティン・イプラー（山本紗知訳）「計画確定」獨協法学109号339頁（2019）。

7) ドイツにおける環境団体訴訟の導入については，わが国でも多くの紹介があるが，大久保規子「混迷するドイツの環境団体訴訟」新世代法政策学研究20号227頁（2013）。

8) Programm（Fn.2），S.64f.; Eckpunkte（Fn.3），S.20.

9) Gesetz zur Vorbereitung der Schaffung von Baurecht durch Maßnahmengesetz im Verkehrsbereich v. 22. 3. 2020, BGBl. I S.640.

第 1 部 インフラ計画と訴訟　第 2 章 気候変動対策としての鉄道整備？

が気候変動対策という今日的課題との関係から突然に復活してきたわけで，ドイツにおける環境法あるいは計画法の現下の風潮を象徴するものとして，今後の推移が注目されよう。以下，そうした背景との関連から，あらためて，この手法の今日的意味を検討してみることとしたい。

II　計画手続の存在目的

(1)　周知のとおり，ドイツにおいては，鉄道施設の新設改良をはじめ，遠距離道路，運河，空港，河川施設，廃棄物施設など，多くのインフラ施設整備のための個別事業の実施に際しては，その計画について，「計画確定手続」と呼ばれる法定の手続を経た上で，法定の行政機関による「計画確定決定」が必要とされる[11]。この手続と決定を経ることにより，当該事業については，他の法令が規定する行政機関による許認可等が原則として全て不要となることとされ，これを「集中効（Konzentrationswirkung）」と呼ぶ。この結果，当該事業に係る全ての諸利害は，この手続に集約され，そこにおいて衡量されるべきこととなる（いわゆる「衡量原則（Abwägungsgebot）」）。そして，こうした衡量の結果を踏まえた土地利用に関する政策的判断として（いわゆる「計画裁量（Planungsermessen）」），単一の決定機関によって，当該事業の実施の是非とその在り方が決定される仕組みである。

こうした計画確定手続の実施は，各事業の根拠法の手続規定，鉄道事業については一般鉄道法（Allgemeines Eisenbahngesetz）[12]18条以下の定めによることとなるが，連邦法による計画確定手続については，行政手続法[13]72条以下にも一般規定が置かれている。そこでは，関係書類の縦覧，関係機関及び利害関係者等の意見聴取，それらに基づく確定決定といった手続が規定されている。なお，こうしたインフラ事業の多くについては，EU 環境影響評価指令[14]と環境影響評価法

---

10)　山田洋「法律による事業計画の決定——ドイツの投資措置法をめぐって」同『道路環境の計画法理論』111頁（信山社，2004）＝南博方先生古稀記念『行政法と法の支配』277頁（有斐閣，1999）。「措置法（Maßnahmengesetz）」という訳については，「法律による計画」との関係では，その意を必ずしも的確に伝えない憾みはあるが，わが国の公法学において古くから定着しているため，前稿および本稿でも，これを踏襲している。
11)　計画確定手続については，イプラー・前掲注 6 ）339頁のほか，筆者自身の手になるものとして，山田洋『大規模施設設置手続の法構造』1 頁（信山社，1995）。
12)　Allgemeines Eisenbahngesetz, zuletzt geändert am 20. 7. 2017, BGBl. I S.2808.
13)　Verwaltungsverfahrensgesetz, zuletzt geändert am 18. 7. 2017, BGBl. I S.2745.
14)　Richtlinie 2011/92/EU des Europäischen Parlaments und des Rates vom 13. 12. 2011 über die Umweltverträglichkeitsprüfung bei bestimmten öffentlichen und privaten Pro-

(UVPG)[15]により，その実施に事前の環境影響評価が義務付けられるが，この手続も計画確定手続の中に組み込まれ，その結果も，確定決定における衡量の重要な要素となる。

　もっとも，事業実施のための手続が計画確定手続に集約されるとはいえ，個別のインフラ事業の実施計画には，広域的な配置計画が先行せざるをえず，とりわけ，鉄道や道路などのネットワーク施設においては，個別区間についての計画確定手続には，路線全体についての様々なレベルの路線計画が先行することになる。たとえば，鉄道については，連邦鉄道整備法が連邦全体の鉄道整備の大綱計画を法律型式で定めている[16]。さらに，各州の国土整備計画と事業との擦り合わせの場である国土整備手続（Raumordnungsverfahren）が先行するなど[17]，計画の実施を対外的に決定する計画確定手続の準備段階では，行政内部の各種手続が法的にも必要となり，インフラ事業計画の構造は，必ずしも単純ではない。

(2)　さて，行政手続一般にも言えることであろうが，こうした計画確定手続等のインフラ事業の実施手続においても，関係する諸利害の事業への適切な反映という要請と事業の迅速な実現という要請とは，多くの場合，トレード・オフの関係となる。もともと，この計画確定手続という制度自体が手続への諸利害の反映と単一の決定による効率的な調整という両者のベクトルを含んだ制度であるため，個別の手続の実施においてはもちろん，制度自体の在り方においても，それぞれの時代の風潮によって，いずれの要請に重きを置くかが揺れ動くこととなる。

　いうまでもなく，1838年プロイセン鉄道法[18]において，はじめて計画確定手続が規定されたのは，当時の複雑な行政機構の中で，中央政府のイニシアティブで民間による鉄道建設を迅速に推進することが目的であった[19]。第一次世界大戦後，これが計画確定手続のモデルともなる遠距離道路法に受け継がれるのも，アウトバーンの建設促進が目的であり，その後の多くのインフラ施設への拡大も，インフラ復興の迅速化が目的であったといえる。それらが1976年の行政手続

---

jekten in der Fassung der Richtlinie 2014/52/EU（ABl. L 124 vom 25. 4. 2014, S.1）.
15）Gesetz über Umweltverträglichkeitsprüfung v. 24. 2. 2010, zuletzt geändert am 12.12. 2019, BGBl. I S.2513.
16）この点について，山田・前掲注10）168頁。
17）山田・前掲注11）240頁。
18）Preußisches Eisenbahngesetz v. 3. 11. 1838, GS 1838 S.505. § 4.
19）計画確定手続の起源と推移について，さしあたり，Ronellenfitsch, Das neue Eisenbahnplanfeststellungsrecht, in: Blümel/Kühlwetter（Hrsg.）, Aktuelle Probleme des Eisenbahnrechts（1996）, S.27ff.

法として一般法化されたのも，同法全体の目的と同様に，個別法によって多様化し煩雑化していた手続を簡素化し効率化するためであった。そこに，古くから利害関係者等の意見聴取等が規定されていたのは，あくまで，決定機関に集約される情報の欠落を回避するためであると解されてきた[20]。

(3) こうした傾向に変化が生じたのは，1980年代以降であり，こうしたインフラ事業による環境紛争やそれへの反対運動などが顕在化したことが契機となる。この時期は，ドイツにおけるインフラ整備が一段落し，その緊急性への意識が減じた時期であったとみることもできる。環境保護や住民参加等についての国民の意識の高まりを反映して，原子力施設などについての許可手続とともに，計画確定手続についても，「手続による基本権保護」といったスローガンの下，周辺住民等の権利保護さらには意見反映の場としての性格が強調されることとなる[21]。EU指令を受けた1990年の環境影響評価の組み込みに代表されるような計画確定手続自体の構造変化や国土整備手続の義務化といった手続全体の重層化なども，こうした流れの中に位置づけられるべきものである[22]。

さらに，こうした住民等の意識の変化を背景として，インフラ整備事業等の決定に対する訴訟も常態化することとなり，そこにおいて，裁判所は，行政判断における利害衡量の過程や手続等について，極めて高密度の統制をしてきたことも，すでに周知のとおりである。こうした事後の裁判への意識も反映して，行政機関による個別の計画確定手続の履行も，ますます慎重なものとならざるを得ないこととなり，その評価はともかく，手続の長期化が不可避的に進行することとなる。

Ⅲ 計画手続促進論の推移

(1) 1991年の東西統一は，インフラ整備事業の手続についても，まったく新しい風潮を生み出す。東側の経済を復興し，東西の格差を是正するためには，放置されてきた東側の交通手段を整備するとともに，途絶していた東西交通を回復するために，かつてない大規模かつ迅速な交通インフラの整備が急務となった。これを早期に実現するためには，従来の（西）ドイツの長期化した計画確定手続に

---

20) 山田・前掲注11)118頁。
21) ミュルハイム・ケルリヒ原発の許可手続に関する連邦憲法裁決定（BVerfG, Beschl. v. 20. 12. 1979, BVerfGE 53, S.30ff.）が一つの画期であったとされるが，これにつき，山田・前掲注11)267頁。
22) こうした動きについて，山田・前掲注11)180頁。

よることは不可能であり[23]，そもそも，それを実施すべき行政機関や審査すべき裁判所も東側では未整備である。そのため，交通インフラの整備のために計画確定手続を促進することを目的として，各種の立法措置が矢継ぎ早になされることとなった。

　詳細は，すでに紹介したところであるが，まず，1991年の「交通計画促進法」[24]により，東側およびこれと接続する鉄道や道路などの計画確定手続について，関係者等の意見聴取等を簡素化した「計画許可（Plangenehmigung）」[25]に替えることを可能にするなどして，手続自体を促進するほか，裁判も連邦行政裁判所の一審とするなどの立法措置がなされた。これらの措置は，のちの1993年の「交通計画簡素化法」[26]により，ドイツ全土に適用範囲を拡大されている。同年の「投資促進および宅地供給法」[27]においては，各種の許認可手続の促進策などとともに，鉄道等に関する国土整備手続における環境影響評価の省略などが規定されている。さらに，「計画許可」の手続については，1996年の「許可手続促進法」[28]による行政手続法改正（74条6項）によって，一般規定化されている。本稿のテーマである「法律による計画」が立法化されたのも，この時期の1993年から94年であった。

　これらの立法は，結局のところ，計画確定手続における利害関係者等の参加や権利保護の途を簡略化することにより，手続を促進することを意図するものであり，当然のことながら，こうした方向への学界等からの批判も存在した[29]。また，こうした立法によって，意図された施設の迅速な整備が促進されたか否かについても，評価は分かれる。しかし，とりわけ交通インフラについては，東西統一の直接の影響がやや薄れた今世紀に入っても，EU統一市場の深化と拡大による交通ネットワーク整備の要請，さらには，統一市場内でのドイツの競争力の強

---

[23] この時期の手続の遅延状況につき，Schneller, Objektbezogene Legalplanung (1999), S.30ff.

[24] Verkehrswegeplanungsbeschleunigungsgesetz v. 16.12.1991, BGBl. I S.2174. これについて，山田・前掲注11）344頁。

[25] この「計画許可」の手続について，Kopp/Ramsauer/Wysk,Verwaltungsverfahrensgesetz, 20.Aufl. (2019), § 74, Rn.203ff.

[26] Gesetz zur Vereinfachung der Planungsverfahren für Verkehrswege v. 17.12.1993, BGBl. I S.2123.

[27] Gesetz zur Erleichterung vom Investitionen und der Ausweisung und Bereitstellung von Wohnbauland v. 22.4.1993, BGBl. I S.466. これらについて，山田・前掲注11）358頁。

[28] Gesetz zur Beschleunigung von Genehmigungsverfahren v. 12.9.1996, BGBl. I S.1354. これについて，山田洋『ドイツ環境行政法と欧州』191頁（信山社，1998）。

[29] さしあたり，山田・前掲注11）344頁。

第1部 インフラ計画と訴訟　第2章 気候変動対策としての鉄道整備？

化の必要性などから，その拡大と整備への圧力は増大を続け，そのための手続の促進を求める声も継続することとなる。それに応えて，さまざまな立法措置もなされるが，その後の顕著な例としては，2006年の「インフラ整備促進法」[30]があり，連邦行政裁判所の一審化の対象拡大や簡易な計画許可の利用余地の拡大などが立法化されている[31]。

(2)　こうした風潮に変化をもたらしたのは，2010年9月末に深刻化した「シュツットガルト21（Stuttgart21）」の事業をめぐる紛争である[32]。この事業は，シュツットガルト中央駅とその周辺地域の極めて大規模な再開発事業であるが，計画確定手続に至る長年にわたる公式あるいは非公式の手続を経て，同年に，ようやく着工されたプロジェクトである。しかし，着工の時期になって，環境面や費用面などから事業の実施に疑問を抱く多数の市民によって，自然発生的に大規模なデモが勃発し，それが泥沼化する。紛争の解決のために，第三者を含む調停会議が設置されるなど，さまざまな手法が試みられたものの，工事は，大幅な遅延を余儀なくされている。

この紛争は，政府関係者などにも深刻な衝撃を与えたようであり，これを契機に，インフラ事業の実現のためには，市民による「受容（Akzeptanz）」が不可欠であり，こうした機能を従来の計画確定手続等が十分には果たしてこなかったという認識があらためて共有されることとなった[33]。むしろ，市民の理解を得ることが事業実現の早道であるとされるわけである。学界においても，この紛争の教訓から，いかにして計画確定手続等を実効的なものとするかといった議論が活発化する[34]。参加手続の形骸化を是正するため，決定過程の早い段階での参加の機会を確保すべきであるといった古くからの議論も，あらためて見直されることとなる。その結果，2013年の「計画手続統一化法」[35]により，計画確定手続の

---

30) Gesetz zur Beschleunigung von Planungsverfahren für Infrastrukturvorhaben v. 9. 12. 2006, BGBl. I S.2833.
31) 以上を含め，近年までの手続促進立法の動向については，石塚武志「ドイツにおける交通事業計画手続促進立法の検討（1・2・3完）」法学論叢167巻6号28頁（2010），168巻2号1頁，4号27頁（2011）。
32) この事件の経緯について，野田崇「大規模施設設置手続と市民――シュツットガルト21を巡る議論（1・2）」法と政治65巻2号1頁，3号47頁（2014）。
33) こうした論調を代表するものとして，Erbguth, Zur Fortentwicklung der Öffentlichkeitsbeteiligung im räumlichen Planungs- und Zulassungsrecht, UPR 2018, S.121ff.
34) 多くの文献があるが，上記の事件を直接の契機とする代表的なものとして，Groß, Stuttgart 21 - Folgerungen für Demokuratie und Verwaltungsverfahren, DÖV 2011, S.510 ff.; Wulfhorst, Konsequenz aus Stuttgart 21: Vorschläge zur Verbesserung der Bürgerbeteiligung, DÖV 2011, S.581ff.
35) Gesetz zur Verbesserung der Öffentlichkeitsbeteiligung und Vereinheitlichung von

開始前の段階での参加手続について，任意的とはいえ行政手続法に立法化がなされることともなった（25条3項）[36]。エネルギー改革の中核として，その整備が焦眉の急とされている大規模送電線について，計画確定手続に先行して，何段階もの配置計画を法定化し，各段階で参加手続を組み込んでいくという2011年のエネルギー経済法など[37]による新たな計画システムも，こうした流れに位置づけることができよう[38]。

（3）しかし，手続の促進への志向は，さほどの年月を置くことなく復活する。2017年連邦議会選挙後のCDU/CSUとSPDとの連立政権協定[39]においては，その交通政策について，ふたたび交通インフラ整備のための手続促進，そして，その手段としての手続簡素化が強調されることとなる。そこでは，EU法との関係で許容される限りの環境影響評価の手続簡素化などのための立法措置が記載されているが，これは，すでに2018年11月の「交通計画許可促進法」[40]によって立法化されている。さらに，この政権協定をきっかけにして，本稿の関心事である「法律による計画」の手法も，突然に復活することとなる。

もっとも，この選挙によって連立政権与党の組み合わせが変化したわけでもなく，この時期に，事業への住民による理解の重視から事業促進の強調へと政治的な風向きが変化した直接の理由は，明確でない[41]。本稿の冒頭でも触れたとおり，直近の「法律による計画」の立法化においては，温室効果ガス削減のための道路交通からの移動手段のシフトが強調され，その手段としての鉄道等の整備の促進の要請が前面に強調されている[42]。しかし，それに先立つ政権協定やその結果としての交通計画許可促進法の理由書[43]などでは，交通計画の促進と気候

Planfeststellungsverfahren v. 31. 5. 2013, BGBl. I S.1388.
36) この早期市民参加手続についても，きわめて多くの論稿があるが，Kopp/Ramsauer, aaO. (Fn.25), § 25, Rn.27ff.
37) Gesetz zur Neuregelung energiewirtschaftlicher Vorschriften v. 26. 7. 2011, BGBl. I S. 1554; Gesetz über Maßnahmen zur Beschleunigung des Netzausbaus Elektrizitätsnetze v. 28. 7. 2011, BGBl. I S.1690.
38) 詳しくは，イプラー・前掲6) 356頁。
39) Koalitionsvertrag zwischen CDU,CSU und SPD, 19.Legisraturpriode, S.75. (HP Bundesregierung).
40) Gesetz zur Beschleunigung von Planungs- und Genehmigungsverfahren im Verkehrsbereich v. 29. 11. 2018, BGBl. I S.2237. さらに，鉄道などの保守のための土地利用の簡易化などを目的とする同時期の法改正として，Gesetz zur weiteren Beschleunigung von Planungs- und Genehmigungsverfahren im Verkehrsbereich v. 29. 11. 2018, BGBl. I S.2237.
41) この時期の方向転換の事情について，Antweiler, Planungsbeschleunigung für Verkehrinfrastraktur - Rückabwicklung der Lehren aus Stuttgart 21, NVwZ 2019, S.29ff.
42) 前掲注4) 参照。

保護などの環境政策を直結させる発想は薄い。そもそも，そこでは，鉄道計画と道路計画が同等に手続促進の対象とされているわけで，交通インフラ整備の伝統的な推進論の影響が強いものと想像される。

Ⅳ　計画手続の促進と「法律による計画」

（1）　もともと，鉄道などの実施計画を法律の型式で決定するという手法は，ドイツでは，必ずしも新しいものではなく，19世紀から，その例が存在するという。しかし，基本法下においては，この手法は，ほとんど顧みられることはなかったといえる[44]。おそらく，基本権を制約する法律は一般的に適用されるものでなければならず，個別案件のみに適用される法律（Einzelfallgesetz）は許されないとする基本法19条1項の存在が重視されてきたこと，その例外として個別の収用対象事業を直接に法律で定めることも認める14条3項の規定が極めて限定的に解されてきたこと，などが影響したものと思われる[45]。

もっとも，先にも触れたように[46]，施設の立地などを決める大綱計画を法律の型式で決定する手法は，以前から一般的であり，連邦鉄道整備法[47]や連邦遠距離道路整備法[48]の別表において，整備すべき鉄道と遠距離道路の路線の起点と終点が規定されている。こうした手法は，近年にも，大規模送電線や放射性物質最終処分施設の立地などについても採用されている。こうした立法については，その大まかな立地が法律形式で決定されるものの，その施設の在り方の詳細や収用の是非等については，のちの行政手続と決定に留保される仕組みであるため，前記の基本法規定との抵触の恐れは低いと考えられてきたようである。

（2）　ところが，先に述べたとおり[49]，東西統一による交通インフラの迅速な整備の必要性を理由として，個別事業の実施についての計画決定を法律型式で決定するという「法律による計画（Legalplanung）」の手法が採用されることとな

---

43) Begründung: Entwurf eines Gesetzes zur Beschleunigung von Planungs- und Genehmigungsverfahren im Verkehrsbereich, Budestag Drucksache 19/4459, S.17ff.
44) Schneller, aaO.（Fn.23），S.24ff.
45) この点について，山田・前掲注10）163頁。
46) 山田・前掲注10）168頁。
47) Gesetz über den Ausbau der Schienenwege des Bundes v. 15. 11. 1993, zuletzt geändert am 23.12. 2016, BGBl. I S.3221.
48) Gesetz über den Ausbau der Bundesfernstraßen v. 20. 1. 2005, zuletzt geändert am 23.12. 2016, BGBl. I S.3354.
49) 山田・前掲注10）154頁。

Ⅳ　計画手続の促進と「法律による計画」

る。法律の型式で事業を決定するのであれば，議会の審議は必要とはなるものの，計画確定手続等の通常の行政手続を踏むことは不要となり，また，その決定について，行政による決定とは異なり，反対住民等による訴訟に煩わされるリスクを免れることともなる。これにより，迅速かつスムーズな事業の実現が期待されたわけである。旧稿でも紹介したが，1993年10月には，ベルリン・ハノーファー間の鉄道のうちシュテンダル（Stendal）の迂回線約13キロ，翌年3月には，リューベク・ポーランド国境間のアウトバーンのうちヴィスマル（Wismar）の迂回線約10キロの両事業について，その事業計画を決定する二つの法律[50]，いわゆる「措置法（Maßnahmengesetz）」が制定されている。

　前者の「シュテンダル法（Lex-Stendal）」についてみると，この法律の本文は，全6条に過ぎない。その1条は，1項において，前記の区間を連邦鉄道として同法付属書所定の計画に沿って建設する旨を定め，さらに，2項は，他の法令による許認可が不要になるなど，同法による決定が通常の計画確定決定と同様の集中効などの効力を有する旨を規定する。そして，2条以下では，省令による当該計画の補正が可能であること，当該事業についての収用が許されること，などが規定されている。形式的には同法の一部とされているその付属書は，官報（Bundesgesetzblatt）で100頁に及ぶ計画書本体に加えて各種の付属文書からなり，全体で厚さ10センチに近く，異例の分量の法律である。

　(3)　しかし，これらの立法に際しては，連邦参議院での審議において，一部の州政府から強硬な反対論が出されるなど，計画手続の促進論一般に批判的な環境団体などはもちろん，これに本来は積極的であった勢力からも，強い反発を招くこととなった[51]。さまざまな曲折を経て，法律自体は成立したものの，シュテンダル法に対しては，これを基本法違反とするヘッセン州政府による抽象的規範審査訴訟（基本法93条1項2号）が連邦憲法裁に提起されることとなった[52]。そこでの論点は多岐にわたるが，基本的には，本来は行政機関の権限に属すると考えられる個別インフラ事業についての実施計画の決定を法律型式で議会がなすことが権力分立（20条2項）に反しないか，さらに，法律型式をとることにより事業実施に対する通常の訴訟提起を妨げることが出訴の途の保障（19条4項）に反しないか，の二点に集約することができる。

---

50) Gesetz über den Bau der „Südumfahrung Stendal" der Eisenbahnstrecke Berlin- Oebisfelde v. 29. 10. 1993, BGBl. I S.1906; Gesetz über den Bau der Bundesautobahn A-20 Lübeck-Bundesgrenze v. 2. 3. 1994, BGBl. I 1994, S.734.
51) 当時の議論につき，引用を兼ねて，山田・前掲注10)166頁。
52) 山田・前掲注10)162頁。

第 1 部 インフラ計画と訴訟　第 2 章 気候変動対策としての鉄道整備？

1996年7月17日の連邦憲法裁の決定[53]は，まず，権力分立との関係について，一般には，国家的な計画の決定は，行政と立法とのいずれかに一義的に属するものとはいえないとする。しかし，関連する諸法においては，個別事業の決定は，そのための人的組織と専門知識を有する行政機関に留保されるのが通例であり，それを法が動かすことが許されるのは，事業の迅速な実現が公益のために特に必要であるといった「十分な（gut）理由」が存在する場合に限られる，とされる。そして，その判断については，立法者に判断の余地が認められることとなるが，本件の鉄道区間については，東西統一という事情などから，その迅速な実現を必要とする例外的な理由が認められる，とされたのである。

つぎに，裁判の途の保障の問題であるが，連邦憲法裁の決定は，もっぱら，これを当該事業に伴う収用との関係で論じている。この法律において，収用については，形式的には別個の行政手続で決定される仕組みとなっているため，直接に法律で収用が決定されるわけではないものの，事業の実施自体は法律で決定され，後続の収用決定等において司法審査の対象となることはない。この収用手続への先決効（Vorwirkung）のために，本法と出訴の途の保障との抵触が問題となるわけであるが，基本法14条3項自身が「法律による（durch Gesetz）」収用を明文で認めている。しかし，憲法裁決定によると，この方式は，あくまで例外的であり，行政手続によることが公益に重大な不利益をもたらし，議会が適切な決定をなしうるという「説得的な（triftig）理由」がある場合に限定されるという。そして，当該路線について，東西統一による迅速な整備の必要があること，さらに，議会による十分な調査と利益衡量がなされていることから，法律による収用を例外的に正当化できるとしているのである。

(4)　この連邦憲法裁の決定によって，シュテンダル法の基本法違反の確認を求める規範審査訴訟は斥けられ，一応は，その基本法適合性が有権的に認められたことになる。その結果，現実にも，これら二つの法律に基づき，当該二区間の鉄道および遠距離道路の整備事業が実現することとなったのである。ただ，この決定の論理は，いずれの論点に関しても，極めてアドホックであり，本件の特殊事情に照らして，例外的に当該法律の基本法適合性を認めているに過ぎない。個別事業の実施計画を法律型式で決定することが権力分立の例外として認められる「十分な理由」，あるいは，それによって事業計画に対する出訴の途を例外的に制

---

53) BVerfG, Beschl.v. 17. 7. 1996, BVerfGE 95, S.1ff. この「シュテンダル決定」については，拙稿のほか，高橋洋「立法による計画決定及び公用収用の合憲性」自治研究75巻8号137頁がある。

44

限することが許される「説得的な理由」とは，いかなる場合に認められるのかについて，連邦憲法裁が一般的に判示しているわけではなく，今後，どのような場合に「法律による計画」あるいは「措置法」が許されるのかは，ペンディングのまま残されたことになる[54]。

　そもそも，シュテンダル法の法案が議会に提案された当時には，この事業は，一種のパイロット事業と位置付けられ，後続して多数の事業についての措置法の制定が予定されていた。現実には，実際に成立した二事業についての措置法のほか，もう一区間の遠距離道路に関する措置法が議会に提案されたものの廃案となり，その他の事業についての法案は，提出されることなく終わっている。その事情は，必ずしも明らかではないが，ある時期を境に，この手法に対して連邦政府等が急速に熱意を失ったのは確かである。この時期になると，一方では，東側における行政組織整備の進展や他の手続促進策の導入により，通常の手続によっても一定期間内での交通インフラが整備できる目途がたってきたとみられる。他方では，シュテンダル法の議会審議だけで一年半近くを要するなど，現実には，措置法によっても必ずしも手続促進の効果が期待できないことが認識されることとなった。そうなると，連邦憲法裁による一応のお墨付きが得られたとはいえ，一部の州政府などの強い抵抗を排してまで，この手法を強行する動機付けは薄くなったということであろう[55]。その結果，以後，この手法は，顧みられることなく，近年に至ったのである。

V 「法律による計画」の復活

　(1) これまで述べてきたように，ドイツの「法律による計画（Legalplanung）」あるいは「措置法（Maßnahmengesetz）」の手法は，東西統一直後の情勢を背景に，その導入がやや中途半端な形で挫折して以降，四半世紀にわたって立法化されることはなく，それに関する議論も，ほぼ封印されてきたといえる[56]。わずかに，2013年の放射性廃棄物最終処分施設の立地選定法（Standortauswahlgesetz）[57]の制定に際して，同法で立法化された立地を法律によって最終決定す

---

54) 多く指摘される点であるが，著名な研究者によるものとして，Ossenbühl, Der Gesetzgeber als Exekutive - Verfassungsrechtlichen Überlegungen zur Legalplanung, in: Erbguth, u.a. (Hrsg.),Planung - Festschrift für Hoppe (2000), S.183ff.
55) こうした事情について，Schneller, aaO. (Fn.23), S.46ff.
56) もっとも，その間にも，こうした立法の活用可能性を積極的に検討するものとして，Schneller, aaO. (Fn.23), S.209ff.; Eisenmenger, Realisierungsgesetz zur Durchsetzung von Infrastrukturprojekten, NVwZ 2013, S.621ff.

第1部 インフラ計画と訴訟　第2章 気候変動対策としての鉄道整備？

るとする仕組みについて，「法律による計画」であり，基本法適合性に疑義があるとの議論がなされている[58]。ただし，法律で決定されることとなっているのは，立地のみで，実際の施設の在り方や運用については，行政機関による許可手続に留保されるため，シュテンダル法等の措置法とは，やや性格を異にする[59]。

ところが，2017年9月の連邦議会選挙後，その翌年3月に締結されたCDU/CSUとSPDとの連立政権協定において，その交通政策について，交通インフラ整備のための手続促進が強調されることとなったことも，すでに述べた[60]。この中で，やや唐突に，5か所のパイロット事業についての「措置法」による建設を試行する旨の記載が織り込まれている。これについては，協定には，これ以上の記載はなく，その背景等は明らかでない。とりわけ，以前のシュテンダル法等に対しては，野党であった当時のSPDは，むしろ強硬に反対しており，路線変更の理由は不明である。

そして，2019年10月の連邦政府の「気候保護プログラム」において，この措置法の構想が気候変動対策と結びつけられ，具体化されることとなったことについては，本稿冒頭で触れた[61]。従来の手続促進論においては，交通インフラとして，鉄道と遠距離道路（アウトバーン）が並列的に主要な対象とされ，東西統一当時の措置法においても，鉄道路線に関するシュテンダル法と同時期に遠距離道路一区間の措置法が制定されている。しかし，この段階で，「法律による計画」については，温室効果ガスの排出源である道路交通からの転換の手段として位置付けられたことにより，道路は対象から排除され，主要な対象として鉄道が想定されることとなる。

（2）さて，先のシュテンダル法等においては，その成立に至る法的手続は，通常の法律と同様に，連邦政府が作成し提出した法律案を議会が審議し議決するということに尽きる[62]。もちろん，その法律案の内容である個別路線の実施計画の策定に際しては，関係行政機関や計画の策定を委託された民間計画コンサルタ

---

57) Gesetz zur Suche und Auswahl eines Standortes für ein Endlager für Wärme entwickelnde radioaktive Abfälle und Änderung anderer Gesetze v. 23. 7. 2013. BGBl. I S.2553.
58) こうした観点から，同法に疑問を呈するものとして，Keinburg, Verfassungs- und europarechtliche Fragen hinsichtlich der Standortwahl eines Endlagers für hochradioaktive Abälle, NVwZ 2014, S.1133ff: Wiegand, Konsens durch Verfahren? NVwZ 2014, S.830ff.
59) Wegener, Verkehrsinfrastrukturgenehmigungen durch Gesetz und ohne fachgerichtlichen Rechtsschutz? ZUR 2020, S.195（198f.）.
60) 前掲注39) 参照。
61) 前掲注4) 参照。
62) 山田・前掲注10) 154頁。

V 「法律による計画」の復活

ント企業などの手により，さまざまな技術的な検討や関係者との利害調整などがなされたはずであり，その付属書中の資料にもこうした経緯の一端は示されているわけであるが，こうした作業は，法的には，あくまで連邦政府内部での法律案の準備作業に過ぎない。したがって，どのような作業を経て連邦政府が法律案としての実施計画を策定するかは，通常の法律案と同様，政治的にはともかく，法的には全く自由ということになる。だからこそ，通常の計画確定手続によるよりも迅速な計画の策定が期待できるとされたわけである。反面，そのために，計画の策定過程がブラックボックス化し，関係諸利害が計画に反映される法的保障を欠くとの批判を招くこととなった。

これに対して，今次の気候保護プログラムにおいては，個別の実施計画を決定する各措置法の制定に先行して，そうした法律の案の内容となる実施計画を策定するための手続とその管轄行政機関を定める法律である「準備法（Vorschaltsgesetz）」を制定するというアイディアが提示されている。行政による法律案の策定手続を法律で規律する，言い換えれば，行政による法定の手続の結果を法律化するという制度設計は，ドイツにおいては，先に触れた放射性廃棄物最終処分施設の選定手続などでも見ることができるが，こうした行政による慎重な法定手続と議会による法案審理手続という二重の手続により，これらによって決定された実施計画とその対象事業に対する市民の「受容（Akzeptanz）」を高めることができる，とするのが気候保護プログラムの発想である。

(3) これを受けて，連邦政府は，同年11月には連邦参議院に，翌12月には連邦議会に，「措置法準備法（Maßnahmengesetzvorbereitungsgesetz）」の法律案[63]を提出する。この法律案に対しては，関係委員会の勧告[64]を受けて，連邦参議院が基本法違反さらにはEU法違反の疑いがあるとして，その再考を求める意見[65]を議決している。しかし，連邦政府は，これを否定し[66]，翌年1月末には，微修正の上，政府案を連邦議会が可決する[67]。これに対して，参議院側は，関係委員会は反対の立場を維持したものの[68]，最終的には，2月14日に連邦参議院も連邦議会の議決に同意し[69]，同法は成立した[70]。連邦参議院が短期間で態度

---

63) Entwurf eines Gesetzes zur Vorbereitung der Schaffung von Baurecht durch Maßnahmengesetz im Verkehrsbereich, Bundesrat Drucksache 579/19.; Bundestag Drucksache 19/15619.
64) Empfehlung der Ausschüsse, Bundesrat Drucksache 579/1/19.
65) Stellungnahme des Bundesrates, Bundesrat Drucksache 579/19（Beschluss）.
66) Unterrichtung durch die Bundesregierung, Bundestag Drucksache 19/16405.
67) Gesetzesbeschluss des Deutsches Bundestag, Bundesrat Drucksache 41/20.
68) Empfehlung der Ausschüsse, Bundesrat Drucksache 41/1/20.

第 1 部 インフラ計画と訴訟　第 2 章 気候変動対策としての鉄道整備？

を翻した事情は，明らかではない。同法は，4月1日から施行されている。以下，この法律の内容を概観すると[71]，まず，1条では，この法律の対象として，交通インフラの整備を行政行為に替えて法律により認めるための手続を創設することであるとする。これを受けて，2条においては，「措置法」によって連邦議会が認めることができる事業として，鉄道整備8区間と連邦水路整備5区間が列挙される。議会審議の過程で鉄道整備1区間が追加されている。交通インフラのうち，鉄道が主たる対象であるが，温室効果ガス排出が少ない船舶による大量輸送のための水路（Wasserstraße）が加わった反面，アウトバーンが除かれているのは，温室効果ガス削減のための道路交通からの脱却が立法目的であることにより，立法理由書[72]には，交通上の効果と並び，簡単ながら，それぞれの区間の温室効果ガス削減の効果に関する記述がある。なお，それによると，鉄道整備には，路線の新設のほか，複線化や電化などが含まれているが，いずれも，鉄道整備法により，緊急の整備を図ることが法定されている区間である。さらに，3条には，事業者と手続の管轄行政機関が定められるが，鉄道については「連邦鉄道局（Eisenbahn-Bundesamt）」，運河については「水路水運総局（Generaldirektion Wasserstraßen und Schifffahrt）」である。いずれも，連邦政府の機関であり，通常のインフラ事業手続と異なり，州政府が管轄することはない。

　(4)　さて，4条以下が「措置法」の議会審議前に踏まれる手続に関する規定であるが，「準備手続（Vorbereitendes Verfahren）」とそれに先行する「早期市民参加（Frühe Öffentlichkeitsbeteiligung）」からなる。後者（5条）は，事業者自身によって，当該事業について正式の手続の開始前に市民に説明し，その意見を集約する手続であり，通常の計画確定手続については，2013年に行政手続法25条3項に立法化されている[73]。その実施は，同法では，任意とされているが，措置法においては，法的義務とされており，この点では，むしろ手続が加重されている。その後が管轄行政機関による正式の準備手続となり，環境影響評価の対象や範囲を決めるためのスコーピング手続（6条），さらには行政手続法による計画確定手続に準拠した関係書類の閲覧と関係者等の意見聴取からなる「聴聞手続

---

69) Stellungnahme des Bundesrates, Bundesrat Drucksache 41/20（Beschluss）.
70) Gesetz zur Vorbereitung der Schaffung von Baurecht durch Maßnahmengesetz im Verkehrsbereich v. 22. 3. 2020, BGBl. I S.640.
71) Schütte/Winkler, Aktuelle Entwicklung im Bundesumweltrecht, ZUR 2020, S.317ff. 法案段階での紹介として，Groß, Rechtsschutz gegen Maßnahmengesetz im Verkehrsbereich, JZ 2020, S.76ff.
72) Begründung: Entwurf（Fn.63），BR-Drucks 579/19, S.12ff.
73) 前掲注35)参照。

V 「法律による計画」の復活

(Anhörungsverfahren)」（7条）と続く。最後に，管轄行政機関が計画確定決定に相当する「最終報告書（Abschlußbericht）」を担当大臣に提出して（8条），準備手続は終了する。なお，その途上で，担当大臣の判断により，通常の計画確定手続に移行することも可能とされている（7条2項）。

　こうした準備手続の結果である最終報告書が連邦政府により議会に提出される措置法の法案の実質的な内容ということとなるが，法案の提出や議会審議に関する特段の規定は，今回の準備法には置かれていない。規定されているのは，措置法が成立したのちの措置であり，事後に事情変更があった際に，担当大臣が連邦参議院の同意による命令によって，措置法の内容を変更できること（11条），これに対する規範審査訴訟が可能であること（12条），管轄行政機関が措置法を補完する規則を定めうること（13条）などである。そのほか，措置法については，通常の法律と異なり，準備手続において意見を提出した者などに対する個別の送達を要する等（9条）の規定もある。

　(5)　結局，本法の中核である準備手続は，基本的には，行政手続法等による通常の計画確定手続に準拠するものとされている[74]。むしろ，一部には，手続が加重されている点すらある。とりわけ，スコーピング手続の条文化に象徴されるように，ここでの準備手続においても，環境影響評価法により計画確定手続に組み込まれ，その中核ともなっている環境影響評価手続も，同様に実施されることとなる。そして，その評価結果も，最終報告書において考慮される仕組みである。

　シュテンダル法当時のEU環境評価指令[75]においては（旧1条5項），法律によって決定された事業については，基本的に同指令の適用除外とされていたため，同法などによる事業については，環境影響評価の実施を立法化する必要はなかったわけである。しかし，2014年改正後の現行指令[76]においては（現2条5項），この適用除外が「指令の目的が満たされている場合において」のみ認められることとなったため，現状では，EU法上，措置法による決定についても，環境影響評価が実施される法的保障が求められることになる[77]。今回，個別の措置法の立法化に先行して，その準備手続として計画確定手続に準ずる手続を定める立法措置が必要とされた最大の理由は，ここにあったといえる[78]。

---

74)　Begründung: Entwurf (Fn.63), BR-Drucks 579/19, S.10.
75)　Richtlinie 85/337/EWG des Rates v. 27. 7. 1985 über die Umweltverträglichkeitsprüfung bei bestimmten öffentlichen und privaten Projekten（ABl. L 175 vom 5. 7. 1985, S.40).
76)　前掲注14)参照。
77)　この点につき，Groß, JZ 2020, S.81f.

Ⅵ　評価と展望

（1）　この準備法の成立により，今後は，そこに規定された13区間の鉄道および水路の整備事業について，順次，個別の措置法制定のための準備手続が開始されることとなろう。すでに，通常の計画確定手続が開始されている区間についても，措置法による決定によることも可能であるが，本法による準備手続のやり直しを要する仕組みであるため（14条），実際に個別の措置法の法案が議会に提出されるまでには，順調に運んでも，それなりの時間を要するものと思われる。

ただし，これが順調に進むか否かについても，予断は許さない。そもそも，シュテンダル法とは異なり，今回の立法措置によって，今後の措置法の法案策定のためには，くり返し述べてきたように，従来の計画確定手続に準じた準備手続を踏まなければならないこととなった。これによって，確かに，住民参加や権利保護のための計画手続の潜脱といった前回のような非難は免れることとなり，事業に対する市民の手続的な「受容」は担保されることにはなる。しかし，その結果，措置法の準備手続には従来の計画確定手続と同等の時間を見込まなければならなくなったはずで，本法さらには措置法の立法目的であるはずの手続の促進は，少なくとも，この段階では期待できないこととなった[79]。こうした手続的な縛りのなかった前回においては，技術的あるいは政治的にはともかく，法的には，いかようにも迅速に措置法を制定することも可能であったはずで，そこに手続促進の期待が寄せられていたわけである。しかし，現実には，思いの外，計画の策定や議会審議に手間取ることとなり，結局，措置法という手法が放棄される結果となったことも，すでに述べた[80]。類似の事態が今回もくり返されないという保証はない。

（2）　結局，今後の措置法による決定によって，その対象となる事業の促進のために期待できる効果は，法案理由書等は立法目的とは明言しないものの，事業に対する訴訟リスクの排除に止まることになる。通常の計画確定決定に対しては，周辺住民や環境団体などにより行政裁判所への取消訴訟（あるいは，変更を求める義務付け訴訟等）が提起されることが常態化しているが，決定が法律型式でなされれば，こうした訴訟の対象とはなりえないのは当然である。ちなみに，計画

---

78) Begründung: Entwurf (Fn.63), BR-Drucks 579/19, S.17.
79) Wegener, ZUR 2020, S.194f.
80) Schneller, aaO. (Fn.23), S.48ff.

Ⅵ　評価と展望

確定決定は，第三者との関係においても，事業遂行の権利を事業者に対し権利形成的に付与する効力（Gestaltungswirkung）を有するものとされているので[81]，一般的給付訴訟や確認訴訟により事業の中止等を求めることもできない。シュテンデル法等においても，同法による決定が同様の効力を有する旨の規定があり，計画確定決定と同様の取り扱いが想定されてきたため，措置法を住民等が裁判所において争うためには，基本権侵害等を主張して，連邦憲法裁判所に憲法異議を提起するしかないこととなる。

　ちなみに，今回の措置法の対象とされるような重要な鉄道や水路の計画確定決定に対する取消訴訟については，各個別法（一般的鉄道法18e条1項，連邦水路法14e条1項）と行政裁判所法（50条1項6号）により，連邦行政裁判所の一審制とされている。また，これらの訴訟については，前記の個別法の規定（各同条2項）により，ドイツにおける原則とは異なり，その提起による執行停止効が認められず，執行不停止が原則とされている[82]。このため，計画確定手続に対する訴訟の提起自体によって，事業が大幅に遅延するというリスクは，それほど大きくないとも考えられる。とはいえ，裁判所により執行停止申請が認められる例も稀ではなく，これが認められなくても，衡量過程などを厳格に審査してきた裁判所の伝統的なあり方からすれば，長期の審理の末に，最終的に決定が取消されるリスクも無視できない。そして，こうした事態への憂慮が計画確定手続の一般的な長期化にも繋がることとなる。こうした訴訟リスクの回避とそれによる事業の迅速化への期待が今回の立法の背景となっていることは，否定しがたい[83]。

　(3)　それだけに，今回の措置法による事業に対する訴訟の排除に対しては，ある意味では，シュテンダル法のおける以上に，基本法上の疑義に注目が集まることとなり，先に触れた準備法の審議における連邦参議院の委員会勧告[84]などにおいても，これが強調されている。もともと，シュテンダル法に関する連邦憲法裁決定は，先に触れたとおり，この点に関して，裁判による救済が欠けることになる「法律による収用」が基本法によって例外的に許容されていることを述べるのみで，「法律による計画」による訴訟の排除が基本法により許容性されるかについて，正面から答えているわけではない。こうした判決の論理については，以前から強い批判があったわけで，この点に関する基本法の解釈に関しては，なお，宿題として残されていたといえる[85]。

　81）計画確定決定の形成効につき，Kopp/Ramsauer/Wysk, aaO.（Fn.25），§75, Rn.17ff.
　82）これらの点について，Antweiler, NVwZ 2019, S.32.
　83）訴訟による事業の遅延につき，さしあたり，Schneller, aaO.（Fn.23），S.36f.
　84）Empfehlung（Fn.64），BR-Drucks 579/1/19, S.2ff.

第 1 部 インフラ計画と訴訟　第 2 章 気候変動対策としての鉄道整備？

　周知のように，基本法19条4項1文は，公権力による権利侵害に対しては，「出訴の途（Rechtsweg）」を保障しており，こうした出訴の保障は，個別の基本権規定の要請でもあるとされてきた。さらに，こうした保障は，単なる形式的な出訴の機会の保障で充たされるわけではなく，「実効ある権利保護（effective Rechtsschutz）」が保障されなければならないことが強調されてきた。そうした前提に立つと，通常の行政裁判所への出訴を排除し，基本権規定への違反の有無のみが審査対象となり，出訴の要件もかなり限定されている連邦憲法裁への憲法異議を唯一の途として残す措置法の在り方をもって，この保障を充たすとするのは，かなり難しいといえる[86]。

　とりわけ，近年の連邦憲法裁は，出訴の途の保障を従来以上に重視する傾向があるとされる。いずれも著名な判決であるが，2013年12月17日判決[87]は，褐炭の露天採掘場のための採掘認可への出訴を認めず，出訴が後続の収用決定の段階でのみ認められるとする連邦鉱山法の解釈について，実効ある権利保護の要請を充たさないとし，さらに，2015年6月30日判決[88]では，宗教団体の公法上の法人格の個別の承認を州の法律の型式によることとする州憲法の規定についても，出訴の途を閉ざすものとして基本法に反すると判断している。とりわけ，後者の判決は，基本権に係る個別の決定を法律型式によることにより出訴の途を閉ざすことについて，厳格な姿勢を示しており，シュテンダル判決当時とは，かなり異なった姿勢が窺える[89]。

　先に触れたとおり，そもそも，シュテンダル判決は，東西統一による東西交通の急速な再建という特殊事情を前提として，例外的に「法律による収用」による出訴の途の制約を正当化していたわけであり，今回の温室効果ガス削減というある意味では普遍的な要請について，これと類似の特殊事情を認めうるか否かは，かなり疑問であろう[90]。そして，その本来の目的であるはずの手続促進についても，今回の措置法は，その効果が制度的に限定的であるとすれば，連邦政府の主張のように[91]，その基本法適合性の先例としてシュテンダル判決に依拠する論理には，かなりの無理があるとも考えられる。この点は，基本法上のもう一つの論点であった権力分立との関係についても，同様といえよう。

---

85) たとえば，Ossenbühl, aaO. (Fn.54), S.192f.
86) Wegener, ZUR 2020, S.196ff.; Groß, JZ 2020, S.79ff.
87) BVerfG, Urt. v. 17. 12. 2013, BverfGE 134, S.242（310ff.）.
88) BVerfG, Urt. v. 30. 6. 2015, BverfGE 139, S.321（346f.）.
89) Wegener, ZUR 2020, S.199f.; Groß, JZ 2020, S.79f.
90) Schütte/Winkler, ZUR 2020, S.317f.
91) Begründung: Entwurf, BR-Drucks 579/19, S.12.

52

VI　評価と展望

(4)　出訴の途の制限との関係で，さらに困難なハードルは，シュテンダル法当時は存在しなかった EU 法との関係である。現行の環境影響評価指令においては，措置法による決定の場合においても，この指令が無視できなくなり，そのために，準備手続における環境影響評価が法定されたことは，すでに述べた[92]。ただし，同指令11条は，環境に係る決定について，加盟各国の法定する要件に沿って，環境団体などを含む関係者に裁判所へのアクセスを保障すべきことを定めており，これに従って，ドイツも一定の団体に団体訴訟を認めたことも，周知のとおりである[93]。もちろん，この要請は，環境関連の決定に対する市民の司法アクセスを保障するオーフス条約9条2項[94]の帰結でもある。

　今回の措置法によって決定された事業については，通常の裁判所への出訴はできず，連邦憲法裁への憲法異議のみが残された途となる。そうなると，基本権の主体ではない環境団体による団体訴訟の途は，一切，絶たれることとなりかねない。さらに，憲法異議が可能な利害関係者にとっても，そこでは，法律違反はもちろん，環境影響評価指令等の EU 指令違反の主張もできないこととなろう。こうした制度が同指令の求める目的に沿うものといえるかには，当然のことながら，疑義を免れないこととなる[95]。この点については，準備法の審議過程での連邦参議院の意見書[96]においても，強い危惧の念が表明されているところでもある。

(5)　ところが，議論は，さらに混迷しているように見える。これまでの議論は，くり返し述べてきたように，措置法によって決定された事業については，憲法異議以外の通常の裁判による救済が認められないのが前提であった[97]。これを前提にしつつ，連邦政府は，シュテンダル決定を先例として，こうした裁判救済の制限も事業の促進という正当な理由があれば許されると主張し，批判する者は，これが基本法や EU 法に違反すると主張してきた。シュテンダル決定当時の議論も，これを当然の前提としていた。しかし，この前提を根底から覆す議論が登場している[98]。

---

92) 前掲注77)参照。
93) 前掲注7)参照。
94) Übereinkommen über den Zugang zu Informationen, die Öffentlichkeitsbeteiligung an Entscheidungsverfahren und den Zugang zu Gerichten im Umweltgelegenheiten, v. 25. 6. 1998, zuletzt geändert durch Änderungsübereinkommen vom 27.5.2005, BGBl. 2009 II S794. オーフス条約との整合性につき，EU 判例を含めて，Wegener, ZUR 2020, S.200ff.
95) Wegener, ZUR 2020, S.200ff.; Groß, JZ 2020, S.81ff.
96) Stellungnahme (Fn.65), BR-Drucks.579/19 (Besschlss), S.2.
97) たとえば，Schütte/Winkler, ZUR 2020, S.317f.

第1部 インフラ計画と訴訟　第2章 気候変動対策としての鉄道整備？

　すなわち，計画確定決定については，取消訴訟が可能な一方で，その効力によって，対象事業の中止を給付訴訟や確認訴訟等によって求めることはできないことは，先に触れた[99]。これに対して，取消訴訟の対象とならない措置法による決定については，確認訴訟等の前提問題として，その効力を争うことができるとする見解が現われた。ドイツにおいては，法律の効力を争う訴訟は[100]，原則として連邦憲法裁に提起すべきことになるが，措置法については，EU法の要請として，これとの適合性を審査する裁判手続が必要であるため，それを行政裁判所が一般的確認訴訟（行政裁判所法40条1項）の前提問題として審査する「付随的権利保護（Inzidentrechtsschutz）」を認めるべきであるとするのである[101]。例えば，措置法により決定された事業が環境影響評価指令に違反することが疑われる場合，同指令により出訴が認められる関係者や環境団体等は，連邦政府を被告として，措置法によって生じたはずの原告被告間における事業実施に関する公法上の法律関係[102]の不存在などの確認を求める訴えを行政裁判所に提起できる。裁判所は，前提問題として措置法が同指令に適合するか否かを審査するが，環境利益を含めた関係諸利害が適正に衡量されたか否かを審査することとなる。この審査は，結果として，計画確定決定に対する裁判所による審査と同質のものとなるから，これによって，出訴の途の保障に関する基本法およびEU法の問題を払拭できるとされるのである。

　この見解は，措置法に関する従来の議論と距離があるだけでなく，ドイツの訴訟システムに関する通常の理解とも相当の距離があるとの印象は免れない。しかし，類似の議論は，連邦参議院の委員会意見書[103]においても提起されている。また，この論者は，法案審議において連邦政府が依拠する鑑定書[104]の筆者でもあり[105]，その見解の影響は，無視しえないかもしれない。ただし，いうまでもなく，この見解に従うと，（三審制の）新たな訴訟リスクが生まれるわけで[106]，

---

98) Ziekow, Verfahrensrechtliche Regelung der Vorbereitung von Maßnahmengesetzen im Verkehrsbereich, NVwZ 2020, S.667ff.
99) 前掲注81)参照。
100) 規範の無効を前提とする確認訴訟につき，一般的には，Pietzcker, in: Schoch/Schneider/Bier, Verwaltungsgerichtsordnung, §43, Rn.25ff.
101) Ziekow, NVwZ 2020, S.684ff.
102) 措置法による決定によって生ずるはずの事業実施についての原告の受忍義務といったものが想定されていると思われる。Ziekow, NVwZ 2020, S.684.
103) Empfehlung (Fn.64), BR- Drucks 579/1/19, S.2ff. なお，措置法による出訴の制限をEU法違反としつつ，いわばEU裁判所への移送の便法として，確認訴訟の可能性を探るものとして，Groß, JZ 2020, S.82.
104) これを基礎とした論稿として，Zikow,Vorhabenplanung durch Gesetz (2020), S.1ff.

措置法の立法理由は，ますます理解困難となる。

Ⅶ　むすびにかえて

(1)　冒頭で述べたように，気候変動に対応するための温室効果ガスの削減は，ドイツのみならず，国際的な喫緊の課題であることは疑いなく，そのためには，エネルギーその他の産業施設のみならず，その大きな排出源である道路交通からの排出についても，削減策を講じる必要があることにも異論は少ないであろう。ただし，そのための具体的な施策については，当然のことながら，他の政策目的との軋轢が生じることになるわけで，その間の選択あるいは調整が必要となる。言わずもがなの例ではあるが，温室効果ガスの削減のための有効な施策ではあるとしても，それによって原子力発電の拡大が正当化されるか否かには，別途の議論が必要となる。鉄道等の整備についても，道路交通による温室効果ガス排出の削減のために有効であるからといって，当然に，それが正当化されるものではなく，その実施に際しては，沿線の騒音被害や自然や景観への影響といった鉄道事業の負の側面等との慎重な調整が必要となる。そうした配慮が欠けることになると，いかに有効な施策であっても，気候変動対策への便乗の誹りを免れないこととなろう。

問題は，こうした他の政策目的あるいは他の諸利害との的確な調整を担保するために，いかなる法システムを構築するかである。これまで見てきたとおり，ドイツにおける鉄道等の大規模インフラの整備については，長い歴史を経て，こうした調整システムとして，行政機関による計画確定手続とその決定に対する裁判所による審査という組合せが形成されてきた。もちろん，こうしたシステムについても，それぞれの時代の要請に応えて，さまざまな微調整が加えられて今日に至っているわけであるが，基本的には維持され，近時は，基本法上の要請とまで理解されてきた。本稿で見てきた「法律による計画」あるいは「措置法」といった制度は，単純化すれば，従来のシステムを法律という議会の決定により代替しようとするもので，それを根底から覆しかねないものとして，かなりの抵抗を受けることになっているのである。

(2)　ただし，こうした大規模インフラの事業実施に関する決定に議会が関与すること自体に，ドイツの社会や公法学が否定的であるわけではない。先に触れた

---

105)　Unterrichtung（Fn.66），BT-Drucks 19/16405 S.1.
106)　Groß, JZ 2020, S.82.

ように，鉄道，遠距離道路，大規模送電線などの路線計画については，従来から，法律の型式で定められてきた[107]。また，放射性廃棄物最終処分場の立地についても，法律による決定が予定されている[108]。そのほか，議論の対立するシェールガス採掘の是非に関する決定についても，議会に委ねられているなど[109]，著名な「重要事項留保理論」などを持ち出すまでもなく，対立の生じがちな重大な政治的決定については，議会の関与が積極的に評価される傾向にある。今回の措置法準備法においても，その準備手続において行政機関のリソースを活用する仕組みとする一方で，措置法の法案において，可能な限り議会審議における議会による衡量の余地を残すべきことが明文化され（8条3項2文），連邦議会による決定権の確保が強調されている[110]。

　結局，議論の焦点は，事業の決定に議会が関与することの是非ではなく，それが法律制定の型式をとることによって裁判所による審査が排除されることの是非であり，むしろ，こうした政策決定における裁判所の役割の評価ということになる。その結果，現代のドイツ社会における裁判所への信頼を基盤として，今回の措置法に対しては，連邦議会による審議によって裁判所による審査を排除することは，到底，事業に対する市民の「受容」を高めることにはならないとの批判が生ずる一方で[111]，やや無理筋とすら思われる確認訴訟を容認してまで，措置法の導入により，議会の関与による市民の「受容」を高めたいとする見解も登場することになる[112]。

　(3)　今後，個別の事業に関する措置法が制定されることとなれば，関係する付近住民からの憲法異議が連邦憲法裁に提起されることが予想されるし，シュテンダル法と同様に，州政府等による抽象的規範審査訴訟が提起される可能性がある。今回の準備法は，措置法の準備の手続のみを定めるもので，実際の事業等は個別の措置法によって認められる仕組みであるために[113]，準備法自体に対する憲法異議が認めうるか否かについては，議論の余地があろうが，実効ある権利保

---

107)　前掲注47)参照。
108)　前掲注57)参照。
109)　この点につき，山田洋「シェールガス採掘と環境リスク」獨協法学107号159(180)頁(2018)〔本書第6章〕。
110)　この意味を強調するものとして，Ziekow, NVwZ 2020, S.680f. このほか，計画への議会の関与の意義を強調する近年の論稿として，Arndt, Frühe Öffentlichkeitsbeteiligung durch den Bundestag? ZRP 2018, S.177ff.
111)　Groß, JZ 2020, S.82.
112)　Ziekow, NVwZ 2020, S.685.
113)　仕組みとして，手続中途での計画確定決定への移行も予定されている上，準備法に法定されたすべての事業を直ちに措置法によることに批判的な論者もいる。Ziekow, NVwZ

護の観点からは，措置法制定後では遅きに失するとして，準備法自体に対する出訴が認められる可能性もあろう[114]。いずれにしても，連邦憲法裁は，四半世紀ぶりに，あらためて「法律による計画」の基本法適合性の判断を迫られることになりそうである。

あるいは，それより早く，EU法への適合性に関するEU裁判所による判断が示されるかもしれない。行政裁判所への確認訴訟を認めない限り，ドイツ国内の通常の裁判所への出訴が認められず，連邦憲法裁ではEU法違反の主張はできないため，国内裁判所からの移送による先決手続という形式でのEU裁判所の関与は困難かもしれない。しかし，ドイツの裁判制度等については，しばしばEU委員会の提訴による義務違反手続がなされていることから，今回についても，こうした手続によりEU裁判所による判断がなされる可能性もある。準備法が成立したとはいえ，今後の措置法の行方は，不透明というほかない。

〈追記〉
　本稿は，2020年8月，同名で獨協法学112号に掲載されている。ここで紹介した「法律による計画（Legalplanung）」については，2020年2月に，その手続等を定める「準備法」が制定されたわけであるが，その後も，この手法に対しては，権利保護の欠如や手続促進の実効性など，種々の観点からの批判が絶えず，議論が続いている。いくつかの例を挙げれば，Guckelberger, Beschleunigung per Gesetz-über Sinn und Sinnhaftigkeit der Legalplanung, NuR 2023, S.361ff.; Groß, Ausbau der Legalplanung? ZUR 2024, S.210ff. こうした影響もあってか，管見の限りでは，近時まで，個別のプロジェクト計画を決定する法律の立法化は，実現していない模様であり，その行方は不透明である。

　　2020, S.685.
114）Groß, JZ 2020, S.80f

第3章　温室効果ガスとインフラ訴訟
──ドイツの気候保護法をめぐって

I　はじめに

(1)　気候変動（Klimawandel）に対する危機感が広く共有され，それを緩和するための温室効果ガス（Treibhausgas）の排出削減が国際的な政策課題とされて久しいが，パリ条約などを受けて，近年，各国が新たな排出削減の数値目標を表明する動きが目立っている。「気候保護（Klimaschutz）」を最重要の国策としてきたドイツも，温暖化を1900年比で1.5度以下に抑えるというパリ条約の目標，さらに2050年までに「気候中立性（Klimaneutralität）」いいかえれば温室効果ガスの「排出実質ゼロ」を実現するというEUの目標を実現するため，さしあたり，2030年の温室効果ガスの排出を1990年比で最低55％を削減するという目標（2019年比で約35％の減に相当）を掲げている。そして，2019年12月には，連邦の「気候保護法（Klimaschutzgesetz[1]）」が施行され，その3条1項により，この目標が法定化されることとなった。また，これに先立つ同年10月，この目標を実現する具体的な施策を定めるためのプログラム（9条）である連邦政府の「気候保護プログラム2030[2]」が公表されたことも，前稿で触れた[3]。

また，この法律は[4]，前記の目標を達成するため，エネルギー産業，製造業，交通運輸，建物（暖房など），農業（家畜のメタンガスなど），廃棄物処理その他の各分野ごとに，2030年までの毎年の許容排出量を定めており（4条1項1文），たとえば，製造業は，年により1.8億t超から1.4億tへ，農業は，7千万tから6千万t弱へと漸減する許容量が法定されている（同項2文，付表2）。ちなみに，エネルギー産業については，排出権取引との関係などから，現状では，2020年，2022年

1）Bundes-Klimaschutzgesetz v. 12. 12. 2019, BGBl. I S.2513.
2）Klimaschutzprogramm 2030 der Bundesregierung zur Umsetzung des Klimaschutzplans 2050.（HP Bundesregierung）.
3）山田洋「気候変動対策としての鉄道整備？」獨協法学112号351頁（2020）〔本書第2章〕。
4）本法全体の紹介として，Scharlau, u.a. Das Bundes-Klimaschutzgesetz, NVwZ 2020, S.1 ff.; Albrecht, Das Klimaschutzgesetz des Bundes-Hintergrund, Regelungsstruktur und wesentliche Inhalt, NuR 2020, S.370 ff.; Kment, Klimaschutzziel und Jahresemissionsmenge - Kernelemente des neuen Bundes-Klimaschutzgesetz, NVwZ 2020, S.1537 ff.

第 1 部 インフラ計画と訴訟　第 3 章 温室効果ガスとインフラ訴訟

と2030年のみが定められている。

　さらに，この「年間排出量（Jahresemissionsmenge）」は，状況に応じて，連邦政府が連邦議会の同意の下に命令により改定できることとされているものの（4条5項），注目すべきは，これに法的な拘束力のある（verbindlich）ことが敢えて明文化されていることである（同項5文）。より具体的には，公的任務を遂行する諸機関は，その計画や決定において，この法律の目的（Zweck）に「配慮（Berücksichtigen）」しなければならないこととされているのである（13条1項）。もっとも，この法律の規律対象は，政府機関に限られ，私人たる事業者等を直接に拘束するものではない。さらに，基本法上の立法管轄の制約から，各州法の管轄に属する事項についても，各州の気候保護立法に待つことになる[5]。しかし，その整備がなされると，少なくとも各レベルの行政機関は，プロジェクトの許認可などを含むすべての決定等において，この法律の定める温室効果ガス削減のための目標に配慮すべく，「法的に」拘束されることとなる。

　(2)　もちろん，ドイツにおいても，こうした法律による目標設定によって，それに向かった温室効果ガスの削減が順調に進むとするような楽天的な思考が支配しているわけではない。そもそも，2030年に55％以上の削減という同法の目標自体がパリ条約やEUの定める目標の達成のためには不十分であるとする批判も，環境団体などには強い[6]。すでに，連邦憲法裁判所には，ドイツ政府の削減目標が低すぎることが基本権侵害に当たるとする数件の憲法異議が継続していると伝えられる[7]。このような気候変動に対する政府による対応への不満の突破口を裁判によって開こうという動きは，一般に司法への期待の大きいヨーロッパの諸国における共通の傾向と言えよう。著名な例としては，2019年12月，オランダの最高裁判所の判決が環境NGOであるUrgendaによる訴訟について，2020年の温室効果ガスの排出を1990年比で最低25％削減することを政府に命じており[8]，ドイツにおいても，大きな話題となった[9]。

　5）連邦法の制定に先立って，いくつかの州においては，削減の目標を定める州気候保護法を制定しているが，その内容等について，Stäsche, Landesklimaschutzgesetze in Deutschland: Erfahrung und Entwicklungsperspektiven unter Brücksichtigung der aktuellen bundespolitischen Lage, ZUR 2018, S.131 ff.
　6）Kment, NVwZ 2020, S.1542.
　7）こうした訴訟につき，さしあたり，Buser, Ein Grundrecht auf Klimaschutz？ Möglichkeiten und Grenzen grundrechtlicher Klimaklagen in Deutschland, DVBl. 2020, S.1398ff.
　8）Buser, DVBl. 2020, S.1390.
　9）このUrgenda訴訟については，Saurer/Purnhagen, Klimawandel vor Gericht‐Der Rechtsstreit der Nichtregierungsorganisation Urgenda gegen die Niederlande und seine

Ⅰ　はじめに

　もちろん，伝統的な訴訟制度の理解を前提とする限り，ドイツにおいても，こうした「気候訴訟（Klimaklage）」のハードルは高い。さしあたり，こうした訴訟のドイツにおける草分け[10]として世間の注目を集めた事件についても，2019年10月31日，ベルリン行政裁判所の判決は，出訴の資格を欠き不適法としている[11]。この訴訟は，気候変動の影響である高温や豪雨による被害を被ったとする農業経営者らが環境保護団体の支援を受けて提起したもので，連邦政府に対して2020年の温室効果ガス排出を1990年比で40％削減するという政府の従前の目標を達成する措置などを求める一般的給付訴訟である。裁判所は，結局のところ，政府の削減目標は法的拘束力を欠き，基本権保護の要請等を考え併せても，その遵守を求める権利は原告になく，不遵守による原告の権利侵害はないとして，給付の請求を不適法としている。

　⑶　そもそも，これらの気候訴訟のように，具体の事件を前提とすることなく，いわば抽象的に政府の削減目標の遵守などを求めるタイプの訴訟は，訴訟要件においても，本案においても，原告にとってハードルが高くならざるを得ないであろう。それでは，発電所や道路といった具体のプロジェクトの許認可等の訴訟において，そこからの温室効果ガスの排出について，削減目標との齟齬を争う途はないであろうか。こうした訴訟も各国で提起されているようで[12]，2020年2月には，英国の控訴裁判所が気候変動への配慮不足を理由にヒスロー空港の拡張の認可を取消した例なども伝えられる[13]。ドイツにおいても，この種の主張は，後にも見るように，多くの訴訟でなされてきたようであるが[14]，これが認められる例は見当たらなかった。

　　　Bedeutung für Deutschland, ZUR 2016, S.16 ff.; Voland, Zur Reichweite von Menschenrechten im Klimaschutz, NVwZ 2019, S.114 ff.; Wagner, Urgenda – Weltrettung per Gerichtsbeschluss？ ZUR 2019, S.3 ff.
10）　もっとも，よりスケールの大きい企業を被告とする訴訟としては，ペルーの山岳地帯の住民が原告となり，温暖化による氷河湖の水位上昇により自宅が脅かされているとして，ドイツのエネルギー企業を被告として，世界の温室効果ガス排出量に対する当該企業の寄与分に相当する損害賠償等を求めた訴訟が著名である。LG Essen, Urt. v. 15. 12. 2016, ZUR 2017, S.370 ff.（mit Anm. v. Köck）.
11）　VG Berlin, Urt. v. 31. 10. 2019, NVwZ 2020, S.1289 ff. この判決の解説として，Buser, Eine allgemeine Klimaleistungsklage vor VG Berlin, NVwZ 2020, S.1253ff.; Oexle/Lammers, Klimapolitik vor den Verwalungsgerichten, NVwZ 2020, S.1723ff.; Ruffert, Klagen auf Klimaschutzmaßnahmen fehlt die Klagebefugnis, JuS 2020, S.478ff.
12）　Verheyen/Schayani, Der grobale Klimawandel als Hindernis bei der Vorhabegenehmigung, ZUR 2020, S.412ff.
13）　Verheyen/Schayani, ZUR 2020, S.413ff.
14）　Verheyen/Schayani, ZUR 2020, S.415f.

ただ，ドイツにおいても，気候保護法の制定によって，温室効果ガスの削減目標が法定化され，その法的拘束力が明文で肯定された。このことにより，その遵守を求める訴訟の可能性をめぐる議論も，新たな局面を迎えたとも考えられ，その活性化の機運も見られる。この機会に，主として，具体のプロジェクトを争う訴訟を想定しながら，ドイツにおける温室効果ガスの排出削減を求める訴訟について，その議論の動向の整理を試みることとしたい。

II　気候変動と環境影響評価

(1)　当然のことではあるが，二酸化炭素やメタンガスといった温室効果ガスは，二酸化硫黄や二酸化窒素といった大気汚染物質とは異なり，排出源周辺の住民等への健康被害等を発生させるわけではない。気候変動を通じた水害等の被害はありうるが，その排出源も被害も地球規模で拡散することになる。したがって，通常の大気汚染物質のような濃度による規制にはなじまないことはもちろんで，望ましい大気の状態である環境基準（ドイツでいう，イムミシオン基準）や個別の排出源ごとの許容値である排出基準（エミシオン基準）といった規制には，元々なじまない。結局は，排出量の問題となるが，フローではなくストックの問題であるので，ここでも個別の排出源についての「許容される排出量」といった線引きにもなじまず，だからこそ，排出権取引や炭素税などといったシステムによる削減が図られてきたわけである。

もちろん，ドイツにおいても，温室効果ガスについては，排出権取引の基準枠を別にすれば，個別事業所ごとの「年間許容排出量」といった定量的な基準が法定されているわけではなく，たとえばイムミシオン防止法による事業所の許可の許可基準となるわけでもない[15]。その結果，そうした個別のプロジェクト等の許認可などにおいては，温室効果ガスの排出の問題は，さしあたりは，そこにおける環境影響評価（UVP）での配慮事項として取り扱うしかないことになる。ドイツにおいても，環境影響評価法[16]に基づく環境影響評価手続は，個別法が定める事業に関する許認可や計画確定の手続の一環としてなされる仕組みであり，

---

15)　ドイツにおいても，温室効果ガスの排出の問題は，主に石炭火力発電所を対象に論じられてきたが，その許可手続と気候保護の関係について，Verheyen, Die Bedeutung des Klimaschutzes bei der Genehmigung von Kohlekraftwerken und bei der Zulassung des Kohleabbaus, ZUR 2010, S.403ff.

16)　Gesetz über Umweltverträglichkeitsprüfung v. 24.2.2010, zuletzt geändert am 12.12. 2019, BGBl. I S.2513.

その結果が許認可等に反映されることとなる。したがって，ここでも，事業についての許認可や計画確定決定の取消訴訟などにおいて，しばしば，それに至る手続の一環としての環境影響評価の在り方が大きな争点となり，その一環として，温室効果ガスの排出の問題が評価項目となるか否かが以前から争われてきたのである。

(2) 近年の一例のみを紹介すれば，連邦行政裁判所2019年7月11日判決[17]がある。この訴訟は，アウトバーンA39の一部区間14kmほどに関する計画確定決定に対して認定環境保護団体が提起した団体訴訟であるが，動植物保護地域（FFH）との関係や戦略アセスの在り方，排水の影響など，さまざまの論点が争われ，結論としては，排水による水質汚濁のおそれなどが認められて原告が勝訴している。この訴訟においても，原告は，アウトバーン延長による交通量増大に伴う温室効果ガスの排出増大が気候変動に悪影響を及ぼすものの，この点への評価が先行する環境影響評価において欠けていたと主張している。一般に，今日のドイツにおいては，温室効果ガスの排出源として，エネルギーや製造業とともに，道路交通が注目され，「エネルギー転換（Energiewende）」と並ぶ「モビリティ転換（Mobilitätswende）」が急がれており，アウトバーンの延長は，これに逆行するものとして，批判の対象とされることとなる[18]。この訴訟に置ける原告の主張も，こうした流れの一環といえる。

もっとも，裁判所は，従来から，この事件に適用される2017年改正前の環境影響評価法[19]及びこれによって国内法化されていた当時のEU環境影響評価指令においては，温室効果ガス等の排出による地球規模の気候変動への影響は，評価対象とはされていなかったとしてきた。もちろん，当時の環境影響評価法，さらにはEU指令においても，環境影響評価制度によって保護されるべき利益（Schutzgut）として，人の健康や大気，水などと並んで「気候（Klima）」が明記されていた。しかし，そこで意識されていたのは，たとえば，緑地の減少による周辺地域の高温化や建築物による周辺地域の通風の悪化といった「局所的な気候（MikroklimaあるいはKleinklima）」に対する当該事業による影響であり，事業を原因とする温室効果ガスの排出による地球規模の気候変動といった「広域的な気候（Makroklima）」への影響は，評価の対象として想定されていなかったのである[20]。2014年の改正環境影響評価指令を国内法化した2017年改正による現行の

---

17) BVerwG, Urt. v. 11. 7. 2019, NVwZ 2020, S.788ff.
18) さしあたり，山田・前掲注3）175頁。
19) Gesetz über Umweltverträglichkeitsprüfung v. 24. 2. 2010, zuletzt geändert am 18. 8. 2010, BGBl. I S.1163.

環境影響評価法においては，環境影響評価報告書（UVP-Bericht）への記載事項として，局所的な気候への影響と並んで，温室効果ガス排出の影響を明記しているが，この改正によって付加されたものであり[21]，これ以前については，同法とEU指令のいずれによっても，温室効果ガス排出による気候変動への影響は，環境影響評価における評価項目ではなかったとするのが，裁判所の一貫した態度であった[22]。

⑶　逆に言えば，現行の環境影響評価法やEU指令の下においては，温室効果ガスの排出により気候変動に影響を及ぼす事業については，これについての評価が必要であることは，文言上も明らかである。管見の限りでは，現行法下において，その環境影響評価における評価の在り方が争われた例は，なお見当たらないものの，従来の判決も，これが現在は評価項目となったことを当然の前提としている。ちなみに，道路の路線決定など，個別の事業計画に先行する配置計画などについては，いわゆる戦略アセス（strategische Umweltprüfung）が義務付けられるが，そこでも温室効果ガスの排出の影響への評価がなされることとなる[23]。

とはいえ，温室効果ガスの排出と気候変動との関係については，今なお，未知の部分が多く残されており，いわんや，個別の事業による排出による具体的な影響を評価することは，もちろん不可能に近い。個別事業からの排出量を概算することは，可能ではあるが，それの地球全体での排出総量への寄与，さらには地球環境への影響については，微小というしかないであろう。そのためもあって，従来のドイツ法やEU法においては，個別事業による温室効果ガスの排出の問題は，環境影響評価の対象とはせず，排出権取引などの制度で対応するという一種の「割り切り」がなされてきたといえるし，それが製造業やエネルギー分野などにおいては，一定の成果を上げてきたともいえよう。しかし，先に挙げた判決などで問題となったアウトバーンや空港といった施設については，これも機能しないわけで，環境影響評価の役割が期待されることとなろう。

---

20) Peters, UVPG, 2. Aufl. (2002), S.82.; Appold, in: Hoppe/Beckmann, (Hrsg.), UVPG, 4. Aufl. (2012), S.108.
21) この改正における「気候」概念の拡大について，Wolf, Die Umsetzung der UVP - Richtlinie 2014 in der Verordnung über das immisionsschutzrechtliche Genehmigungsverfahren, ZUR 2018, S.457ff.
22) 前記の判決のほか，空港拡張の計画確定手続について，BVerwG, Beschl. v. 22. 6. 2015, NuR 2015, S.772ff. アウトバーンの計画確定手続について，BVerwG, Urt. v. 28. 4. 2016, NVwZ 2016, S.1710ff.
23) とりわけ，土地利用計画の環境影響評価における気候変動への評価について，Schink, Klimaschutz und Klimaanpassung als Gegenstände der Umweltprüfung in der Bauleitplanung, UPR 2020, S.500ff.

結局のところ，環境影響評価において，温室効果ガスの排出についての評価をするとすれば，汚染物質などと同様に技術的に可能な削減策を求めるほかは，国等の削減目標との整合性を審査するほかないであろう。それだけに，ここでも，その基準として，冒頭に触れたドイツにおける今回の気候保護法による削減目標や部門ごとの排出許容量の法定化が重い意味を持ってくることとなる[24]。

III 排出削減への配慮義務

　(1)　さて，冒頭に述べたように，今般の気候保護法は，2030年の温室効果ガスの排出量を1990年比で最低55％削減するという「目標（Ziel）」を法定している（3条1項）。さらに，この目標を達成するために，エネルギーや，製造業，交通運輸といった各分野ごとに，2030年までの各年に許容される「年間排出量（Jahresemissionsmenge）」を定めている（4条1項，付表2）。そして，この年間排出量が法的な拘束力を有する（verbindlich）旨が明示されていることについても（4条1項6文），すでに述べた。なお，拘束力が直接に規定されているのは年間排出量のみであるが，その前提である2030年の削減目標自体も法的な拘束力を有することになるのは，当然の帰結といえる[25]。

　これを実現するための各分野ごとの具体策を定める「気候保護プログラム」も，連邦政府により，すでに策定されている（9条[26]）。今後，毎年，連邦環境庁（Umweltbundesamt）により排出状況に関するデータの報告がなされる（5条）。新たに設置される独立の専門家会議によって（11条）年間排出量の超過が認められた場合には，各分野の管轄の連邦大臣は，次年の超過を防ぐための計画の提出を義務付けられる仕組みである（8条）。これが本法の基本的な枠組みということになる[27]。

　(2)　さて，これも冒頭で触れたが，前記の拘束力を具体化するものとして，公的任務を遂行する全ての諸機関は，その決定や計画において，この法律の目的（Zweck），すなわち前記の削減目標や年間排出量の達成について「配慮（Brücksichtigen）」すべきことが義務付けられている（13条）。この規定は，直接には各

---

24) 環境影響評価における温室効果ガスの削減目標の法定化の意味について，さしあたり，Schink, ZUR 2020, S.502f.
25) この点につき，Franzius, Ziel des Klimaschutzrechts, ZUR 2021, S.131 (135 f.). ただし，1条の目的規定中に言及されているにとどまる2050年の「気候中立性」の目標は，法的拘束力を欠くとされる。たとえば，Kment, NVwZ 2020, S.1543.
26) 山田・前掲注3) 351頁。
27) くわしくは，Scharlau, u. a. NVwZ 2020, S.1ff.

第 1 部 インフラ計画と訴訟　第 3 章 温室効果ガスとインフラ訴訟

州法の管轄領域には及ばないこととなるが（2 文），これが整備されれば，各レベルの行政機関は，全ての計画の策定や許認可などに際して，温室効果ガスの削減目標や年間排出量との整合性に「配慮」しなければならなくなる。
　もっとも，気候変動への配慮が法定されるのは，この気候保護法が初めてではない。すでに，連邦の国土整備法（Raumordnungsgesetz[28]）や建築法典（Baugesetzbuch[29]）においては，2011年の法改正により，前者においては，各州の大綱的な土地利用計画である州発展計画などの策定において（2条2項6号8文），後者においては，市町村の建築管理計画の策定において（1条6項7号a），「気候（Klima）」への配慮が義務付けられており，これに温室効果ガス排出の削減が含まれることは自明とされてきた[30]。著名な例としては，これらを根拠として，石炭火力発電所の設置のための建築管理計画について，温室効果ガス排出の影響への配慮が不十分であることが争われた裁判例なども存在する[31]。今回の立法によって，こうした配慮が他の許認可やプロジェクト計画などにも義務付けられたことになり，さらに，そうした配慮が具体的な法定の数値目標と結びつけられたこととなる。
　(3)　とはいえ，この規定によって行政機関が許認可や計画などの判断において義務付けられるのは，あくまでも，温室効果ガスの削減目標や年間排出量への「配慮」であって，それらの「法的拘束力」も，そこに留まる[32]。周知のとおり，この「配慮（Brücksichtigen）」という概念は，ドイツの計画法や環境法においては，広く用いられてきたものであるが，要するに，当該利益が判断過程の利益衡量において衡量要素として他の諸利益とともに考慮の対象とされるべきことを意味する。もちろん，これを無視することは許されないが，必ずしも対立する他の利益に優先されるわけではなく，具体的に状況によっては，他の利益に劣後することも在りうることとなる。そうした意味では，利益衡量において，他の諸利益に比べて特段の「尊重（Beachten）」が要請されるわけではなく，そこにおける最大限の尊重の要請，いわゆる「最大化要請（Optimierungsgebot）」を意味

---

28) Raumordnungsgesetz v. 22. 12. 2008, zuletzt geändert am 20. 7. 2017, BGBl. I S.2808.
29) Baugesetzbuch v. 23. 9. 2004, zuletzt geändert am 30. 6. 2017, BGBl. I S.2193.
30) Spannowsky, in: Spannowsky/Runkel/Goppel, ROG, 2. Aufl. (2018), S.124ff.; Battis, in: Battis/Krautzberger/Löhr, BauGB, 14. Aufl. (2019), S.50f.
31) OVG NW, Urt. v. 3. 9. 2009, DVBl. 2009, S.1385 ff. この判決について，Verheyen, ZUR 2010, S.405f. さらに，山田洋「水銀排出規制と石炭火力発電の将来」行政法研究22号38 (39)頁 (2018)〔本書第 5 章〕。
32) 以下の点につき，とりわけ，Kment, NVwZ 2020, S.1542 ff.; Schink, Das Berücksichtigungsgebot des §13 Klimaschutzgesetz, NuR 2021, S.1ff.

するものでもない[33]。

　したがって，この温室効果ガス削減への配慮が機能する行政判断は，各種の諸利益の衡量を含む裁量判断の領域ということになり，さしあたりは，インフラ整備などに係る土地利用計画やプロジェクト計画などが想定されることとなろう。たとえば，先に触れたアウトバーン建設に関する路線決定や計画確定決定などについても，事業の実施とそれによる温室効果ガスの削減目標や年間排出量との整合性は，環境影響評価における評価要素となるにとどまらず，その判断過程における利益衡量（いわゆる計画裁量）における無視できない独立の衡量要素となりうるわけである。

　(4)　もっとも，実際には，一定規模の建築管理計画やプロジェクトの計画確定手続など，環境影響評価が組み込まれる決定手続においては，温室効果ガスの排出削減についての配慮は，その中でなされることとなろう。具体的な手順等は，事業の内容などに応じて，行政機関の裁量に委ねられることとならざるをえないが[34]，いずれにせよ，まずは，素材の調達などの間接的なものなども含めた事業による温室効果ガスの排出量の調査が前提となる。そして，通常の環境影響評価などと同様に，その最少化の方法が探られることとなろう。その上で，そうした結果が他の諸利害と衡量されて，最終的な決定に反映されることとなる。こうした決定についての理由提示などにおいて，温室効果ガスの排出の問題について，いかなる配慮がなされたかが明示されるべきことは，当然であろう。

　もちろん，現実の行政機関の判断過程において，こうした利益にどの程度の重みづけがなされ，それが最終的な決定にどのような影響をもたらすかは，不分明というほかない[35]。ただし，こうした土地利用計画などの判断過程の利益衡量に関しては，ドイツの裁判所は，従来から，極めて高密度の審査をしてきたことも，周知のとおりである[36]。それだけに，法定された削減目標等の「法的拘束力」やそれへの「配慮」を実効あるものにするためには，それを保障する司法の役割に期待が集まることとなる[37]。しかし，ドイツの立法者は，この点につい

---

[33] Schink, NuR 2021, S.2f.
[34] 詳細につき，Schink, NuR 2021, S.4f.
[35] 気候変動といった不確定の要素を含む利害の衡量は，とりわけ困難を伴うが，こうした点について，Kment, Die Bewältigungen von Nichtwissen durch adaptive Abwägung‒zugleich ein Beitrag zur Dogmatik der Abwägung, ZUR 2016, S.331 ff.
[36] 衡量原則と司法審査に関しては，今日でも，議論が多いが，近年までの流れを概観するものとして，Berkemann, Zur Abwägungsdogmatik: Stand und Bewertung, ZUR 2016, S.323ff.
[37] とりわけ，Ziem, Endlich verbindlicher Klimaschutz？ZUR 2020, S.129 f.; Klinger,

て，必ずしも前向きとは言い難い。

Ⅳ　裁判による保障

　(1)　くり返し述べてきたように，今般の立法においては，温室効果ガスについて，2030年までの削減目標とその実現のために許容される分野ごとの各年の年間排出量が法定され，それに拘束力があることも明言されている。これが立法の「目玉」であることは，疑いない[38]。ただし，注目すべきは，この拘束力を明言する規定（4条1項6文）に続いて，この法律が「主観的権利や出訴可能な法的地位（subjektive Recht und klagebare Rechspositionen）」を基礎づけるものでない旨が規定されていることである（同7文）。要するに，この法律に定める削減目標等は，客観法としては行政機関を法的に拘束するものの，その遵守を求める市民の主観的な権利などを生じさせるものではない，とするわけである。

　その意味するところは，必ずしも明確とはいえないが，法案の理由書[39]は，この規定を「宣言的（deklaratorisch）」なものであるとする。結局のところ，この規定は，削減目標等の本法の規定について，いわゆる「保護規範（Schutznorm）」，すなわち市民の個人的権利利益を保護する規定ではないとし，その遵守を求める訴訟については，取消訴訟の権利毀損要件（行政裁判所法42条2項）を充たさないなど，権利保護の利益を欠くということを注意的に規定したものと考えられる[40]。さしあたり，本稿の冒頭に触れたベルリン行政裁判所での訴訟[41]ような政府に削減目標を達成するための政策遂行を求める市民による「気候訴訟（Klimaklage）」は，この規定により妨げられることとなりそうで，これが直接の立法目的とも考えられる。

　また，この保護規範性の欠如の論理を敷衍すれば，土地利用計画やプロジェクト計画などを争う訴訟においても，削減目標等への配慮の欠如などを根拠とする気候保護法違反の主張も排除されることとなろう[42]。もっとも，こうした訴訟においては，同様の配慮義務違反について，先にも触れた衡量原則への違反や環

　　　Klagerechte zur Durchsetzung des Bundes-Klimaschutzgesetzes, ZUR 2020, S.259ff.
38)　たとえば，法的拘束力のある削減目標の法定をドイツの気候保護政策における「パラダイム転換」と評するものとして，Scharlau, u. a. NVwZ 2020, S.8.
39)　Begründung von Gesetzentwurf, BT-Drucksache 19/1437, S.28.
40)　こうした理解につき，Klinger, ZUR 2020, S.260.
41)　前掲注11）。
42)　削減目標等について，一般的に「訴訟により主張できる（einklagebar）」規定できないとするものとして，Albrecht, NuR 2020, S.377f.

境影響評価の違法と構成しなおすことによって，同様の主張が可能となるのかもしれない[43]。

(2) さらに理解しにくいのは，環境保護団体等による団体訴訟（Verbandsklage）との関係である。今日のドイツにおいては，温室効果ガスの排出などが争われるようなスケールの大きい環境訴訟の多くは，環境救済法（Umwelt-Rechtsbehelfsgesetz[44]）により認定された環境保護団体などにより提起される団体訴訟である。こうした団体訴訟は，もともと自らの権利保護のための訴訟ではなく，同法さらには EU 指令によって特別に認められた訴訟であるため，その許容性は，そこで違法が争われる法規，ここでは気候保護法が主観的権利を基礎づけているか否か，言い換えれば，その保護規範性とは，無関係のはずである。そうであれば，先の規定はどうあれ，気候保護法への違反が争われる事件も，環境救済法の適用される環境法上の事件であれば，同法に基づく団体訴訟は，認められることになりそうである[45]。

なお，念のために付言すれば，すでに多くの紹介があるが[46]，ドイツの環境救済法に基づく環境団体訴訟は，オーフス条約を受けた2003年の EU 市民参加指令を国内法化するため，2006年に立法化されている。その際，ドイツは，従来の訴訟制度との整合性を可能な限り維持するため，そこで環境保護団体が争いうる違法について，「個人の権利」を基礎づける規定への違反のみに限定した（旧2条1項）。この立法は，激しい論争を生んだものの，結局，EU 裁判所は，2011年の「トリアネル（Trianel）決定[47]」により，こうした制限を EU 法違反であると判断して，この制限規定は法改正により撤廃されることとなっている[48]。このような経緯に照らしても，気候保護法の規定の保護規範性の否定から，それについての団体訴訟の排除を導く解釈は，無理があると考えられようし，当然，EU 法違反の疑いが生ずることとなろう[49]。

(3) そもそも，今般の気候保護法の制定に際して，環境影響評価法も改正さ

---

43) このような訴訟の可能性を説くものとして，Verheyen/Schayani, ZUR 2020, S.418f.
44) Gesetz über ergänzende Vorschriften zu Rechtsbehelfen in Umweltangelegenheiten nach der EG-Richtlinie 2330/35/EG v. 23. 8. 2017, BGBl. I S.3290.
45) この点について，Klinger, ZUR 2020, S.260.
46) ドイツにおける環境団体訴訟の導入については，さしあたり，大久保規子「混迷するドイツの環境団体訴訟」新世代法政策学研究20号227頁（2013）。
47) EUGH, Urt. v. 12. 5. 2011, NVwZ 2011, S.801 ff.（mit Anm. v. Schlacke）.
48) こうした経緯について，Franzius, in: Schink/Reidt/Mitschang, UVPG/UmwRG, (2018), S.401f.
49) Ziem, ZUR 2020, S.129 f.; Klinger, ZUR 2020, S.259ff.

れ，戦略アセスの対象となりうる計画を定めた付表5に気候保護法9条による前述の「気候保護プログラム」が加えられている。環境救済法によると，こうした戦略アセスの対象となる計画は，団体訴訟の対象となる仕組みであるため（1条1項4号b），結局，今回の立法は，環境保護プログラムの一部が団体訴訟の対象となること，いいかえれば根拠法たる気候保護法への違反が団体訴訟の場で争われうることを予定しているとも考えられるわけであり[50]，少なくとも，団体訴訟に関しては，保護規範性の否定によって訴訟の途が閉ざされることはないと思われる。

　もっとも，団体訴訟の形式にしろ，温室ガスの削減目標等への配慮義務違反が訴訟の場で争いうるとしても，その可能性を力説する論者においても，具体的に，どのような訴訟が想定されているかは，明らかでない。先に述べたような政府に対する削減目標の順守を求める訴えなどは，訴訟要件レベルのハードルがはるかにわが国より低く，今回の立法により目標が法定化されて本案についてのハードルもやや下がるにしても，目標達成に向けた政策選択についての広い裁量の余地などを考えれば，まだまだ，困難が伴うといわなければならない。結局，こうした訴訟については，政治的なキャンペーン[51]の域を出ないとも評価されることとなる。

　これに対して，アウトバーンや空港などについての計画確定決定等，具体の事業を争う訴訟において，そこからの温室効果ガスの排出を争う主張は，従来にも増して，広がることとなろう[52]。当該事業と年間許容排出量との整合性などは，かなりの具体性をもって争いうるであろうし，前提となる環境影響評価等でも，温室効果ガスの排出に対する従来より綿密な評価が求められることとなろう。もっとも，ここでも，最終的には，「配慮義務」に止まることがハードルとなろうが[53]，今後の裁判所の対応が注目される。

V　むすびにかえて

　⑴　以上，2019年12月のドイツにおける気候保護法の制定によって，温室効果ガスの削減目標（2030年の排出量を1990年比で少なくとも55％削減すること），さらには，それを達成するための年毎に各分野で許される年間排出量が法的拘束力を

---

50) Kment, NVwZ 2020, S.1544.
51) Oexle/Lammers, NVwZ 2020, S.1724.
52) Verheyen/Schayani, ZUR 2020, S.418f.
53) 司法への過度の期待を戒めるものとして，Kment, NVwZ 2020, S.1544.

V　むすびにかえて

有することとされたことを機会に，ドイツにおける温室効果ガスの排出削減を求める各種の「気候訴訟」の動向とそれに対する法制定の影響につき，概観してきた。これまで見てきたように，こうした一つの立法によって，目標どおりの温室効果ガスの削減が約束されるものでないことはもちろんであるし，各国で提起されているような削減目標の達成を政府に求める裁判に勝訴の見通しが拓けるわけでもない。

　もっとも，アウトバーンや空港の建設といった温室効果ガスの排出の拡大が不可避な各種の事業などにおいては，その計画段階，とりわけ，そこにおける環境影響評価などおいて，今回の立法によって法定された削減目標との整合性など，排出削減に向けた一層の具体的かつ可視的な「配慮」が求められることとなろう。このことは，こうした事業についての計画確定決定や許認可などを争う環境保護団体などによる訴訟においても，従来から少なからず見られた温室効果ガス削減への配慮の欠如を争点とする主張に大きな手掛かりを与えるものであり，こうした議論の活性化が予想されることとなる。立法から，なお日が浅いこともあって，具体的に，どのような主張がなされることとなり，それに対して裁判所が如何なる対応を示すことになるかは，管見の限りでは，確認できるまでに至っていないが，遠からず，何らかの影響が顕在化することも予測される。

　(2)　わが国でも周知のとおり，ドイツにおいては，遅くとも2038年までの石炭火力発電からの撤退が法制化されるなど[54]，エネルギー部門を中核として，温室効果ガスの削減努力が継続されている。石炭火力発電の将来についてのわが国の迷走ぶりなどを見るとき[55]，彼我の相違は大きいといわなければなるまいが，そうした彼の地においても，国際的な削減目標の達成は困難とされ，とりわけ環境保護団体などの焦燥は，高まっている。いうまでもなく，「気候訴訟」は，こうした意識を背景とする。

　わが国においては，ドイツと比較するとき，社会において裁判が果たしてきた役割は，まったく異なり，それも反映して，市民の裁判への期待も，大きく異なる。こうした状況を前提とするとき，ドイツなどの各国におけるような「気候訴訟」が多く登場し，それが社会的なインパクトを与えることになるとは考えにくい。しかし，各地の火力発電所訴訟において，温室効果ガスの問題が大きな争点になるなど，その萌芽もなくはない[56]。いうまでもなく，気候変動への対策と

---

54) ドイツの石炭火力発電については，やや古くなったが，山田・前掲注31)38頁。
55) わが国における石炭火力発電をめぐる動向について，島村健「石炭火力発電所の新増設と環境影響評価（1・2完）」自治研究92巻11号77頁（2016），93巻1号40頁（2017）。

しての温室効果ガスの削減は，国境を越えた世界的な課題である。この問題に関する各国の市民の意識の流れを図る指標として，海外の気候訴訟の動向への一定の目配りも，必ずしも無駄ではないと思われる。

〈追記〉
　本稿は，2021年5月，法と政治（関西学院大学）72巻1号に「温室効果ガスと訴訟―ドイツの気候保護法をめぐって」の題名で寄稿している。序章や次章においても紹介しているが，本稿の主たる関心事であるインフラ計画などにおける気候変動対策への配慮の問題については，原論文の脱稿直後に出された連邦憲法裁の「気候決定」などの影響もあって，近時まで多くの議論があり，関連する判決なども出されている。とりあえず目についた最近のまとまった分析として，Kling, Zur Klimaverträglichkeitsprüfung: Ein erste Bilanz zur Rechtssprechung zum Brücksichtungsgebot des §13 Abs.1 S.1 KSG, ZUR 2024, S.141ff.

56) わが国の石炭火力発電所増設の政策が「国際的に孤立している」と批判するものとして，平田仁子「日本の石炭火力発電の動向と政策」環境と公害46巻1号29頁（2016）。さらに，わが国の石炭火力発電所訴訟を世界的な気候訴訟の「流れの中にある」と位置づけるものとして，浅岡美恵「世界の気候変動訴訟の動向」環境と公害49巻1号31頁（2019）。

第4章　ドイツにおける気候訴訟

I　はじめに

(1)　多数の死者を出した2021年夏の豪雨による西北部での河川氾濫を俟つまでもなく，ドイツにおける気候変動への国民の関心は以前から高く，政治も極めて敏感といえる[1]。とはいえ，これに対する政府等の対応が市民（とりわけ環境保護団体等）の期待に十分に応えるものとなっているわけではない。そのため，ここでも司法に対する期待は高まりつつあって，隣国オランダのUrgenda判決なども大きな話題となり[2]，気候変動対策の強化を求める「気候訴訟（Klimaklage）」あるいは「気候保護訴訟（Klimaschutzklage）」という言葉も，近年は，広く共有されるようになっている[3]。

もっとも，わが国同様，ドイツにおいても，こうした訴訟のハードルは，極めて高い。いうまでもなく，個別の温室効果ガス排出（あるいは，それに対する施策）とグローバルな気候変動とを直結させることはできず，また，気候変動と個々の気象現象やそれによる被害（権利侵害）とを結びつけることは困難だからである。伝統的に「訴訟イコール個人の権利保護」という強固な理解が維持されてきたドイツにおいては，気候訴訟も，政治的なキャンペーンとして扱われ[4]，法的には，やや「キワモノ」と見られざるを得なかったこととなる。

(2)　ただし，近年は，国際的な環境保護運動などの影響もあり[5]，オーソドックスな気候訴訟も提起される例が散見される。たとえば，企業を被告とするスケールの大きい民事訴訟としては，ペルーの山岳地帯の住民が原告となり，温暖化による氷河湖の水位上昇により自宅が脅かされているとして，ドイツのエネ

---

1)　ドイツにおける近年の水害対策法制について，山田洋「洪水防御は誰のためか」獨協法学110号167頁（2019）〔本書第10章〕。

2)　このUrgenda訴訟については，Wagner, Ugenda – Weltrettung per Gerichtsbeschluss? ZUR 2019, S.3ff. など。

3)　ドイツにおける気候訴訟の意味につき，さしあたり，Fellenberg, Rechtsschutz als Instrument des Klimaschutz – ein Zwischenstand, NVwZ 2022, S.915ff. これについては，すでに以下の論稿を公表しており，本稿も，これを基にしている。山田洋「温室効果ガスと訴訟——ドイツの気候保護法をめぐって」法と政治72巻1号591頁（2021）〔本書第3章〕。

4)　こうした指摘について，Fellenberg, NVwZ 2022, S.913f.

5)　国際的な動向については，Verheyen/Schayani, Der globale Klimawandel als Hindernis bei der Vorhabengenehmigung, ZUR 2020, S.412ff. など。

ギー企業を被告として，原告の損害のうち，世界の温室効果ガス排出量に対する当該企業の寄与分に相当する割合の損害賠償等を求めた訴訟が話題となった。しかし，この請求は，個別の排出と損害の因果関係が明確でない等の理由で棄却されており，控訴審係属中である[6]。

　一方，政府を相手方とする行政訴訟としては，こうした訴訟のドイツでの草分けとして世間の注目を集めた事件について，ベルリン行政裁判所が出訴の資格を欠き不適法とする判決を下し，確定している[7]。この訴訟は，気候変動の影響である高温や豪雨による被害を被ったとする農業経営者らが環境保護団体の支援を受けて提起したもので，連邦政府に対して，2020年の温室効果ガス排出を1990年比で40％削減するという当時の政府の目標を達成するための措置などを求める一般的給付訴訟である。裁判所は，結局のところ，政府の削減目標は法的拘束力を欠くものであり，基本権保護の要請等を考え併せても，その遵守を求める権利は原告にはなく，不遵守による原告の権利侵害もないとして，給付の請求を不適法としている。

　(3)　そもそも，冒頭にも述べたように，これらの訴訟のように，具体の事件を前提とすることなく，いわば抽象的に削減目標の遵守などを求めるタイプの訴訟は，政府と排出企業のいずれを被告とするかを問わず，わが国と同様，ドイツにおいても，訴訟要件においても，本案においても，原告にとってハードルが高くならざるを得ないと考えられる[8]。そのため，ドイツにおいても，わが国の石炭火力発電所訴訟などと同じように，まずは発電所や道路といった具体のプロジェクトの許認可等の訴訟において，そこからの温室効果ガスの排出について，削減目標との乖離などを争う途が探られることとなる。

Ⅱ　個別プロジェクトと気候訴訟

　(1)　当然のことではあるが，二酸化炭素やメタンガスといった温室効果ガスは，二酸化硫黄や二酸化窒素といった大気汚染物質とは異なり，排出源周辺の住民等への健康被害等を発生させるわけではないから，通常の大気汚染物質のような濃度による規制にはなじまず，排出基準（エミシオン基準）といった規制に

---

6) LG Essen, Urt. v. 15. 12. 2016, ZUR 2017, S.370ff.
7) VG Berlin, Urt. v. 31. 10. 2019, NVwZ 2020, S.1289ff. この判決の解説として，Buser, Eine allgemeine Klimaleistungsklage vor VG Berlin, NVwZ 2020, S.1253ff. など。
8) この点につき，たとえば，Oexle/Lammers, Klimapolitik vor den Verwaltungsgerichten, NVwZ 2020, S.1723ff.

は，もともとなじまない。結局は，総体としての排出量の問題となるが，ここでも個別の排出源についての「許容される排出量」といった線引きも困難となる[9]。

その結果，個別のプロジェクト等の許認可などにおいては，温室効果ガスの排出の問題は，さしあたりは，環境影響評価での配慮事項として取り扱うのが早道となる。ドイツにおいても，環境影響評価法[10]に基づく環境影響評価手続（UVP）は，個別法が定める事業に関する許認可や計画確定の手続の一環としてなされる仕組みであり，その結果が許認可等に反映されることとなる。したがって，ここでも，事業についての許認可や計画確定決定の取消訴訟などにおいて，しばしば，それに至る手続の要素としての環境影響評価の在り方が大きな争点となってきたが，その一環として，温室効果ガスの排出の問題が評価項目となるか否かが争われることとなるのである。

(2) 近年の一例のみを紹介すれば，この訴訟は，アウトバーンの一部区間に関する計画確定決定に対して環境保護団体が提起した団体訴訟であるが，さまざまの論点が争われ，結果としては，道路の排水による水質汚濁などが認められて原告が勝訴し，決定が取消されている[11]。この訴訟においても，原告は，アウトバーン延長による交通量増大に伴う温室効果ガスの排出増大が気候変動に悪影響を及ぼすものの，先行する環境影響評価においてこの点への評価が欠けていたと主張している。ちなみに，今日のドイツにおいては，温室効果ガスの排出源として，エネルギー産業や製造業とともに，道路交通が注目され，「エネルギー転換（Energiewende）」と並ぶ「モビリティ転換（Mobilitätswende）」[12]が急がれているが，アウトバーンの延長は，これに逆行するものとして，批判の対象とされることとなる。この訴訟における原告の主張も，こうした流れの一環といえるが，こうした主張は，その他の発電所や空港に関する訴訟などでも，少なからず見られる。

もっとも，ドイツの各裁判所は，以前から，この事件に適用された2017年改正前の環境影響評価法[13]及びこれによって国内法化されていた当時のEU環境影響評価指令においては，温室効果ガス等の排出による地球規模の気候変動への影響

---

9) 以下の点につき，山田・前掲注3）595頁。
10) Gesetz über die Umweltverträglichkeitsprüfung v. 24. 2. 2010, zuletzt geändert am 12.12. 2019, BGBl. I S.2513.
11) BVerwG, Urt. v. 11. 7. 2019, NVwZ 2020, S.788ff.
12) さしあたり，山田洋「気候変動対策としての鉄道整備？」獨協法学112号351頁（2020）〔本書第2章〕。
13) Gesetz über die Umweltverträglichkeitsprüfung v. 24. 2. 2010, zuletzt geändert am 18.8. 2010, BGBl. I S.1163.

第1部 インフラ計画と訴訟　第4章 ドイツにおける気候訴訟

は，評価対象とはされていないとしてきた。もちろん，当時の環境影響評価法さらには EU 指令においても，環境影響評価制度によって保護されるべき利益として，「気候（Klima）」が明記されていた。しかし，そこで想定されていたのは，たとえば，緑地の減少による周辺地域の高温化や建築物による周辺地域の通風の悪化といった「局所的な気候（Mikroklima oder Kleinklima）」に対する当該事業による影響であり，事業を原因とする温室効果ガスの排出による地球規模の気候変動といった「広域的な気候（Makroklima）」への影響は，評価の対象として想定されていなかったとされるのである[14]。2014年の改正 EU 指令を国内法化した2017年改正による現行の環境影響評価法においては，温室効果ガス排出の影響が評価項目として明記されているが[15]，これ以前については，温室効果ガス排出による気候変動への影響は，環境影響評価における評価項目ではなかったとするのが，裁判所の一貫した態度であり[16]，先の判決も，これを踏襲して，原告の主張を斥けている。

（3）ただし，現行の環境影響評価法や EU 指令の下においては，温室効果ガスの排出により気候変動に影響を及ぼしうる事業については，これについての評価が必要であることは，文言上も明らかであるが[17]，管見の限りでは，現行法下において，その環境影響評価における評価の在り方が争われた例は，なお見当たらない。

とはいえ，のちに重ねて述べるように，温室効果ガスの排出と気候変動との関係については，今なお，未知の部分が多く残されており，いわんや，個別の事業による排出による具体的な影響を評価することは，もちろん不可能に近く，それの地球規模での排出総量への寄与，さらには地球環境への影響については，微小というしかないであろう。結局のところ，環境影響評価において，温室効果ガスの排出についての評価をするとすれば，技術的に可能な削減策を求めるほかは，国等の削減目標との整合性を審査するほかないと思われる。それだけに，その基

---

14) Peters, UVPG, 2.Aufl.（2002），S.82.; Appold,in: Hoppe/Beckmann,（Hrsg.），UVPG, 4.Aufl.（2012），S.108.
15) この改正における「気候」概念の拡大について，Wolf, Die Umsetzung der UVP-Richtlinie 2014 in der Verordnung über das immisionsschutzrechtliche Genehmigungsverfahren, ZUR 2020, S.457ff.
16) 前記の判決のほか，空港拡張の計画確定手続について，BVerwG, Beschl. v. 22. 6. 2015, NuR 2015, S.772ff. アウトバーンの計画確定手続について，BVerwG, Urt. v. 28. 4. 2016, NVwZ 2016, S.1710ff.
17) Uechtritz, Berücksichtigen globaler Klimaauswirkungen in der strassenrechtlichen Planfeststellung, NVwZ 2022, S.1526.

準として，削減目標や部門ごとの許容排出量の法定化が重い意味を持ってくることとなる。

III　排出削減目標と年間許容排出量の法定

　(1)　わが国でも，しばしば紹介されているが，ドイツにおいても，温暖化を1900年比で可能な限り1.5度以下に抑えるというパリ条約の目標，さらに2050年までに「気候中立化（Klimaneutralität）」（カーボン・ニュートラル）を実現するというEUの目標を実現するため，さしあたり，2030年の温室効果ガスの排出を1990年比で最低55％を削減するという目標が掲げられている。2019年12月には，連邦の「気候保護法（Klimaschutzgesetz）」が施行され[18]，その3条1項により，この目標が法定化されることとなった。

　さらに，同法は，上記の目標を達成するため，エネルギー産業，製造業，交通運輸，建物（暖房など），農業（家畜のメタンガスなど），廃棄物処理その他の分野ごとに，2030年までの毎年の許容排出量を定めており（4条1項1文），たとえば，製造業は，年により14億tから18億t超，農業は，6億t弱から7億tが許容されている（同項2文，付表2）。なお，これに先立つ同年10月，この目標を実現する具体的な施策を定めるためのプログラム（9条）である連邦政府の「気候保護プログラム2030」が公表されている[19]。

　(2)　ここで注目すべきは，この「年間排出量（Jahresemissionsmenge）」について，これに法的な拘束力のある（verbindlich）ことが敢えて明文化されており（同項5文），より具体的には，公的任務を遂行する諸機関は，その計画や決定において，同法の目的（Zweck）やその定める目標に「配慮する（berücksichtigen）」べきこととされている点である（13条1項）[20]。これによって，たとえばプロジェクトの許認可等に際して，削減のための目標を考慮すべく，行政機関等が「法的に」拘束されることが明確化されたわけである。

　ただし，ここでの関心事である気候訴訟との関係で注目すべきは，この目標等の法的拘束力を明言する規定に続いて，この法律が「主観的権利や出訴可能な法

---

18) Bundes-Klimaschutzgesetz v. 12. 12. 2019, BGBl. I S.2513. これについて，山田・前掲注3）591頁。さらに，勢一智子「ドイツにおける気候変動法制の進展」環境法研究12号111頁（2021）。
19) Klimaschutzprogramm 2030 der Bundesregierung zur Umsetzung des Klimaschutzplans 2050.（HP Bundesregierung）．
20) 以下の点につき，より詳しくは，山田・前掲注3）599頁。

的地位（subjektive Recht und klagebare Rechspositionen）」を基礎づけるものでない旨が規定されていることである（4条1項7文）。要するに，この法律に定める削減目標等は，客観法としては行政機関を法的に拘束するものの，その遵守を求める市民の主観的な権利などを保障するものではない，とするわけである。

（3）　その意味するところは，必ずしも明確とはいえないが，結局のところ，この規定は，削減目標等の本法の規定について，いわゆる「保護規範（Schutznorm）」，すなわち市民の個人的権利利益を保護する規定ではないとし，その遵守を求める訴訟については，取消訴訟の権利毀損要件（行政裁判所法42条2項）を充たさないなど，権利保護の利益を欠くということを注意的に規定したものと考えられる[21]。さしあたり，先に触れたベルリン行政裁判所の訴訟のような政府に削減目標を達成するための政策遂行を求める気候訴訟は，この規定により妨げられることとなりそうで，おそらく，これが直接の立法目的とも考えられよう。この論理を敷衍すれば，プロジェクト計画などを争う訴訟においても，削減目標等への配慮の欠如などを根拠とする気候保護法違反の主張は，権利保護の利益を欠くとして排除されることとなろう[22]。

　もっとも，こうした訴訟においては，同様の配慮義務違反について，先にも触れた環境影響評価の違法などと構成しなおすことによって，同様の主張が可能となろう。さらにドイツにおいては，温室効果ガスの排出などが争われるようなスケールの大きい環境訴訟の多くは，環境保護団体などにより提起される団体訴訟（Verbandsklage）である。こうした団体訴訟は，もともと自らの権利保護のための訴訟ではなく，環境権利救済法さらにはEU指令によって特別に認められた訴訟（ある種の客観訴訟）であるため，当該訴訟における違法主張の許容性は，そこで違法が争われる法規，ここでは気候保護法の保護規範性とは，無関係のはずである。そうであれば，先の規定はどうあれ，配慮義務違反を争うことも，団体訴訟においては，認められることになりそうである[23]。

（4）　おそらく，具体の事業を争う訴訟においては，そこからの温室効果ガスの排出を争う主張は，後にも述べるように，従来にも増して，広がることとなろう。当該事業と年間許容排出量との整合性などは，かなりの具体性をもって争いうるであろうし，前提となる環境影響評価等でも，温室効果ガスの排出に対する

---

[21]　Begründung von Gesetzentwurf, BT-Drucksache 19/1437, S.28.

[22]　たとえば，Albrecht, Das Klimaschutzgesetz des Bundes – Hintergrund, Regelungsstruktur und wesentliche Inhalt, NuR 2020, S.370ff.

[23]　とりわけ，Ziem, Endlich verbindlicher Klimaschutz? ZUR 2020, S.129f.: Klinger, Klagerechte zur Durchsetzung des Bundes-Klimaschutzgesetzes, ZUR 2020, S.259ff.

より綿密で可視的な評価が求められることとなろう。もっとも，最終的には，許認可等に際しての利益衡量の中での「配慮義務」に止まることがハードルとなろうが[24]，計画裁量における衡量原則について，かなり高密度の審査を展開してきたドイツの裁判所の対応が注目されることになる。

IV　連邦憲法裁決定の登場

(1)　ここまで見てきたように，2019年12月施行の気候保護法により，2030年の温室効果ガスの排出量を1990年比で55％削減するという目標とその実現のために許容される2030年までの各年の分野別の許容排出量が拘束的に法定された。しかし，ある意味では予想されたことではあるが，これらについては，温暖化を工業化前の1.5℃以下に抑えるというパリ条約の最終目標などの実現のためには不十分であるという批判が環境保護団体などから噴出することとなる。すなわち，2030年までの削減目標が低すぎる上に，それ以後の目標が示されていない（2025年に政令で定める）ために，これによっては，最終目標の達成が見通せないとされるのである。

周知のとおり，ドイツにおいては，法令の制定を含む国家活動によって基本法により保護された基本権を侵害されたと主張する者は，その是正を求めて連邦憲法裁判所に「憲法異議（Verfassungsbeschwerde）」の申立てができることとされている[25]。この排出目標等を定めた気候保護法に対しても，その目標が不十分であることにより自己の基本権を侵害されたとして，多くの憲法異議の申立てがなされた。申立人は，若者を中心とする個人のほか，気候変動の影響を受けた国外居住の外国人や環境保護団体など，多岐にわたる[26]。結論から述べれば，連邦憲法裁は，環境保護団体や外国人の申立ては斥けたものの，個人の申立ての一部を認容している。すなわち，2030年までの削減目標等については，基本権侵害とは認めなかったものの，2031年以降の目標が定められていないことは基本権侵害であるとして，連邦政府に是正を命じたのである[27]。

(2)　ここでの争点は，いうまでもなく，温室効果ガスの削減目標が不十分であ

---

24)　司法への過度の期待を戒めるものとして，Kment, Klimaschutzziel und Jahresemisionsmenge – Kernelemente des neuen Bundes-Klimaschutzgesetz, NVwZ 2020, S.1544.

25)　ドイツの憲法異議の制度につき，さしあたり，鈴木秀美／三宅雄彦編『〈ガイドブック〉ドイツの憲法判例』7頁（信山社，2021）。

26)　本件の背景等につき，Buser, Ein Grundrecht auf Klimaschutz? Möglichkeiten und Grenzen grundrechtlicher Klimaklagen in Deutschland, DVBl.2020, S.1398ff.

27)　BVerfG, Beschl.v.24.3.2021. BVerfGE 157,30＝NVwZ 2021, S.951ff.

ることが何故に個人の基本権侵害となるかであり，申立人も，種々の主張を展開している。そもそも，ドイツの基本法も，個人の基本権としての「環境権」といったものを保障する明文規定を欠くが，東西統一時に挿入された同法20a条は，市民の「自然的な生存基盤」の保護を国家の責務と規定しており，これは環境保護政策の実施を国家に義務付けるものであると解される。しかし，この規定は，国家の客観的な義務である「国家目標（Staatsziel）」を定めるもので，市民の主観的な「環境権」といった基本権を定めるものではないとされているため，たとえ，今回の立法が客観的にこの義務への違反となるとしても，憲法異議の対象とはなりえないこととなる[28]。

そこで容易に想起されるのは，ドイツ憲法学では周知の個人の生命身体の自由（基本法2条2項）から導かれる国家による基本権の「保護義務（Schutzpflicht）」に依拠することであり[29]，それへの違反は，基本権侵害として憲法異議の対象となるとされてきた。要するに，気候変動による生命身体の危険から国家は市民を保護する義務があり，それについての不十分な立法措置は，保護義務違反であるとの論法である。しかし，保護義務の実施については，広範な立法裁量が認められ，その違反が認められるのは，必要な立法が全くなされないか，明らかに不十分な場合等に限られるとするのが判例であり，本件については，現状では，これに該当しないとして，裁判所は，この主張を容れていない[30]。

（3）そのため，連邦憲法裁は，「将来の自由権侵害」という斬新な論法で，今回の立法措置による基本権侵害を理由づけている。その議論は，難解かつ長大であり，わが国でも，すでに詳細な紹介と分析がなされているため[31]，細部に立入ることは避ける。本稿のテーマとの関係から，大雑把に整理すれば，以下のようになろう。まず，先の基本法20a条の国家目標規定が気候変動対策についての（客観的な）国家への要請を含むことが大前提であり，それを具体化すれば，現状では，パリ条約等の削減目標の達成が求められる。それを達成するためには，達成期間内にドイツに許容される温室効果ガスの総排出量は一定であるから，現在の排出規制が過少（排出量が過大）であれば，政府は，目標達成のために必然的に将来に不相当に過大な排出規制をすることを余儀なくされることとなる。結

---

28) 環境保護の国家目標化につき，さしあたり，鈴木／三宅・前掲注25)238頁。
29) 基本権保護義務につき，さしあたり，鈴木／三宅・前掲注25)40頁。
30) BVerfG, Rn.152ff.
31) この決定の詳細な分析として，桑原勇進「気候変動と憲法」上智法学論集65巻4号133頁（2022）。そのほか，憲法学の観点からの分析として目についたものとして，玉蟲由樹「国家の気候保護義務と将来世代の自由」上智法学論集65巻4号233頁（2022），石塚壮太郎「気候変動対策における世代間の公正な負担」自治研究98巻12号145頁（2022）。

局，その規制により，その時代の人々（現在の若者など）が不相当な基本権（一般的自由権）への侵害を被ることとなるのである。この結果，現在の不十分な立法措置は，将来の過剰な規制による基本権侵害を招来するという「先行的な効果（Vorwirkung）」を有することになり，その意味で，基本権侵害となるとするわけである[32]。

こうした理由から，裁判所は，今回の立法が2031年以降の排出目標等を規定しないのは，目標達成のためには不十分であり，将来の自由権侵害を招くとして，2022年末までの新たな立法措置を命じたのである。ただし，2030年までの排出目標などについては，立法裁量の範囲内ということで，基本権侵害を否定している。

V　連邦憲法裁決定の影響

(1)　この連邦憲法裁の決定（いわゆる「気候決定（Klimabeschluss）」）は，それへの賛否を超えて，一般にも，学界にも，かなりの驚きをもって迎えられている。たとえば，具体の結論についても，何故，2031年以降の規定が欠けていることが基本権侵害なのに，2030年までの排出目標等が立法裁量の範囲内なのか。理論的にも，判決の理論と従来の基本権保護義務論との関係はどうなるのか。その他，なお不分明な論点が多く残り，学界の議論も，継続している[33]。

しかし，連邦政府の対応は素早く，決定から3か月後の2021年6月には，気候保護法の改正が実現している[34]。改正法においては，その欠如が基本権侵害とされた2031年以降の排出削減目標について，2040年において1990年比で88％減とする目標が定められ，それに向けて，2031年から隔年の削減目標も定められた。さらに，基本権侵害が否定された2030年までの削減目標についても，従来の55％から65％に引き上げられ，それに沿って，年間許容排出量も削減されている。ちなみに，2031年以降の許容排出量については，2024年に政令で定めることとされている[35]。

---

32)　BVerfG, Rn.116ff.
33)　この気候決定に対するコメントは，ほとんど無数に存在するが，管見の限りで数点のみ挙げれば，Calliess, Das Klimaurteil des Bundesverfassungsgerichts: Versubjektivierung des Art.20a GG? ZUR 2021, S.355ff.; Schlacke, Klimaschutzrecht auf Intertemporale Freiheitssicherung, NVwZ 2021, S.912ff.; Britz, Klimaschutz in der Rechtsprechung des Bundesverfassungsgerichts, NVwZ 2022, S.325ff.
34)　現在の条文として，Bundes-Klimaschutzgesetz v. 12. 12. 2019, BGBl. I S.2513. zuletzt geändert am 18. 8. 2021. BGBl. I S.3905.

この決定による法改正の実現によって，今回の憲法異議は，一応の目的は達成したこととなる。ただし，司法国家として知られるドイツにおいても，さらに政治的決定をも使命とする憲法裁判所であっても，裁判所は，極めて慎重である。本決定においても，連邦憲法裁は，自ら削減目標等を示すことによって立法府による政策判断に「土足で踏み込む」ことは，避けている。当然のことながら，国家目標規定の法的性格や基本権保護義務の成立要件など，従来からの判例理論等との整合性にも，周到に意を用いている。そもそもが憲法異議という特殊な手続での判断であり，その判例としての射程は，大きくはないはずである。

(2) 連邦憲法裁は，過小な排出削減目標等を定めた法律について，将来の過大な規制による基本権侵害を必然的にもたらすとする「先行的な効力」を見出し，そこに基本権侵害を認めている。これは，対象となる国家活動が温室効果ガスの排出量分配の枠組みを形成する国家決定であったから可能な論理構成であり，もちろん，個別プロジェクトの計画決定などに敷衍できるものではない。たとえば，温室効果ガスを排出する個別の火力発電所の建設を許可したとしても，その活動が直接かつ必然的に将来の排出規制強化に結びつくとは言い難く，将来の基本権侵害に直結するものではないからである。今回の決定は，温室効果ガスの排出量の分配を誤ることが将来の規制強化による基本権侵害を生むとしているのであって，個別の温室効果ガスの排出そのものが基本権侵害を生むとしているわけではない。

したがって，今回の決定の論理から，温室効果ガスの排出を増加させる個別のプロジェクトなどについて，将来の基本権侵害を生むものとして，それが当然に違法になるとか，それに対する排除請求権が成立するといった結論は，導けないこととなり，こうした活動を基本権侵害として憲法異議の対象とできるわけでもない[36]。今回の決定は，温室効果ガスの無計画な排出を戒めているのであって，もちろん，全ての排出を禁じているわけではない。当該計画の下で，個別の排出が許されるか否かは，おのずと別の話ということになる。

(3) ただし，こうした判例としての理論的な射程は措くとして，連邦憲法裁が温室効果ガス削減の国際的な目標達成について，基本法上の国家目標の要請であると明言したことの直接あるいは間接の事実上の影響は，無視できないはずである[37]。たとえば，これによって，先に触れた気候保護法による削減目標等への

---

35) この改正の経緯について，Frenz, Das novellierte Klimaschutzgesetz, NuR 2021, S.583ff.
36) これを指摘するものとして，たとえば，Uechtritz, Der Klimabeschluss des Bundesverfassungsgerichts und sein Einfluss auf das Planungs- und Planfeststellungsrecht, DVBl. 2022, S.1244.

「配慮義務」は，基本法上の要請に格上げされたことともなる[38]。これに対して敏感に反応を示したのが連邦行政裁判所である。

アウトバーンなどの計画確定決定に対する訴訟については，現在は，連邦行政裁判所が一審かつ終審として裁判をすることとなっており，ここでも，その延長事業を認める決定に対して，環境保護団体が取消しを求めている。そこでは，環境影響評価等において，道路延長による交通量の増大に伴う温室効果ガスの排出の増加や森林伐採による吸収の減少が評価されていないことなどが違法事由として主張されている。

この事件も，手続の開始が古く，先に触れた旧環境影響評価法による手続が適用されるものとされたために，ここでも，地球規模の気候変動は，評価対象ではないとの判断は維持されている。しかし，同裁判所2022年5月4日判決[39]は，この事件については，計画確定決定時にすでに施行されていた気候保護法の「配慮義務」が適用されるとする。そして，ほぼ1年前の連邦憲法裁決定を参照しつつ，温室効果ガス削減への配慮は，計画裁量における重要な衡量事項であり，これへの配慮を欠いた本件の決定は，衡量に瑕疵があり違法であるとしたのである。ただし，本件においては，裁判手続中に温室効果ガス排出に関する評価結果が提出されていたために，その瑕疵は治癒されたとする。さらに，具体的な衡量についても，温室効果ガスの削減も，常に最大限に優先されるべき衡量事項（いわゆる「最大化要請（Optimierungsgebot）」）とはいえず[40]，本件においては，結果として，当該事業の実施を認めた衡量結果に違法はないとして，決定を適法と認めている。

VI　むすびにかえて

⑴　さて，この連邦行政裁判所の判決については，その評価は難しく，それが今後のドイツにおける気候訴訟に与える影響を占うことも困難である。個別のプ

---

[37] 連邦憲法裁決定の個別プロジェクトへの訴訟への影響を論じるものの例として，Fellenberg, NVwZ 2022, S.913ff.; Uechtritz, DVBl. 2022, S.1241ff.; Erbgut, Die KSG- Entscheidung(en) des Bundesverfassungsgerichts, DVBl. 2022, S.1001ff.

[38] この点を強調するものとして，Haß/Peters/Schöneberger/Verheyen, Das Gebot der Berücksichtigungen der Klimaschutzes auf Vorhabenebene – de lege lata und de lege ferenda, NVwZ 2023, S.113ff.

[39] BVerwG, Urt. v. 1. 5. 2022, NVwZ 2022, S.1519ff. その解説として，Uechtritz, NVwZ 2022, S.1525ff.

[40] この点につき，山田・前掲注3）602頁。

第１部 インフラ計画と訴訟　第４章 ドイツにおける気候訴訟

ロジェクトに対する計画確定決定等に関して，先の連邦憲法裁決定を参照しつつ，温室効果ガスの削減，より具体的には気候保護法の削減目標への配慮が重要な衡量要素であり，これへの配慮を欠く決定を違法であると明言したことは，いわば連邦憲法裁決定の危機感をこうした訴訟にも反映させたものとして，評価されることとなろう。他面では，当然のことながら，この判決によって，温室効果ガス削減への配慮がひとつの衡量要素に過ぎないことが明確となったわけで，その意味では，連邦憲法裁決定の影響に歯止めを掛けるものとの評価も可能であろう。

　くり返しとなるが，温室効果ガスの増加を伴う全ての個別プロジェクトについて，それ故に違法であるとの判断がなされることにはならないのはもちろん，これへの配慮が事業の実施により実現される利益に対して常に優先されるべきものとされているわけでもない。その評価方法についても，今回の判決においては，詳細な紹介は避けるが，技術的な限界もあって，それほど密度の高い評価が期待されているわけでもない[41]。見方によっては，個別の事業による地球環境への影響は，常に微小であるから，他の衡量要素に対して常に劣後することとされかねないのである。すでに，個別プロジェクトに関する下級審判決がなされている旨の紹介もあるが[42]，こうした傾向が見えなくもない。

　(2)　ただし，重ねて強調すべきは，今回の事件においては，気候変動への影響の評価が評価対象とされていなかった旧環境影響評価法が適用されていることである[43]。今後の計画確定手続においては，新法により，それが評価の対象となる。古くから強調されていることではあるが，気候変動の問題に限らず，環境影響評価においては，技術的に可能な限りにおいて当該事業による環境負荷を最小化することが求められることとなる。温室効果ガスについても，今後の評価方法の開発とルール化によって，法定の削減目標の達成に適合した有効な削減策が求められていくことが期待できよう。もちろん，こうした環境評価の結果も，計画確定手続等におけるひとつの衡量要素にすぎないわけであるが，環境影響評価によって，それへの配慮が可視化されることの意味は小さくはない。

　結局，そのことが本稿のテーマであるドイツにおける「気候訴訟」の在り方についても，中長期的な展望を与えることになるかもしれない。そうなれば，ここで紹介した連邦憲法裁の気候決定だけではなく，それを受けた今回の連邦行政裁

---

41) 詳しくは，Uechtritz, DVBl. 2022, S.1247f.
42) Uechtritz, DVBl. 2022, S.1244f.
43) 環境影響評価との関係につき，Uechtritz, NVwZ 2022, S.1525.

判所の判決も，ひとつのエポックを画するものとして評価されることになろうか。

(3)　当然のことながら，どこの国でも，裁判は万能ではなく，それに期待される役割も国によってさまざまである。また，その期待に応じて裁判制度も異なってくる。いずれにしても，気候変動への対応といった複雑な政策決定において，第一義的な役割を期待されるのは，立法府である[44]。ただし，冒頭に述べたように，わが国と同様に，「訴訟イコール個人の権利保護」という伝統的な訴訟観が基本的に支配しているドイツにおいても，憲法異議の制度は措くとしても，近年に EU の影響で大きく拡大した環境団体訴訟の制度などにより，とりわけ環境行政の分野において，客観的な国家活動の適法性の監督へと裁判所の役割が実質的にシフトしつつあるともいえる。気候訴訟への期待の拡大なども，大きくは，こうした背景の中で捉えるべきものかもしれない。

こうした中で，いわゆる気候訴訟においても，ドイツの裁判所は，極めて慎重な一歩を踏み出している。今後，大きく進展するのか否か。ドイツの裁判の在り方そのものの行方を考える上でも，重要な素材となりえよう。

〈追記〉
　本稿は，2021年9月10日にオンラインで開催された上智大学環境法政策プログラムセミナー「気候変動訴訟と日本」（主宰・桑原勇進教授）における報告を基に，脚注を付すなどの加筆修正をして，2023年4月，特集「気候危機と法」中の一篇として，法学館憲法研究所 Law Jounal 28号に同名で掲載されている。セミナーにお誘いいただいた桑原教授に謝意を表させていただく。ドイツの気候訴訟全般を紹介するという報告の性格から，前章の論稿と重なる部分がある。また，ここで触れた「気候決定」については，わが国とドイツのいずれにおいても，その後も多くの議論があるのは，周知のとおりであるが，ドイツにおける気候訴訟のあり方について，最近までの動きを全般的に検討した論稿として，Saurer, Klagebeschränkungen im Klimaschutzrecht? ZUR 2024, S.214ff.

---

44) これを強調するものとして，たとえば，Britz, NVwZ 2022, S.334.

◆第2部◆
エネルギー政策と環境

第5章　水銀排出規制と石炭火力発電の将来
―― EU 水枠組み指令とドイツ

I　はじめに

(1)　豊富な石炭資源を有していたドイツは、発電においても、石炭火力発電大国であり、原子力発電さらには再生可能エネルギーによる発電への移行が進む現在でも、総発電量の半分近くを石炭火力発電が占め続けている[1]。そして、伝統的には、その多くを北部で露天掘りされる良質とはいえない「褐炭（Braunkohle）」に依存してきた。この褐炭による火力発電は、広大な採掘地における自然・景観破壊、採掘等による水質汚濁、燃焼による大気汚染など、ドイツにおける環境問題の代表例ともいえるもので、古くから批判に曝され続けている[2]。その結果、火力発電のエネルギー源についても、国産の褐炭から今や輸入に依存する通常の石炭（Steinkohle）へ、あるいは、なお割合は高くないものの、より環境負荷の少ない天然ガスへと移行が図られてきた。

しかし、一時は、ドイツにおいても、新たに石炭火力発電所を新増設しようという機運が高まっていた。その背景には、近年の原子力発電の存続をめぐる政治情勢の混迷と、それに伴う安定電源の逼迫への不安があることは、言うまでもない。さらに、世界的な石炭価格の低落傾向と温室効果ガスの排出権取引市場における価格低落は、石炭火力発電のコストの割安感を拡大している。他方、わが国でも喧伝されているような大気汚染対策などに関する新技術の進展によって、厳格化を続ける排出基準などをクリアーしうる石炭火力発電の可能性が開けてきたことも、発電会社による石炭火力発電の復興の動きを加速させ、2000年代半ばから、各地で新たな大型石炭火力発電所の設置計画が相次いだ。

(2)　とはいえ、石炭火力発電所に対する逆風も、弱まっているわけではない。その最大の原因が化石燃料とりわけ石炭火力発電の宿命ともいうべき温室効果ガ

---

1) 以下、ドイツにおける石炭火力発電の動向については、Klinski, Klimaschutz versus Kohlekraftwerke – Spielräume für gezielte Rechtsinstrumente, NVwZ 2015, S.1473ff.
2) 褐炭採掘をめぐる近年の動きについて、Ekardt, Eigentum, Energierecht und Gemeinwohl: Das Beispiel von Braunkohletagebauen in der Energiewande, in: Jahrbuch des Umwelt- und Technikrechts 2016, S.41ff.

第2部 エネルギー政策と環境　第5章 水銀排出規制と石炭火力発電の将来

スの排出であることはいうまでもなく，国際的枠組みの下での気候変動対策の急がれる中，その主要な排出源の一つである石炭火力発電所の新設どころか，その存続についてさえ，風当たりは強い。これを受けて，連邦や各州の政府も，その抑制に舵を切りつつあり[3]，その新設は困難となりつつある。また，以前から，石炭火力発電所は，周辺住民・自治体や環境団体などによる反対運動や訴訟の標的となっており，原子力発電所の新設が不可能となった近年では，その主戦場となっている。

　その著名な例としては，欧州最大級の石炭火力発電所の設置計画が頓挫しているダッテルン（Datteln）発電所の事件がある。2006年にスタートしたこの計画は，従来の3つの石炭火力発電施設を廃止して，それらの総計の3倍以上の発電量の施設を新設するものであったが，周辺住民等による反対運動に曝されることとなった。新施設の設置ための土地利用に関して地元の自治体が策定した地区詳細計画（Bebauungsplan）に対して，周辺住民等から規範審査訴訟が提起され，温室効果ガス削減への考慮が不十分であるなど，この計画が気候変動などに適合したエネルギー政策を定めた州計画に適合しないこと（あるいは衡量原則違反がある）などが主張された。ミュンスター高等行政裁判所は[4]，別の理由から計画を取消し，判決が確定したため，2010年から新施設の建設は止まっている。そして，これと連動する形で，新施設に対するイムミシオン防止法による許可も後続の判決で取消され[5]，これも確定している。さらに，従来の施設についても，州政府により計画通りの廃止が求められた結果，2014年には，発電所は完全に操業停止となった。その後，計画手続や許可手続のやり直しなどがなされているが，なお操業開始には至っていない。

　(3)　さて，前記の裁判では，州の発展計画が気候変動への対応を「目標（Ziel）」として規定していることに着目して，これにある種の裁判規範性を読み込み，これを理由の一つとして石炭火力発電所の新設（正確には，そのための土地利用）を差止めが求められたわけである[6]。しかし，温室効果ガスの排出は，その効果が極めて広域かつ長期的であるだけに，国全体のエネルギー政策といった政治の場においてはともかく，個別の施設をめぐる裁判の場においては，その主

---

3) その法的可能性については，Klinski, NVwZ 2015, S.1475ff.
4) OVG NW, Urt. v. 3. 9. 2009, DVBl. 2009, S.1385ff.
5) OVG NW, Urt. v. 12. 6. 2012, juris
6) 各州の発展計画と発電所立地の関係について，一般的には，Franßen/Grunow, Bindungswirkungen der landesplanerischen Standortvorsorge für Großkraftwerke in NW, NWVBl. 2016, S.11ff.

張に困難が伴うことも否定できない。法的にも，火力発電所についてのイムミシオン防止法に基づく許可において，温室効果ガスの排出規制を如何にして反映させるかは，なお未解決の問題である[7]。その影響もあって，近年，ドイツにおいて注目を集めているのが，石炭火力発電所からの水銀の排出の問題である。この問題は，いわゆる「水俣条約」の締結と国内法化などの影響から，わが国でも，一定の関心を集めているが[8]，地域暖房など，他の分野においても石炭への依存度の高いドイツにおいては，その燃焼による水銀排出の問題は，より深刻であり，その主要な排出源である石炭火力発電所による水銀排出に対する関心の度合いもはるかに高い。

さらに，水銀排出の規制，とりわけ，それによる水質汚濁の規制については，以下に見るように，以前からEUが強い関心を示し，各種の指令を立法化してきた。そこで，これを梃子にして，ドイツにおいて，原子力発電に続き石炭火力発電からの「離脱（Ausstieg）」を指向する主張が登場することとなるわけである[9]。以下，本稿においては，近年のドイツにおける石炭火力発電所からの水銀排出をめぐる議論の動向を管見し，そこにおける石炭火力発電の将来を考えてみたい。

II　EUの水枠組み指令

(1)　国際河川を多く抱えるEUにおいては，水の管理は，加盟各国のみでは対処の難しい共通の関心事であり，1970年代から，水質汚濁対策等に関して，個別的な指令（Richtlinie）が数多く制定されてきた。これらの指令を整理統合して，より効果的な水管理を実現することを目指して2000年に制定されたのが「EU水枠組み指令（Wasserrahmenrichtlinie）[10]」である。この指令には，汚染物質対策をはじめとして，水管理に関して加盟国によって実施されるべき措置が広範に規定されている[11]。

---

7) Klinski, NVwZ 2015, S.1473f.
8) 水俣条約締結に伴う水銀排出規制の国内法化について，さしあたり，大塚直「水銀に関する水俣条約の国内法対応とその評価」環境法政策学会編『化学物質の管理』58頁（2016）。
9) 最近の例として，Schulte/Kloos, Europäisches Umweltrecht und das Ende der Kohlekraftwerksnutzung, DVBl. 2015, S.997ff.
10) Richtlinie 2000/60/EG v. 23. 10. 2000 zur Schaffung eines Ordnungsrahmens für Maßnahmen der Gemeinschaft im Bereich der Wasserpolitik-Wasserrahmenrichtlinie, Abl.EG.Nr.L 327/1.
11) この指令の翻訳と解説として，藤堂薫子・佐藤恵子「EU水政策枠組指令2000/60/EC」

これを受けて，ドイツも，2002年に水管理法（Wasserhaushaltsgesetz）を改正して，ほぼそのまま，当該指令の内容を国内法化している。ちなみに，この水管理法については，連邦に新たに水管理に関する競合的立法管轄権を付与した基本法の改正を受けて，2009年，新法が制定されたが[12]，先の指令の国内法化の部分については，大きな文言の変化もなく，現行法にも受け継がれている[13]。もちろん，この部分を含めて，同法全体がこの指令に整合するように解釈適用されるべきこととなる。

(2) さて，この水枠組み指令であるが，域内の河川域ごとに加盟国が管理計画（Bewirtschaftsplan）を策定して管理すべきこととしており，そこにおいて規定されるべき措置に関する「環境目標（Umweltziel）」として，大要，以下のように規定している（4条1項）。まず，加盟国は，すべての陸上水の状態の悪化（Verschlechtung）を防止するため，必要な措置を実施しなければならない（同項a号1．悪化防止要請 Verschlechtungsverbot）。ただし，他の手段がない優越的な公益上の必要性があり，影響を減らすためのすべての措置がとられている，といった要件を満たす場合には，例外が認められる（4条7項）。さらに，加盟国は，この指令の発効から15年以内（すなわち，2015年末まで）にすべての陸上水の「良好な状態（gute Zustand）」を達成する目的のため，水質の保護，改善および浄化を実施しなければならない（4条1項a号2．改善要請 Verbesserungsgebot）。その前提として，水域ごとの現在の状態について環境や化学物質といった観点からの「格付け（Einstufung）」がなされる。前者については5段階，後者については2段階の評価となるが，評価基準は，利用が進んだ水域か否かで異なる[14]。

これらの要請は，やや文言を異にするものの，ドイツの水管理法においても国内法化されている。すなわち，水の「管理の目標」として，環境上あるいは化学的な状態を悪化させず，良好な状態を達成する管理が求められる（27条）。ただし，悪化防止に一定の要件の下で例外が認められているのも，指令と同様である（31条2項）。そして，良好な状態への浄化の期限については，一定の例外は認められるものの，2015年末と明記されている（29条）[15]。

季刊環境研究125号66頁（2002）。
12) Gesetz zur Ordnung des Wasserhaushalts v. 31. 7. 2009, BGBl. I S.2585.
13) この水管理法の2012年現在の紹介と翻訳として，渡辺富久子「ドイツの水管理法」外国の立法254号126頁（2012）。
14) これらの規定についての最近の論稿として，Faßbender, Das Verschlechtungsverbot im Wasserrecht – aktuelle Rechtsentwicklungen, ZUR 2016, S.195ff.
15) これらの規定につき，Durner, in:Landmann/Rohmer, Umweltrecht, WHG, vor §§ 27-31

(3) このような一般的な水質汚濁の防止，浄化の要請と並んで，同指令は，EU が指定した「優先危険物質（prioritäre gefählich Sache）」による汚染については，特別の措置を規定している。すなわち，加盟国は，こうした物質による汚染を段階的に削減し，これらの物質の排出や負荷を終結（beenden）または段階的に停止（einstellen）する目的のため，必要な措置をとるものとされる（4条1項 a 号 4）。いわゆる「フェーズアウト要請（Phasing-out-gebot）」である。これを実現するために，EU 委員会の提案により欧州議会と理事会が規制措置を定めることとされ，とりわけ，理事会は，こうした物質の排出等を段階的に終了するための計画（Zeitplan）を提案するべきこととされる。そして，この計画の期限は，提案が議会や理事会により決定されてから20年を超えてはならないとされているのである（16条1項，6項）[16]。

　この条項を受けて，EU は，2008年に「水質規範指令」[17]を制定し，水銀，カドミウムなどを最初の優先危険物質に指定した。しかし，その削減のための具体的な措置については，加盟国間の協議が整わず，これらの物質の排出基準等は加盟国に任された状態にある（枠組み指令16条8項）。また，これらの物質削減の EU レベルの計画も決定されていない。したがって，ドイツにおいても，水銀排出の基準はあるものの，フェーズアウト要請を受けた削減計画はないのが現状である[18]。

Ⅲ　石炭火力発電への影響

　(1) 以上のような EU の水枠組み指令やドイツの水管理法の規定を前提とすると，とりわけ，水銀の排出については，以下のような主張が容易に導き出されることになる。すなわち，少なくとも河川等への水銀の排出を増加させることは，たとえ，それが排出基準等を下回るとしても，指令や法の「悪化防止要請」に抵触し，許されないことになる。さらに，ドイツの多くの主要河川の水銀汚染は，生物への蓄積などを考慮すると，かなり深刻といわれ，到底，「良好な状態」とは言い難く，2015年末までに浄化しなければならず，これをさらに汚染すること

　　(Stand 2012).; Reinhardt, WHG, 11.Aufl. (2014), S.487ff.
16) 詳細な分析として，Pieper, Die Beachtung der wasserrechtlichen Phasing-Out-Verpflichtung im Anlagengenehmigungsrecht (2014), S.22ff.
17) Richtlinie 2008/105/EG v. 16. 12. 2008 über Umweltqualtätsnormen im Bereich der Wasserpolitik, Abl. EG. 348/84.
18) Pieper, aaO. (Fn.16), S.77ff.

第 2 部 エネルギー政策と環境　第 5 章 水銀排出規制と石炭火力発電の将来

は，「改善要請」にも反することになる[19]。

　さらに，指令は，水銀等の「フェーズアウト」を求めているが，その期限を明確に定めているわけではない。しかし，削減計画の期間が20年を超えないこととされていることから考えると，その優先危険物質への指定から20年間で「フェーズアウト」させることが想定されていると考えるのが自然であり，水銀等の指定は2008年末であるから，2028年末が期限ということになる[20]。そして，これが国内法化されていなければ，加盟国内にも直接適用されると考えられる。そうなると，2029年以降まで水銀排出を認める措置をとることはもちろん，その時点での「ゼロ・エミシオン」を困難にする措置をとることも，加盟国は許されないこととなる。

　さて，石炭火力発電所は，燃焼施設として，イムミシオン防止法の許可を要するが，冷却水などのために河川等からの取水と排水が伴うため，水管理法による水利用の「許可（Erlaubnis）」を要することとなる（8条）。とりわけ，ドイツにおいては，石炭燃焼による排煙の浄化に水を用いてきたため，石炭火力発電所からの一定の水銀を含有する排水は不可避とされてきた[21]（大気を経由した水質汚染についても，水利用の許可で考慮すべきであるとする主張もある）[22]。もちろん，排出基準の遵守等は，許可の要件とされているが，こうした法定要件に反しないかぎりは，許可の是非についての判断は，水管理に関する広範な裁量（Bewirtschaftsermessen）に委ねられることにはなる[23]。しかし，たとえ排出基準等を満たしていても，前記のような EU 指令等による諸要請を無視して水銀排出が不可避な石炭火力発電所に水利用の許可を与えることは，法令違反または裁量の濫用であると考えられるわけである。こうした見解が環境団体等により主張され，学説においても，これを支持するものが少なくない状況にある[24]。

---

19) さしあたり，Laskowskie, Kohlekraftwerke im Licht der EU-Wasserrahmenrichtlinie, ZUR 2013, S.131 (140f.).
20) こうした見解として，たとえば，Pieper, aaO. (Fn.16), S.45ff.
21) Schulte/Kloos, DVBl. 2015, S.997. この結果，ドイツにおける石炭火力発電に伴う排水による水銀排出は，わが国に比べて，格段に大きくなっているものと考えられるが，こうした技術的相違がある理由は，判然としない。
22) たとえば，Kremer, Zur Erfordlichkeit eines wasserrechtlichen Genehmigungsverfahrens beim Eintrag von Luftschadstof in Gewasser, ZUR 2009, S.421ff.
23) Reinhardt, aaO. (Fn.15), S.289ff.
24) 代表的なものとして，Ginsky, Die Pflicht zur Minderung von Schadenstoffeinträgen in Oberflächengewässer, ZUR 2009, S.515ff.; Ekardt/Steffenhagen, Kohlekraftwerkbau, wasserrecht Bewirtschaftungsziele und das Klimaschutzrecht, NuR 2010, S.705ff.;Köck/Möckel, Quicksilberbelastungen von Gewässern durch Kohlekraftwerke, NVwZ 2010, S.1390ff.; Laskowskie, ZUR 2013, S.131ff.; Schulte/Kloos, DVBl. 2015, S.997ff.

Ⅲ　石炭火力発電への影響

　(2)　もし，このような見解に立つとすれば，ドイツにおいては，石炭火力発電所の新増設が不可能となるばかりではなく，現存する発電所の存続すら危ぶまれることとなる。当然のことながら，影響は EU 全域に及び，石炭への依存度の高いポーランドなどの諸国に対しては，より甚大な結果をもたらすこととなりかねない。もちろん，こうした考慮もあって，先に述べた見解に対しては，連邦政府などによって異論[25]も呈されることとなっている。

　まず，指令や水管理法の規定する「悪化防止要請」や「改善要請」については，その法的性格に疑問の余地がある。そもそも，これらの要請は，EU 指令においては，河川の管理計画策定の留意事項として規定されているものであり，これを受けた水管理法においても，水管理の目標として規定されている。こうした点から考えると，これらの要請は，ある種の政策目標に過ぎず，具体的な許認可等の要件として機能することは予定されていないとも考えられる[26]。

　さらに，指令の「悪化防止要請」により禁止される「悪化」の意味についても，見解の相違がある。先に述べた水銀排出の増加を禁ずるものとする見解においては，この要請は，字義どおり，現状の水質を悪化させることのすべてが禁じられると解されている。ところが，これについては，先にも触れた指令の規定する各種の水質評価の段階（格付け）を前提とするもので，このような段階を低下させることのみが「悪化」であると解する見解がある[27]。すなわち，指令（付表5）は，河川等ごとの汚染状況を各種の評価要素ごとに5段階評価し，それを総体として5段階（化学物質汚染については，「良」と「不良」の2段階）に評価する仕組みを規定しているが，この総体評価を悪化させることをもって「悪化」と考えるわけである。この見解を前提とすれば，少なくとも悪化防止要請との関係では，たとえ水銀の排出を増加させても，段階を低下させない限りは問題ないこととなり，とりわけ，すでに化学物質汚染が進行して「不良」の状態にある河川等については，現状の悪化も許容しうることとなる。また，「改善要請」についても，石炭燃焼に関する現在の技術などに照らせば，水銀汚染に係る指令が定める各種の基準を満たすことは可能であるし，各種の例外も認められているため，そうした意味では「良好な状態」は達成できるから，石炭火力発電所の設置の妨げ

---

[25] 連邦環境省の見解と見られるものとして，Jekel/Munk, Phasing-out für prioritäre gefährliche Stoff - Was regelt die EG-Wasserrahmenrichtlinie wirklich? ZUR 2013, S.403ff.
[26] Durner/Trillmich, Ausstieg aus der Kohlenutzung kraft europäischen Wasserrechts? DVBl.2011, S.517（520f.）.
[27] いわゆる「現状説（Status-quo-Theorie）」と「段階説（Zustandsklassentheorie）」の対立であるが，これについては，Reinhardt, aaO.（Fn.15），S.293f.

95

にはならないとする見解がある[28]。

(3) さらに議論が多いのは，「フェーズアウト要請」である。とりわけ，この要請について，2028年を期限とした水銀の「ゼロ・エミシオン」の要請を読み込むことについては，その要請内容についても，その期間の算定についても，さまざまな批判がある。もちろん，その根底には，これによって期限内に域内の石炭火力発電所を全廃するという結果を非現実的とする見方がある。こうした解釈は，加盟国に過度の負担を強いる点で「比例原則」に違反し，加盟国のエネルギー政策を過度に制約する点で「補充性原則」に違反するといった主張がなされることともなる[29]。

そもそも，文言上も，指令が一定期間内に水銀排出を全廃することを想定しているのか否かについては，疑問の余地もある。むしろ，その排出を最小化するために段階的に削減を進めていくというのが指令のコンセプトであるとも考えられるのである。そうであるとすれば，削減計画の20年という期間も，この期間内に排出を全廃することを求めるものというよりも，むしろ，計画の見直しの期間と位置づけられることになろう[30]。

Ⅳ　水銀排出訴訟の登場

(1) さて，このようなEU指令と水管理法の理解に関する見解の対立を背景として，石炭火力発電所の設置を争う裁判において，そこでの水銀排出規制の影響を判断する二つの判決が相次いで登場する。トリアネル（Trianel）事件[31]とモアブルク（Moorburg）事件[32]に関する二つの高等行政裁判所の判決である。いずれの判決も，結果的には，原告の環境団体が勝訴しており，石炭火力発電所に対する風当たりの強さを感じさせるが，いずれも水銀排出を理由としているわけではない。そうした意味では，いずれの判決においても，水銀排出に関する判断は

---

28) Durner/Trillmich, DVBl.2011, S.521.
29) Spieth/Ipsen, Verbietet die Wasserrahmenrichtlinie den Bau von Kohlekraftwerken? NVwZ 2011, S.536ff.; Durner/Trillmich, DVBl.2011, S.517ff.; Jekel/Munk, ZUR 2013, S.403ff.
30) 他方で，指令に一定の拘束力を認めつつも，石炭火力発電所の設置が即時にできなくなるわけではないとする折衷説として，Reihardt, Wasserrecht und Industrieanlagen, NuR 2011, S.624ff.; Gellermann, Europäische Wasserrecht und Kohlenutzung in Perspektive des Primärrechts, NVwZ 2012, S.850ff.; Pieper, aaO. (Fn.16), S.153ff.
31) OVG NW, Urt. v. 1. 12. 2011, ZUR 2012, S.372ff.
32) OVG Hamburg, Urt. v. 18. 1. 2013, ZUR 2013, S.375ff.

Ⅳ　水銀排出訴訟の登場

傍論に止まるといえるが，石炭火力発電所における水銀排出の問題について裁判所が踏み込んだことは，広く注目を集め，これをめぐる議論をさらに過熱させることとなる。

　(2)　まず，トリアネル事件であるが，2006年頃からトリアネル社がリューネン（Lünen）近郊の運河沿いに設置を計画した大型石炭火力発電所をめぐる訴訟である。ここでは，これに対するイムミシオン防止法に基づく予備許可が環境団体によって争われている。同発電所においても，河川からの冷却水の取水も煙浄化装置からの水銀を含む汚水の河川への排出が予定されており，大気汚染等を審査対象とするイムミシオン許可においても，取水と排水に関する概括的な審査がなされることから，その取消訴訟において，水銀汚水排出の問題が争われることとなった。とりわけ，予定地の周辺にEU法上の動植物の生息保護地域（FFH）が存在したため，それへの影響が大きな争点となっている。

　ミュンスター高等行政裁判所の判決は，鑑定などによる水銀排出量の予測を検討したのち，生物への蓄積などを勘案すると，発電所による水銀排出は，たとえ排出基準を下回るものであっても，軽視できるものではないとする。しかし，事業者が毎年一定の排出量削減を義務付けられていること，河川管理者が水銀汚染削減の措置をとるとしていることなどを考慮すると，発電所による水銀排出により，水銀汚染が現状より悪化する蓋然性は低く，また，浄化の可能性が大きく減少するとは認められないとするのである。直接の言及はないものの，悪化防止要請や改善要請を意識した判示と思われる。

　さらに，判決は，「フェーズアウト要請」に言及する。EU指令の内容や立法経緯を分析したのち，結論として，判決は，2008年の水銀の優先物質への指定は，フェーズアウトの削減方法等を定めるものではないから，その期間の起算点となるものではないとする。その結果，それが可能か否か，さらには，それが石炭火力発電の全廃をもたらすか否か等はともかく，2028年に水銀の排出が完全に排除されるわけではなく，したがって，それを超えて石炭火力発電所を許可することも許されるとしているのである。

　(3)　もっとも，判決は，動植物生息保護地域への影響の評価に関する不備を理由として，この許可を取消しており[33]，ここに判決の重点があることは疑いない。とくに，イムミシオン許可の前提としての概括的評価という枠組みの下での水銀排出の判断であるだけに，やや簡単に事前の鑑定等を追認し，この問題への

---

33) この判決に対する州側の上告を却下した決定として，BVerwG, Beschl. v. 5. 9. 2012, ZUR 2013, S.69f.

97

踏み込みを躊躇している印象は否めない。しかし，はじめて裁判所が石炭火力発電による水銀排出の問題に向き合うこととなったことには，それなりの意味があり，とりわけ，「フェーズアウト要請」の議論の活発化の契機となったものと考えられるのである。ちなみに，同発電所は，環境影響評価のやり直しのため，かなり予定より遅延したものの，再度の許可により操業開始にこぎつけている。

V　悪化防止要請の展開

　(1)　これに続く2013年のモアブルク事件のハンブルク高等行政裁判所判決は，ついに，「悪化防止要請」を適用し，それへの違反を理由として，石炭火力発電所の許可を取消すにいたったため，より大きな反響を呼ぶこととなった。この施設も，2000年代の半ばにスウェーデンの電力会社であるヴァッテンファル（Vattenfall）社によって計画されたハンブルク市内モアブルクのエルベ川に面した石炭火力発電所であるが，その立地が市街地であるだけに，付近住民などによる大気汚染等を危惧する激しい反対運動に直面している。ここでは，発電所の冷却や排煙浄化などための水管理法による水利用の許可が環境団体等によって争われている。ちなみに，この許可は，厳しい水利用規制の条件が付された州当局による当初の許可が国際仲裁手続の結果として緩和されたという，いわくつきのものである[34]。

　この判決において，主要な争点となっているのは，温排水による河川の水質悪化である。発電所の冷却水として使われた大量の温排水が河川に放出されることにより，魚類への悪影響等を伴う水質悪化が危惧され，これが「悪化防止要請」に違反しないかが争われたのである。

　(2)　さて，判決は，この要請につき詳細に検討したのち，結論として，まず，この要請が単なる政策目標ではなく，法的許可要件であることを明言する。さらに，それによって禁止される悪化についても，水質の評価段階（格付け）の低下をもたらす悪化，あるいは，一部の学説で主張されるような「重大な（erheblich）」悪化に限定されるものではなく，現状からの悪化のすべてを意味するとする[35]。そして，本件の水質悪化について，法が許容する例外（31条2項）に該当

---

[34]　こうした経緯につき，原田大樹「政策実現過程のグローバル化とEU法の意義」EU法研究2号30(53)頁（2016）。さらに，Berkemann, Fischtod durch Kühlwasserentnahme - Der Fall Moosburg (EuGH), ZUR 2017, S.404ff.
[35]　この判決における悪化防止要請等の判示を詳細に分析するものとして，Franzius, Das Moorburg-Urteil des OVG Hamburg - Schlaglichter auf das Umweltrecht von heute,

V 悪化防止要請の展開

するかを詳細に検討して，発電所設置の公益性は認めたものの，冷却方法の変更により温排水を大幅に減量できるとし，これを採用していない限りにおいて，本件の悪化は例外的に許容することはできず，許可は，悪化防止要請に違反するとされたのである。

もっとも，この判決においても，水銀排出の問題は，事前の許可手続において争点とされていなかったために主張自体が排斥されており，悪化防止要請との関係でも，争点とされていない。全くの傍論かつ一般論として，フェーズアウト要請に触れられており，先のトリアネル判決と類似の見解が示唆されているに止まる。

ちなみに，この判決に対しては，州政府により連邦行政裁判所への上告がなされている。そして，原告による執行停止の申立てが排斥されたため[36]，上告審への係属後も工事等は進行し，予定より大幅に遅延したものの，1915年には，一度は操業が開始された。ところが，EU委員会により条約違反手続が提起され，それを受けたEU裁判所2017年4月26日判決[37]において，本件許可について，冷却水の取水などによる上流の動植物保護地域（FFH）に遡上する魚類への影響などが十分に評価されていないとして，それが動植物保護指令に違反することが確認されている。これによって，同発電所は，冷却水の取水を大幅に制限される形での部分操業を余儀なくされることとなっているが，連邦行政裁判所における上告審は，なお継続中であり，同発電所をめぐる紛争は，とりわけ悪化防止原則との関係では決着していない。

(3) ただし，この事件における高等行政裁判所判決に示された許可要件としての悪化防止要請の理解は，水銀排出の問題においても突破口を開くものとなりうるはずである。そして，この判決と類似の理解がEU裁判所の判決[38]においても確認されることとなっている。この事件は，連邦水路浚渫工事の計画確定決定において水質汚濁などが争われた取消訴訟について，それへのEU水枠組み指令による「悪化防止原則」などの適用につき，ドイツの連邦行政裁判所が先決決定（Vorabentscheidung）を求めたものである[39]。そこでは，「悪化防止原則」や「改善要請」が許可要件なのか政策目標なのか，さらに，「悪化防止要請」にいう

NordÖR 2014, S.1ff.; Ekardt/Wyland, Neues von wasserrechtlichen Verschlechterungs-verbot und Verbesserungsgebot, NuR 2014, S.12ff.
36) BVerwG, Beschl. v. 16. 9. 2014, NVwZ 2015, S.82.
37) EuGH, Urt. v. 1. 7. 2017, ZUR 2017, S.414ff. この判決について，Berkemann, ZUR 2017, S.404ff.; Stüer, Anmerkung, DVBl.2017, S.841ff.
38) EuGH, Urt. v. 1. 7. 2015, NVwZ 2015, S.1041ff.
39) BVerwG, Beschl. v. 11. 7. 2013, juris

「悪化」の意味は何か，が問われている。

　まず，最初の問題について，判決は，「悪化防止要請」と「改善要請」について，これが単なる政策目標ではなく，個別の許認可の要件となることを明確に認めている。水質を現状より「悪化」させ，または，所定の期限までの「改善」を困難にするような事業等を許可することは，指令の文言や目的に照らして，指令違反となり，加盟国は，こうした許可を拒否すべきであるとするのである。この点では，ドイツ政府の主張は，完全に退けられている。

　さらに，「悪化」の意味については，これが指令の規定する水質の段階評価を前提とすることは認めている。しかし，ドイツ政府等が主張するような水質の総体的評価に関する段階評価の低下のみが「悪化」なのではなく，個別の評価要素それぞれの段階評価の低下のみで「悪化」といえるとする。さらに，ある要素の現状が5段階の最下位と評価されるときは，それ以上の汚染が許されなくなるとしている。これにより，ある程度の新たな排出は許容される余地が残ることとなったが，それには，かなり厳格な枠がはめられたとも考えられる[40]。いずれにせよ，こうした浚渫による水質汚濁についての判断方法が水銀等の化学物質汚染にも適用可能か否かについては，なお，残された問題といえる。

Ⅵ　フェーズアウトの将来？

　(1)　悪化防止原則の適用について，厳格な判断が示されるなど，活性化しつつある水枠組み指令による水銀排出規制の下において，ドイツの石炭火力発電に将来は在るのか。この問題を占う手がかりとして，最後に，2015年夏に出されたシュタウディンガー（Staudinger）発電所をめぐるカッセル高等行政裁判所の[41]判決を紹介しておこう。水銀排出の是非が正面から争われた本件において，結論としては，判決は，石炭火力発電所の水利用のための許可を適法として取消し請求を棄却しているが，現実の事件の結末は，石炭火力発電の将来にとって，決して明るいものとはいえない。

　このシュタウディンガー発電所は，マイン川沿いに立地するヘッセン州最大の

---

[40] この判決は，広く注目され，その射程などについて，極めて多くの論稿があるが，代表的な水法研究者によるものとして，Reinhardt, Das Verschlechterungsverbot der Wasserrahmenrichtlinie in der Rechtsprechen des Europäischen Gerichtshofs, UPR 2015, S.321ff.; Faßbender, Das Verschlechterungsverbot im Wasserrecht‐aktuelle Rechtsentwicklungen, ZUR 2016, S.195ff.

[41] VGH Hessen, Urt. v. 14.7.2015, ZUR 2016, S.44ff.

Ⅵ　フェーズアウトの将来？

発電所であるが，1960年代に設置された3つの石炭火力発電施設（B１から３）と1977年設置の天然ガス火力発電施設（B４），さらに1992年設置の石炭火力発電施設（B５）の５つの発電施設からなる。この発電所においても，先に触れたダッテルン発電所とほぼ同じ時期の2006年に，３つの古い石炭火力発電施設（B１から３）を廃止して新たに1.5倍ほどの新火力石炭発電施設（B６）を設置する計画が発表され，ここでも，マイン川の汚染の悪化などを危惧する付近住民や自治体などによる激しい反対運動が起こることとなった。しかし，2010年末から翌年には，新たな石炭火力発電施設（B６）に対するイムミシオン防止法による許可，2012年３月には，存続する石炭火力発電施設（B５）と天然ガス火力発電施設（B４）に新発電施設（B６）を加えた水利用についての水管理法による許可がなされ，これらに対して環境団体から取消訴訟が提起されることとなった。ちなみに，水利用の許可においては，水銀の排出について，2018年までに現状より半分以下まで削減すべきことが命じられている。

　一方，本来は2012年末までに予定されていた新発電施設（B６）の稼働が遅延したため，同時に予定されていた旧施設（B１から３）の操業停止の延期を発電会社は求めたものの，これもダッテルン発電所と同様，監督官庁により拒否されたため，これらの施設は予定どおり廃止されることとなった。そして，結局，2012年末には，発電会社は，新火力発電施設（B６）の設置についても，経済性などを理由として断念することとなり，これに関する許可も取消されることとなった。また，天然ガス火力発電施設（B４）は，以前から，採算性を理由としてリザーブ電源とされて操業を停止しており，廃止も予定されている。この結果，シュタウディンガー発電所については，１か所の石炭火力発電施設（B５）のみが残され，従来の半分以下の総発電量で操業することとなった。訴訟についても，残された施設に関する水利用の許可の取消請求のみが継続することとなり，もっぱら，それによる排水の継続の可否が争われることとなったのである。

(2)　さて，この訴訟において，原告である環境団体は，施設からのマイン川への水銀排出の問題を中心として，さまざまな違法事由を主張し，この中で，前節で触れた「悪化防止要請」「改善要請」さらには「フェーズアウト要請」などへの違反などを主張しており，カッセル高等行政裁判所は，これについて判断を下している。そして，この判決も，直前の前記のEU裁判所判決を前提とし，その判断枠組に添って「悪化防止要請」や「改善要請」について判断している。ただし，この事件においては，新石炭火力発電施設の設置が断念されており，既設の発電施設の過半も操業を停止しているため，そもそも「悪化」は，問題になりにくい事件となっている。既設の施設についても，判決は，浄化措置により，今回

101

の許可後は，水銀の排出は従来よりも低下すると認めている。もっとも，原告は，マイン川の水質は，すでに「不良」の状態にあり，2016年以降も，これに水銀の排出を継続することは改善要請に反するなどと主張している。しかし，判決は，先のEU裁判所の判決においては，新規の汚染源の許可が問題とされているのであって，従来からの排出を継続（さらには削減）する許可が改善要請に抵触する余地はないとしている。

　一方，水銀等の優先危険物質についての排出の「フェーズアウト要請」については，浚渫による水質汚濁が争われた先のEU裁判所の判決の争点とはなっておらず，その意味に関する争いは，なお未決着である。シュタウディンガー判決は，EU指令等の全体的システムから考えると，排出限界値の設定以外に，水銀等の削減のための具体的な方策が規定されているわけではなく，2028年以降についても，完全な水銀排出の停止を定めているわけではないとする。そのことから，現状において，この要請から絶対的な水銀排出の禁止を導くことはできないとして，本件の許可が違法ということはできないとするが，先のトリアネル判決を引用するのみで，必ずしも詳細な議論が展開されているわけではない。

　(3)　くりかえし述べてきたように，この判決の結論には，既存施設の継続が争われているという本件の性質が反映しており，新設の施設については，別の枠組みが登場することも予想される。結局，今のところ，ドイツの裁判所は「フェーズアウト要請」の適用には消極的ということになろうが，水銀規制への悪化防止原則の適用などと合わせて，早晩，連邦行政裁判所さらにはEU裁判所が判断を迫られることが予想され，石炭火力発電等の将来に直結するものだけに，その結論が注目されよう。

Ⅶ　むすびにかえて

　(1)　以上，概観してきたように，ドイツの石炭火力発電の将来は，温室ガス対策の観点はもとより，水銀の排出規制の観点からも，明るいものとは言えない。おそらく，少なくとも，施設の新設については，法的にはともかく，社会的には，かなり見通しは厳しいというべきであろう。わが国も，水銀の排出については，水俣条約によって，ある種の「フェーズアウト」を求められることになる[42]。しかし，ドイツと比べて，石炭火力への依存度が低く，また，技術の相

---

[42]　石炭火力発電所を含めて，少なくとも，実行可能な最良の技術による水銀排出の削減が求められることにつき，高村ゆかり「水銀条約——その特質と課題」環境法政策学会編

違により発電量当たりの水銀排出量もけた違いに低いとされるわが国の目から見ると，これまで紹介してきたドイツの議論の現状は，時代遅れの議論との評価もありえよう。また，水銀についての「ゼロ・エミシオン」といった議論は，およそ荒唐無稽の印象すら与えたかもしれない。

　もちろん，彼の地においても，すでに触れたように，技術の進歩を強調する議論やゼロ排出の非現実性を指摘する議論は少なくない。にもかかわらず，原子力発電に次いで，石炭火力発電からの撤退が真面目に議論の俎上に上がり，それが社会的政治的にも相当の影響力を持っているという現実については，それなりの注目に値するように思われる。

　(2)　さらに，こうした社会現象がドイツに特殊なものではなく，EU法への反映が示唆するように，一定の程度，ヨーロッパ全体に広がりをもつものであるとも考えられる。もちろん，そこでの石炭火力発電の全廃といった事態が短期的に起こるとは考え難いが，そうした方向での政策転換は，ありえなくはない。

　もし，多くのヨーロッパの先進国が石炭火力発電の削減に舵を切ったとしたら，わが国のみ，技術の優位を主張して石炭火力発電所の新設等を継続することが長期的に可能なのか[43]。それが本当に国益に資することになるのか。全くの仮定の問題ではあるが，考えてみる価値はあるのかもしれない。

〈追記〉

　本稿は，2016年2月に環境省内の研究会において報告したものを基に，大幅に加筆修正して，2018年1月，同名で行政法研究22号に掲載されている。わが国の石炭火力発電については，現在も議論が絶えないが，それによる水銀汚染については，大きな関心を呼ぶことなく，今日に至っているといえる。一方，ここで紹介したドイツの石炭火力発電については，わが国でも知られているとおり，2020年の脱石炭法により，2038年までの全廃が決まっている（現政権は，2030年に前倒しする意向）。しかし，石炭火力発電所に対する訴訟が完全に収束したわけではなく，近年も，本稿でも触れたダッテルン発電所の設置のための建築管理計画について，較量原則違反として無効とする判決なども出されている（OVG NRW Urt. v. 26. 8. 2021, UPR 2022, S.25ff.）。他方，これとは別に，EU水枠組み指令等による水質汚濁の規制

　　『化学物質の管理』45(50)頁（2016）。
43)　水銀を含む健康リスクに関する実態把握が不十分であることを指摘しつつ，わが国の石炭火力発電所増設の政策が「国際的に孤立している」と批判するものとして，平田仁子「日本の石炭火力発電の動向と政策」環境と公害46巻1号29頁（2016）。そのほか，わが国における石炭火力発電をめぐる動向について，島村健「石炭火力発電所の新増設と環境影響評価（1・2完）」自治研究92巻11号77頁（2016），93巻1号40頁（2017）。

についても，多くの議論が続いている。近時の動きについて，一例のみをあげれば，Höhne, Die Wasserrahmenrichtlinie im Planfeststellungsverfahren im Lichte des Verschlechtungsverbotes, UPR 2023, S.435ff.

第6章　シェールガス採掘と環境リスク
　　──ドイツの模索

I　はじめに

　(1)　米国において，いわゆるシェールガスやシェールオイルの生産が本格化したのは，2000年代の中盤であるが，その後の10年ほどの間に，従来，天然ガスや石油の多くを中東などからの輸入に依存してきた米国は，エネルギー資源の輸出国に変貌を遂げた。これにより，世界の原油価格が低迷するなど，その経済的あるいは政治的な影響は多岐にわたっており，「シェール革命」といった言葉すら生まれるなど，世界のエネルギー事情を一変させたとの評価もある[1]。

　もっとも，2010年代に入ると，その生産過剰と各国の原油増産による供給過剰，さらには中国を中心とするエネルギー需要の低迷などを背景として，米国のシェールガスやオイルの経済性が低下し，多くの坑井が閉鎖に追い込まれるといった事態も生じているが，近年，ふたたび原油価格が上昇に転じるなど，状況は流動的である。そして，米国のシェールガスの生産自体は，頭打ちとはいえ，高い水準を続けており，わが国への輸出なども話題に上るなど，その影響はなお持続している。

　(2)　そもそも，従来からの「在来型（konventionell）」の天然ガスや石油は，地下の透水性の高い砂岩層の中に貯留しており，その貯留場所に坑井を垂直に掘削することによって採掘されてきた。しかし，そうした化石燃料を含む砂岩層が世界的にも限られていることは周知のとおりである。他方，こうした化石燃料が含まれる地層は砂岩層に限られるわけではなく，より広範に存在する泥岩の一種である「頁岩（Shale/Schiefer）」の層にも含まれている。これが「シェールガス（Shalegas/Schiefergas）」あるいは「シェールオイル」ということとなる[2]。

---

[1]　いわゆる「シェール革命」について，さしあたり，資源エネルギー庁・平成26年度エネルギーに関する年次報告8頁以下。

[2]　以下，シェールガスとフラッキングについて，一般的には，Reinicke, Hydraulische Bohrlochbehandlungen（Fracking）aus technischer Sicht, NdsVBl. 2014, S.177ff.; Ramsauer/Wendt, Einsatz der Fracking - Technologie insbesondere aus der Sicht des Gewässerschutzes, NVwZ 2014, S.1401ff.; Schweighart, Der risikorechtliche Umgang mit Fracking（2015）, S.25ff.

第2部 エネルギー政策と環境　第6章 シェールガス採掘と環境リスク

　ただし，地下1500mから3000m（場合によっては，5000m）に分布するシェール層は，粒子のきめが細かく透水性が低いため，その中に散在する化石燃料を採掘することは従来の技術では困難であり，商業的には，ほとんど利用されてこなかった。それを利用するためには，新たな技術の誕生が必要であったわけで，そうした意味で，このシェールガス等は，石炭層内の炭層ガス（CBG）等とともに，「非在来型（unkonventionell）」の化石燃料に分類されることとなる。すなわち，シェール層内に散在する化石燃料を採掘するためには，それをしみ出させるための「割れ目」を人工的に創出する必要がある。そのために垂直坑からシェール層内に長さ数kmに及ぶ複数の水平坑を掘削する。そこに垂直坑から高圧の液体を注入して，その圧力でシェール層内に無数のひび割れを創出し，そこにしみ出した化石燃料を注入した液体とともに回収するわけである。注入される液体は，主として水であるが，割れ目を維持するための砂とともに，その流動性を高めるための界面活性剤などの化学物質も含まれる。こうした方法が「水圧破砕法（hydraulic fracturing）」であり，「フラッキング（Fracking）」の略称がドイツでも一般化している。
　この水圧破砕法自体は，それほど新しい技術ではなく，主として在来型の化石燃料の採掘効率を上昇させる目的で，各国でかなり以前から用いられていたといわれ，ドイツにおいても，地下深くの砂岩層の天然ガス（Tight-gas）の採掘のために1990年代から広く用いられてきた[3]。これを「在来型フラッキング」と呼ぶことがある。その後，水平掘削や水圧破砕の技術が進歩を遂げ，この技術をシェール層からの化石燃料の採掘に応用することが試みられるようになる。この「非在来型フラッキング」が米国で実用化された結果が2000年代中盤からの「シェール革命」ということになる。
　(3)　さて，化石燃料を含むシェール層が存在するのは，もちろん，米国（さらには，同じシェール革命の舞台であるカナダ）だけではない。わが国については，地層が新しいために望みがないようであるが，中国は，世界最大の埋蔵量を持つといわれるなど，世界各地にこうしたシェール層は存在する。ヨーロッパにおいても，北フランスから北ドイツさらにはポーランドに至る古い沖積地質の中にシェール層が存在する。ドイツについていえば，そこから，24年分の国内消費を賄うだけの天然ガスの産出が見込まれるともいう[4]。

3）Vollmer, Fracking – Einblicke in Praxis und rechtliche Genehmigungsvoraussetzungen, NdsVBl.2014, S.184ff.
4）Schweighart, aaO. (Fn. 1), S.30ff.; Giesberts/Kastelec, Das Regelungspacket zur Fracking, NVwZ 2017, S.360（363f.）.

そうであれば，シェール層を国内に持つ各国が米国に倣って自国のシェール革命を夢見るのは，むしろ自然の成り行きといえる。現に，2010年ごろから，いくつもの国が自国内でのシェール層からの化石燃料の採掘に動きを見せている。本稿で見るドイツにおいても，同じ時期から，シェール層からの天然ガス採掘の機運が高まり，ニーダーザクセン州内でエクソンモビル（Exxon-Mobil）社が大規模開発を計画するなど，それに向けた具体的な動きもみられるようになった[5]。

　他方，新しい技術であるだけに，それによる環境への影響などについての不安も払拭しがたい。地下深くに化学物質を含む大量の液体を注入する事業であり，周辺の地下水などへの影響は，当然に危惧されるところであり，米国においても，汚染の事例などが報告されている[6]。ドイツにおいても，環境保護団体などから，シェールガス採掘に対する反対の声も上がることになり，政治の場においても，推進派と慎重派の対立が続くこととなったのである[7]。

　(4)　このドイツにおける対立は，政党間の妥協の結果，2021年までシェールガスの商業採掘を凍結する法律[8]が2016年7月に成立したことにより，一つの節目を迎えることとなった。この法律は，翌2017年2月から施行されているが，この機会に，本稿は，ドイツにおけるシェールガス採掘をめぐる従来の経緯を振り返ることによって，不可知の環境リスクに対するドイツの向き合い方を検証してみることとしたい。

　幸か不幸か，わが国においてシェールガス問題そのものが顕在化する可能性はないわけであるが，新技術の利用とそれに伴う潜在的リスクの相克をいかにして調整するかは，わが国を含めた現代国家に共通する課題といえる。シェールガスの問題は，こうした課題を考えるための，格好の素材ともいえよう。

II　シェールガスとドイツ

　(1)　現代のドイツにおけるエネルギー源として，天然ガスの果たしている役割は，それなりに大きく，暖房などを含めた総エネルギーについては，その4分の

---

[5]　Vollmer, NdsVBl.2014, S.185f.
[6]　米国の例などを含め，フラッキングの環境リスクについて，さしあたり，Reinicke, NdsVBl.2014, S.179ff.
[7]　Kohls/Meitz, Fracking: Auf dem Weg ins Promised land oder in den Tartalos? ZUR 2013, S.257f.
[8]　Gesetz zur Änderung wasser- und naturschutzrechtlicher Vorschriften zur Untersagung und zur Risikominimierung bei den Fracking-Technologie v. 4. 8. 2016, BGBl. I S.1972ff.

1程度が天然ガスで賄われているとされる[9]。ただし、発電のみに限定すると、天然ガス発電の比率は、全発電量の1割弱に止まり、今なお半分近くを占める石炭火力、さらには増大を続ける風力等の再生可能エネルギーに比べれば、やや影の薄い存在といえる。とはいえ、天然ガスの利用が消えつつあるわけではない。

周知のとおり、ドイツにおいては、原子力や化石燃料から再生可能エネルギーへの「エネルギー転換（Energiewende）」が国策として推進されつつある。今も発電量の1割以上を担い続けている原子力利用の廃止（Atomausstieg）の期限が2022年に迫る一方、温室ガス排出の元凶とされる石炭（とりわけ、国内で露天掘りされる褐炭）による火力発電等の利用からの脱却（Kohleausstieg）も、待ったなしの状況にある[10]。他方、これを埋めるべき再生可能エネルギーについても、風力を中心とする発電所の立地問題[11]や送電線整備の問題[12]など、解決すべき課題は山積している。こうした過渡期において、同じ化石燃料ではあるものの、温室効果ガスの排出量が石炭よりはるかに少ない天然ガスに対しては、「つなぎ」のエネルギー源としての期待が寄せられることとなる。

さらに、再生可能エネルギーへの転換が進むほど、その宿命である自然条件などによる供給の不安定さが顕在化することになる。そこで、発電量の調整が容易な天然ガス発電には、再生可能エネルギーを補完する「リザーブ」としての役割が期待されることとなり、現状においても、こうした位置づけで設備が維持されている天然ガス発電所が少なくない。そもそも、暖房などにおいて天然ガスが担っている役割が短期的にバイオガスや電力によって代替できるとは思われず、在来のガス施設を利用したバイオガスとの併用なども想定されよう。結局、その比重はともかく、天然ガスの相応の役割は維持されていくものと思われる[13]。

（2）しかし、現状において、とくに発電の分野では、天然ガスの比率は、漸減を続けている。原因は、発電コストの高さであり、その結果、天然ガス発電所の多くがリザーブ電源とされて、通常の運転を中止している。すなわち、ドイツの

---

9) 以下、ドイツにおける天然ガス利用の現状と展望について、Ennuschat, Erdegas in der deutschen Energiewende und europäischen Energieunion, NVwZ 2015, S.1553ff.
10) ドイツにおける石炭火力発電について、山田洋「水銀排出規制と石炭火力発電の将来——EU水枠組み指令とドイツ」行政法研究22号37頁（2018）〔本書第5章〕。
11) ドイツにおける風力発電の立地問題について、高橋寿一『再生可能エネルギーと国土利用』163頁（勁草書房、2016）、同「風力発電設備の立地選定」原田純孝先生古稀記念論集『現代都市法の課題と展望』141頁（日本評論社、2017）。
12) 山本紗知「ドイツの新たな送電線整備法制と計画手法」静岡文化芸術大学研究紀要17巻47頁（2016）。
13) Ennuschat, NVwZ 2015, S.1559.

天然ガスの国産化率は低下の一途をたどり，9割以上が国外からの長距離のパイプラインによる輸入に依存しているが，その結果として，そのコストが高くなっているわけである。

その中で，比較的にコストが安いのがロシアからの輸入であるとされ，その比率は輸入量の半分に近い。ただし，ロシアからの輸入に依存することには，ウクライナ情勢で顕在化したように，地政学的な供給不安が付きまとうことにもなる。供給の多様化のために，従来は行われてこなかった船舶による液化天然ガス（LNG）の輸入なども検討されているようであるが，コストの問題のほか，受入れ施設の整備や供給国の確保など，課題は多い[14]。

(3) 結局，現在のドイツにおいては，低コストかつ安定的な天然ガスの供給の確保が喫緊の課題となっているわけであり，「エネルギー転換」が進展する将来においても，こうした傾向は続くことが予想される。こうした状況の下では，先にふれたように国内需要の24年分を賄いうるとされる国産シェールガスの存在は，エネルギー政策上，無視できないものとなる。もちろん，それが課題解決の切り札となりうるか否かは，その開発コストや他のエネルギー源の市況などに左右されるわけであるが[15]，米国の例が示すように，国内のエネルギー事情を一変させかねないインパクトを有するものとして，ドイツにおいても，高い関心を集めたのは無理からぬところといえる。

たとえば，ニーダーザクセン州は，もともと国産の天然ガスの大部分を生産してきた地域であり，フラッキングによる在来型の天然ガス採掘なども広く行われてきたが，いわば，その延長線上で，エクソンモビル社がシェールガスの大規模開発を計画したことは，すでに触れた[16]。2012年には，フラッキングによるシェールガス採掘のための連邦鉱業法に基づく事業計画（Betriebsplan）の申請も州政府になされ，この事業は具体化の段階に入る。そのほか，ヘッセン州やノルトライン・ヴェストファーレン州など，他にも各地で様々な動きが具体化しはじめる。

Ⅲ　フラッキングと環境リスク

(1) これに対して，シェールガス採掘による地下水汚染などの環境リスクにつ

---

14) Ennuschat, NVwZ 2015, S.1555f.
15) Giesberts/Kastelec, NVwZ 2017, S.363f.
16) Vollmer, NdsVBl.2014, S.185f.

いても，米国などの例が早くから紹介されており，ドイツにおいても，環境保護団体などから，その採掘に反対する声があがる[17]。すでに見たように，シェールガス採掘のためのフラッキングは，垂直坑からシェール層に伸ばされた水平坑に最大100バール（気圧）もの高圧で水に砂と化学物質を混合した「フラッキング水（Fracking-Flüssichkeit）」を注入するものである。そして，その3分の2は，いわゆる「逆流水（Rückfluss）」として注入作業中に地上に逆流し，残りが「滞留水（Lagerstättenwasser）」として，天然ガスとともに回収されることになる[18]。

これらには，さまざまな目的で，もともと化学物質が添加されているわけであるが，それらは相当の毒性を有するとされ，もちろん，化学物質一般と同様，そのリスクが完全に解明されているわけではない[19]。とりわけ滞留水には，化石燃料自体のほか，地下に自然に存在する重金属や放射性物質なども含まれる可能性が高く，その成分やリスクは未解明とされる。本来，これらの液体は，垂直坑の密閉されたパイプを通じて地下深くの地層内に注入され，また回収されるため，飲料水などとして利用される地表近くの地下水に混入することはないはずであるが，何らかの経路で混入すれば，重大な地下水汚染に発展することになる。米国においては，採掘地付近の地下水にメタンが混入するという，いわゆる「燃える蛇口（brennende Hähne）」といった現象が発生したとして，大きく報じられてきた[20]。

(2) 地下水への混入の経路は，さまざまに考えられる[21]。高圧であるだけに，何らかの原因で，垂直坑から漏れ出すという可能性は否定できない。さらに，地質的な条件によって，破砕による影響は予測不能とされ，とくに深度の浅い掘削などにおいては，不測の割れ目などにより，水平坑から地下水等に漏れ出すことも在りうるとされる。もちろん，ミネラル水などにも利用されている深層の地下水については，その影響は，より直接的となる。

---

17) フラッキングの環境への影響について，詳しくは，Kirschbaum, Technische Verfahren und Umweltprobleme des Fracking, in: Dokumentation zur 39.wissenschaftlichen Fachtagung der Gesellschaft für Umweltrecht e.V. Berlin 2015 (2016), S.77ff. そのほか，Reinicke, NdsVBl.2014, S.179ff.; Schweighart, aaO. (Fn. 1), S.33ff.
18) Ramsauer/Wendt, NVwZ 2014, S.1402f.
19) Schweighart, aaO. (Fn. 1), S.41ff.
20) ドイツでも，シェールガス採掘が原因であるとの見方が広まっていたが，原因は不明といわれる。その発生可能性に否定的なものとして，Wagner, Fracking- der Regierungsentwurf, UPR 2015, S.202.
21) Ramsauer/Wendt, NVwZ 2014, S.1403f.

また，回収された滞留水などは，厳重に管理され，多くは，一定の処理の上，再利用されることとなる。しかし，その管理や処理の技術は確立されていえるとはいいがたい。そのため，その不適正な管理や各種の事故や災害などによる流出も考えられ，それによって，地下水ばかりか，地上水などの直接の汚染なども危惧されている。

そのほか，フラッキングについては，それぞれの坑ごとに1000㎥を超える水が必要とされ，その取水による水管理上の問題も指摘される[22]。さらに，採掘中のメタン等の漏出による温室効果については，在来型の化石燃料と共通する問題ではあるが，採掘効率の低さのために多くの採掘坑を必要とするシェールガスの本格利用には，より深刻な課題となる。さらには，地下の加圧による地震誘発の可能性なども，米国では指摘されている[23]。

(3) こうしたリスクの指摘に対して，フラッキングの推進派は，この技術について，もはや新しい技術とはいえず，国内の在来型のフラッキングや米国での採掘の経験や知見などに照らせば，指摘されるリスクは大きいものではなく，十分な対策が可能であると反論してきた。しかし，慎重派は，米国などとは垂直坑の深度や坑の密度等が大きく異なる上，用いられる技術も異なり，なおリスクは未解明であるとして譲らず，議論は，膠着状態となる。いずれにしても，地下深くの地質などによって，割れ目のでき方などの加圧の影響に大きな差異が生じるはずで，事前の予測がつかない部分が残ることは否定できない[24]。

この結果，先にふれたエクソンモビル社による連邦鉱業法による事業計画許可の申請についても，州政府は結論を出せず，政治的に，その手続を凍結することとなった。もともと，以下に見るように，環境リスク等の観点からフラッキングを規制する法的枠組み自体が不明確であったためもあり，これについては，法的には根拠に乏しい「モラトリアム状態」が生じてしまったわけである[25]。こうした状況を受けて，2011年ごろから，環境法関連の雑誌などにも，これを論ずる論稿が目立つようになる[26]。

---

22) Schweighart, aaO. (Fn. 1), S.36f.
23) Schweighart, aaO. (Fn. 1), S.61ff.
24) Ramsauer/Wendt, NVwZ 2014, S.1407.; Schweighart, aaO. (Fn. 1), S.50.
25) Vollmer, NdsVBl.2014, S.185f.
26) 管見の限りで，最も早期のものとして，Attendorn,Fracking - zur Erteilung von Gewinnungsbrechtigungen und der Zulassung von Probebohrungen zur Gewinnung von Erdgas aus unkonventionellen Lagerstätten, ZUR 2011, S.565ff.その他，早期のものとして，Seuser,Unkonventionelles Erdgas, NuR 2012, S.8ff.; Reinhardt, Wasserrechtliche Vorgaben für die Gasgewinnung durch Fracking-Bohrungen, NVwZ 2012, S.1369ff.;

Ⅳ　従来の法規制

（1）　わが国の鉱業法（3条）と同様に，ドイツの連邦鉱業法（Bundesberggesetz）においても，天然ガスは，その適用対象となる地下資源（Bodanschätze）に含まれる。また，その採掘については，区域内において特定の資源を排他的に採掘する権利である「鉱業権（Bergrechtliche Berechtigung）」の設定のための許可等（4条）と具体的な採掘方法などについて定める「事業計画（Betriebsplan）」の認可（51条以下）という二段階の手続を要する点でも[27]，わが国の仕組みと類似する。フラッキングによるシェールガスの採掘についても，当然のことながら，この鉱業法による一般的な規制の下に置かれることとなる。

　まず，鉱業権設定の許可の段階であるが，そもそも，この許可は，事業計画段階とは異なり，特定の採掘方法等を問題とするものではない[28]。しかも，ドイツにおいては，伝統的に，この許可は，申請者の権利を前提とする羈束行為と解されており，法定の拒否事由に該当しない限りは拒否できないこととされている[29]。もちろん，自然や水の保護への配慮なども法定要件とはされているものの，数100k㎡もの区域を一括して審査する制度であるため，個別の採掘による影響などを問題にすることは予定されていない。したがって，この段階でフラッキングによる環境リスクなどが問題とされる余地は少なく，先に触れたニーダーザクセン州の事例においても，当然，申請者は，すでに当該区域の天然ガスについての鉱業権を有している[30]。

　（2）　結局，フラッキングといった具体的な採掘方法の安全性については，「事業計画」の認可の段階で審査される仕組みといえる。この認可についても，ドイツにおいては，伝統的に，事業による危険排除のための羈束行為であり，法定の

Roßnagel/Hentschel/Polzer, Rechtliche Rahmenbedingungen der unkonventionellen Erdegasförderung mittels Fracking (2012), S.1ff.; Gaßner/Buchholz, Rechtsfragen des Erdgas-Fracking - Grundwasserschutz und UVP,ZUR 2013, S.143ff.; Eftekharzadeh, Was sprecht gegen Fracking? - eine Stellungsnahme, NuR 2013, S.704ff.; Engelhaldt, Rechtliche Betrachtungen zum Fracking, NuR 2014, S.548ff.

27) 両者の関係について，Piens,in:Piens/Schulte/Graf Vitzthum, Bundesberggesetz, 2.Aufl. (2013), S.216f.
28) Franke, in:Boldt u.a. Bundesberggesetz, 2.Aufl. (2016), S.144ff.
29) Franke, aaO. (Fn. 28), S.137ff.
30) Vollmer, NdsVBl.2014, S.185f. もっとも，ヘッセン州では，フラッキングによるガス開発についての鉱業権設定について，地下水汚染の危険を理由として不許可とされた事例がある。これについて，Frenz, Fracking-Verbot, NVwZ 2016, S.1042（1043）。

拒否事由に当たらない限りは拒否できないことが強調されてきた[31]。ここでは，環境に対する配慮は，明文では求められていないものの，拒否事由である「優越する公益」の存在の中に，これが読み込まれてきた。とりわけ近年の判例では，周辺環境などの総合的な較量の余地を容認する傾向がみられる[32]。とりわけ，一定規模以上の事業に与えられる長期的な「包括的事業計画（Rahmenbetribsplan）」の認可については，正式の環境影響評価も義務付けられるほか，これを含む「計画確定手続（Planfeststellungsverfahren）」も実施される[33]。

しかし，フラッキングによるシェールガスの採掘事業については，個別の事業の規模が小さくなるため，こうした包括的事業計画の対象とはならず，環境影響評価を含む計画確定手続の対象とはならない[34]。結局，こうした通常の認可手続については，伝統的な警察許可の性格が強調されることとなり，具体的な危険の存在が立証されない限りは，これを拒否することは困難とみなされる傾向となる[35]。先の事例において，州政府がフラッキングについての事業計画認可の拒否に踏み切れなかった背景としては，こうした伝統的な制度理解の影響が否定できない。

(3) さて，これまで見てきたように，フラッキングによるシェールガスの採掘は，地下水汚染のリスクが関心を集めているように，水の問題と密接に関係する。そして，ドイツの水管理法（Wasserhaushaltsgesetz）は，排水や取水等の水の「利用（Benutzung）」を「許可（Erlaubnis）」の対象としている（8条）[36]。したがって，フラッキングのために注入する水を取水したり，処理した汚水を排出したりする行為が許可の対象となることは当然である。しかし，フラッキングによる採掘行為自体については，これが水と深い関係を有するとはいえ，水管理法による許可の対象とは考えにくい。

ただし，同法による水の「利用」は，かなり広い概念であり[37]，これにフラッキングを含める見解が有力であった[38]。すなわち，同法によると，水の利用には，地下水に物質を混入させること（9条1項4号）や（地下水を含む）水の

---

31) von Hammerstein, in: Boldt u.a.aaO. (Fn. 28), S.463.
32) BVerfG, Urt. v. 17. 12. 2013, NVwZ 2014, S.321ff.
33) Ramsauer/Wendt, NVwZ 2014, S.1404f.
34) Ramsauer/Wendt, NVwZ 2014, S.1405.
35) Vollmer, NdsVBl.2014, S.186f.
36) 水管理法による水利用の許可について，一般的には，Czychowski/Reinhardt, Wasserhaushaltsgesetz, 11.Aufl. (2014), S.199ff.
37) Czychowski/Reinhardt, aaO. (Fn. 36), S.214ff.
38) たとえば，Ramsauer/Wendt, NVwZ 2014, S.1405f.

第 2 部 エネルギー政策と環境　第 6 章 シェールガス採掘と環境リスク

状態を継続的かつ有意に悪化させうる性格を有する措置（同 2 項 2 号）なども含まれる。フラッキングが地下水への化学物質等の混入を目的としているわけではないため，前者への該当性を認めることは困難であるとしても[39]，フラッキングによる地下水への汚染物質の混入のリスクについて，これが相当程度に認められるとすれば，少なくとも後者にフラッキングが該当すると解することは，それほど無理な解釈ではない。

　フラッキングについて，前記の鉱業法による規制のほかに水管理法による規制を及ぼすことが求められる実質的な理由は，鉱業法の事業計画の認可と異なり，水利用許可については，水管理の観点からの広範な「管理裁量（Be-wirtschaftungsermessen）」が認められてきたことである[40]。そのため，伝統的な解釈を前提としても，前者においては，かなり高度のリスクがなければ拒否が難しいのに対して，後者においては，その拒否裁量の範囲で，より低いリスクで拒否が可能となるはずで，許可を拒否するハードルが相当に低くなると考えられるわけである。これによって，フラッキングについての法的統制が容易になることが期待されるのである[41]。ちなみに，水管理法上，同法による利用許可の手続は，鉱業法による事業計画認可の手続に吸収されることとされているが，水管理法による実体法の拘束は残り，担当官庁の同意権も留保されるため，水管理法とりわけ管理裁量の行使による統制の途は閉ざされない（19条）。この点は，事業計画の認可が集中効（Konzentrationswirkung）を有する計画確定手続によって実施される場合についても，同様と解されている[42]。

（4）　結局，制度の伝統的な制度の解釈と運用を前提とすれば，いわゆる警察許可として運用されてきた鉱業法による事業計画認可においては，その拒否には具体的危険性の存在が要件となるのに対して，広範な管理裁量が認められてきた水管理法による利用許可においては，より政策的な理由による拒否が許される余地が認められ，後者の土俵に乗せることにより，フラッキングについての法的統制のハードルが上がると考えられているわけである。もっとも，後者においても，管理裁量の適切な行使として許可を拒否しうる理由としてはもちろん，これを許可の対象とするためにも，地下水汚染等に関する一定程度の「リスク」が認めら

---

[39]　ただし，Reinhardt, NVwZ 2012, S.1370f.
[40]　水利用許可における「管理裁量」について，Czychowski/Reinhardt, aaO. （Fn. 36），S.289ff.
[41]　たとえば，Gaßner/Buchholz, ZUR 2013, S.144f. こうした裁量の導入に批判的なものとして，Frenz, Fracking-Ermessen, UPR 2015, S.88ff.
[42]　Czychowski/Reinhardt, aaO. （Fn. 36），S.407ff.

れなければならないことは，もちろんである。ここでは，現状の科学的知見が前提となるとはいえ，不確実なリスクの規制に踏み切るための政策的な決断が求められることになる[43]。

V　立法によるモラトリアム

(1) フラッキングによるシェールガス採掘の是非が政治問題化する一方，各州政府による行政的対応が手詰まりとなる中，連邦政府も，その対応を迫られることとなる[44]。結局，2013年10月に締結されたCDU/CSUとSPD間の大連立政権のための政権合意文書において[45]，フラッキングによるシェールガス等の採掘には，健康や環境等に未解明なリスクが認められるとして，それに関する許認可申請に対する決定は，水質への悪影響などがないことが判明したのちになされるべきである，との合意がなされることとなった。結果的には，ニーダーザクセン州政府によるモラトリアムが追認されたわけである。そして，リスクを解明するための調査研究ののちに，水管理法等の必要な法改正を行うことが合意された。

この与党間合意を受けて，新たに成立した連邦政府は，フラッキングによる環境リスクの検討分析の集約を急ぐことになる。この中で，2014年7月には，環境省傘下の研究組織である連邦環境庁（Umweltbundesamt）がフラッキングの環境リスクの未解明であることを強調する報告書を提出し，注目を集める[46]。これに対して，経済省傘下の連邦地球学資源機構（BGR）は，むしろ環境リスクの低さを主張する報告書を提出するなど，政府内でも見解の対立があった[47]。結局，連邦政府は，2015年4月になって，水管理法の改正を中心とするフラッキング関連の法改正案[48]を連邦議会に提出するに至る。

(2) さて，この政府案を巡っては，多くの議論があったが[49]，その基本的な

---

43) フラッキングの規制が不確実な「リスク」の規制としての性格を持つことについて，Schweighart, aaO.（Fn. 1）, S.53f.
44) こうした状況については，当然，許可と不許可いずれの主張からも，批判が出ることになる。前者の例として，Frenz, Fracking nach dem Koalitionsvertrag, UPR 2014, S.41ff. 後者の例として，Vollmer, NdsVBl.2014, S.186f.
45) この政権合意文書について，Frenz, UPR 2014, S.41ff.
46) 連邦環境庁の見解として，Kirschbaum, aaO.（Fn. 17）, S.77ff.
47) Kohls/Meitz, ZUR 2013, S.257f.
48) Entwurf eines Gesetzes zur Änderung wasser- und naturschutzrechtlicher Vorschriften zur Untersagung zur Risikominimierung bei den Verfahren der Fracking-Technologie, BT-Drucksache 18/4713, S.1ff.
49) Wagner, UPR 2015, S.201ff.; Boeme-Neßler, Fracking - Entscheiden durch Exper-

第 2 部 エネルギー政策と環境　第 6 章 シェールガス採掘と環境リスク

特色は，フラッキングによるシェールガス採掘の規制システムとして，鉱業法による事業計画許可ではなく，水管理法による利用許可の枠組みを採用したことである。すなわち，この改正法案は，水管理法の改正規定が中心であり，この中で，まず，それによる利用許可の対象たる「水の利用」に在来型を含むフラッキングによる天然ガス等の採掘および滞留水の地下貯蔵が含まれることを明文化して，それについての疑義を立法的に解決する。そして，それについての許可要件の規定を整備することにより，フラッキングの規制の実現を図ることとしている。こうした方法により，連邦鉱業法，とりわけそれによる事業計画許可の法的性格の変更を避けたということであろう。

そして，非在来型フラッキングによるシェールガス等の採掘については，原則として，許可ができないこととしている。ただし，3000mを超える深度のものについては，原則禁止を適用しないこととして，従来からの大深度の砂岩層での在来型フラッキングとのバランスに配慮している。さらに，新たに設置される連邦政府のもとに置かれる専門家委員会の監督下での調査目的の試験採掘についても，原則禁止の適用除外として，知見の開発の余地を確保している。なお，この試験採掘についても，実際の掘削が企業の責任で実施されることは，当然の前提となっている。そのほか，専門家委員会が安全と認めた調査目的以外の（商業目的の）非在来型フラッキングについても，例外的な許可の余地を残している。そのほか，在来型を含むフラッキングについて，水源保護地域等における許可ができなくなるほか，自然保護法の改正により，自然保護地域等での実施も禁止されることとされている。

これに対して，連邦鉱業法については，新法制定に先立って，同法に基づく環境影響評価に関する省令等が改正されるにとどまる[50]。それによって，在来型を含むフラッキングについての事業計画認可においては，すべて環境影響評価を含む計画確定手続が実施されることとなり，手続がより慎重なものとなっているのである。そのほか，省令の改正により，フラッキング一般や貯留水等の貯蔵の許可に関する要件規定が整備されたのが目に付く程度である。

---

　　ten-Kommissionen? NVwZ 2015, S.1249ff. ;Bünnigmann, Vorsicht vor Fortschnitt? DVBl.2015, S.1418ff. :Wolff, Der Gesetzentwurf zur Fracking als Beispiel moderner Umweltgesetzgebung, in:Knopp u.a. (Hrsg.), Umwelt-Hochschule-Staat, Festschrift für Peine (2016), S.261ff.; Frenz, Überwiegende öffentliche Intressen gegen Fracking-Berechtigungen? DÖV 2016, S.322ff.

50) Verordnung zur Einführung von Umweltverträglichkeitsprüfung und über bergbauliche Anforderungen beim Einsatz der Fracking-Technologie und Tiefbohrungen v. 4. 8. 2016, BGBl. I S.1957ff.

(3) さて，この政府案に対する議会審議においては，とりわけ各州政府を代表する連邦参議院において，強い反対が噴出し，審議が難航する[51]。その結果，審議に一年以上を要し，2016年7月8日になって，以下に見るように，連邦参議院の修正要求をほぼ容れる修正により[52]，ようやく新法が成立することとなった[53]。施行は，翌年2月11日である。

まず，非在来型のフラッキングによるシェールガス等の採掘については，3000mを超える深度のものも含めて，原則として許可されないこととなった。また，専門家委員会の承認による調査目的以外の例外許可を認める条項も削除されている。一方，環境への影響等の科学的調査のための非在来型のフラッキングについては，これを許可しうることとされているが，その数が4箇所に限定され，しかも，それぞれ州政府の同意を得ることが要件とされている。州政府等の疑念は，調査目的等に名を借りたフラッキングの既成事実化にあったわけであるが，この修正によって，調査目的の非在来型フラッキングについてのハードルは，極めて高いものとなったといえる[54]。反面，この非在来型フラッキングの原則禁止については，見直しの期限が立法化された。すなわち，5年後の2021年に，科学技術的な状況に鑑みて，この禁止を連邦議会が再検討することとされたのである。結果的に，非在来型のフラッキングについては，2021年まで，水利用許可が出ないため，モラトリアムが継続することになろう[55]。

VI 評価と展望

(1) 本来，新法の政府案の意図は，試験掘削などによる知見の集積を図りなが

---

51) 審議経過について，Reinhardt, Entscheidung vertagt oder verkappt: Die WHG-Novelle 2016 zum Fracking, NVwZ 2016, S.1505ff.
52) Beschlussempfehrung des Ausschuluss für Umwelt, Naturschutz, Bau und Reaktorsicherheit v. 22. 6. 2016, BT-Drucksache 18/8916.S.1ff.
53) Gesetzes zur Änderung wasser- und naturschutzrechtlicher Vorschriften zur Untersagung zur Risikominimierung bei den Verfahren der Fracking-Technologie, BGBl. I S.1972ff.
54) 反対派から，試験掘削を認める条項は，「日本式捕鯨条項（japanische Walfangklausel)」などと揶揄されていたようであるが，これは杞憂となったといえる。Reinhardt, NVwZ 2016, S.1509.
55) この新法について，Reinhardt, NVwZ 2016, S.1505ff.; Frenz, Fracking-Verbot, NVwZ 2016, S.1042ff.; ders. WHG-Erlaubnispflichtigkeit von Fracking und Lagerstättenwasserablagerung, UPR 2017, S.121ff.; Dünchheim, Fracking in Deutschland – Rechtliche Grenzen und Möglichkeiten, DVBl. 2017, S.1390ff.; Giesberts/Kastelec, NVwZ 2017, S.363f..

ら，フラッキングの是非を継続的に検討していくというものであった。しかし，試験採掘を含めたシェールガス採掘を目的とするフラッキングに対しては，州政府などを中心とする慎重派の警戒感は極めて強かったようで，連邦参議院などの主張する修正によって，商業目的の非在来型フラッキングについては，深度等を問わず，全面的に禁止され，試験掘削についても，4箇所に限定されることとなった。そもそも，試験掘削については，その費用などからも，その実施に企業が乗り出すか否かが疑問視されていたが[56]，さらに，立地について，州政府の同意が要件とされたために，その現実性は失われたと考えられている[57]。管見の限りでは，実際にも，実施の動きは見られないようである。結局，非在来型のフラッキングについては，試行などによる新たな知見の集積のないままに，見直し期限である2021年まで，実質的には全面禁止状態が続くこととなったわけである。

　これに対して，従来から実施されてきた砂岩層での在来型のフラッキングについては，従来どおり，許可が得られれば可能ということになる。しかし，これについても，連邦鉱業法上，新たに環境影響評価を含む計画確定手続が必要となったため，企業の負担は，大幅に増加すると考えられる。さらに，水管理法による許可の必要性が明確化されたために，管轄の州政府に認められた管理裁量（拒否裁量）の行使により，不許可とされるリスクも高まったといえる。このため，在来型のフラッキングについても，実際上は，存続はかなり難しくなったとの評価もある[58]。

　結局のところ，フラッキングによるシェールガス開発の是非については，慎重派と推進派との狭間で，連邦政府は，手詰まり状態となり，2021年の見直しまで，結論が先送りされたということになる。繰り返し述べてきたような州政府を中心とした環境リスクの観点からの警戒感が極めて強い一方，エネルギー市況の低迷などにより，少なくとも短期的には，シェールガス開発を無理に急がなければならない客観情勢にないこと，さらには技術的な立ち遅れを心配すべき段階ではないことなどの結果，こうしたモラトリアム状態の継続が生み出されたものとも思われる。見直しまでの間，連邦政府の専門家委員会によるリスク情報等の集約が図られ，毎年6月30日に報告書が発表されることとなっているが，試験採掘も望み薄な中，こうした専門家委員会の検討により，慎重派と推進派との対立が

---

56) Giesberts/Kastelec, NVwZ 2017, S.366f..
57) Giesberts/Kastelec, NVwZ 2017, S.363f.; Reinhardt, NVwZ 2016, S.1509f.; Dünchheim, DVBl. 2017, S.1399.; Frenz, NVwZ 2016, S.1050.
58) Giesberts/Kastelec, NVwZ 2017, S.367.

収束に向かうか否かは，不透明といわなければならない。その時点における政治的あるいは経済的な状況にも大きく影響されるため，2021年における見直しの方向性については，現時点での予測は困難といわなければなるまい。ただ，この見直しの方向に影響を与えうる要素として，マクロとミクロの二つの動きを指摘しておきたい。

(2) まず，周知のとおり，近年のドイツの環境政策は，EU の政策決定に大きく影響されており，その動向に注目しなければならない。これまで見てきたように，フラッキングの問題は，地下水の保全に密接にかかわっており，従来，EU は，域内の水の保全の問題には，極めて敏感である。しかし，シェールガス開発の是非は，加盟各国のエネルギー政策の根幹にかかわるものであり，加盟各国の対応も割れているため，この問題に対する EU の対応は，これまでのところは，極めて慎重であるといえる。基本的には，その導入の是非については，加盟各国の判断に委ねるというのが，EU のスタンスである。その上で，フラッキングの導入に伴う環境リスクを低減するための一般的なルールを定めているが，法的拘束力のない EU 委員会による「勧告 (Empfehlung)」という法形式に止めている。

すなわち，EU 委員会は，2014年1月にフラッキングによるシェールガス等の採掘についての「最低基準 (Mindestgrundsätzen)」をさだめる勧告を発している[59]。この勧告は，フラッキングによる環境リスクに対応するため，加盟各国に対して，フラッキングに関する許可手続を整備すること，公衆参加による環境影響評価を実施すること，適切なリスク評価に基づき適地を選定すること，危険な化学物質を使用せず水質汚染を最小化することを事業者に求めること，事業の透明化の措置をとること，などを求めている。この勧告は，法的拘束力を欠くものの，加盟各国は同年7月までの実施が求められており，先に紹介したドイツの新法も，その国内法化としての側面を持つ[60]。

なお，この勧告については，18か月後に実施状況を再検討し，法的拘束力のある立法の提案を検討するとされており，すでに，2016年末に，EU 委員会による報告書も提出されている[61]。ここでは，なお，リスクなどの検討を継続するということで，今のところ，新たに立法の提案等はなされていない。今後の動向が

---

59) Empfehrung der Kommission v. 22.1.2014 mit Mindestgrundsätzen für die Exploration und Förderung von Kohrenwasserstoffen（z.B.Schiefergas）durch Hochvolumen-Hydrofracking（2014/70/EU），ABl.L 39/72.
60) Entwurf (Fn. 48), BT-Drucksache 18/4713, S.15f.
61) Bericht der Kommission über die Wirksamkeit der Empfehrung mit Mindestgrundsätzen für die Exploration und Förderung von Kohrenwasserstoffen（z.B.Schiefergas）durch Hochvolumen-Hydrofracking（2014/70/EU），Kom/2016/0794 final. S.1ff.

注目される。

　(3) つぎに，各州政府がフラッキングによるシェールガス採掘に極めて慎重であることについては，繰り返し触れてきたところであるが，州独自で州内のフラッキングを禁止する動きがある。すなわち，その急先鋒であるノルトライン・ヴェストファーレン州政府は，州の広域的な土地利用計画である国土利用計画（Raumordnungsplan）によって，州内におけるフラッキングのための土地利用を禁止することを表明してきた。すなわち，ドイツにおいては，州の国土利用計画の位置づけは極めて重く，空港，廃棄物施設，発電所など，様々な大規模施設の立地がこれによって決定されてきた[62]。とりわけ，近年では，これにより風力発電所の立地を限定するといったこともなされている。その延長線上で，これにより，州内のフラッキングのための土地利用を禁止しようというわけである[63]。

　これについては，そもそも特定の土地利用を計画により州内全域で禁止できるか，連邦法の許容する施設を土地利用計画により禁止できるかなど，国土利用計画制度の本質論とも絡んで強い批判があった[64]。しかし，今回の新法により，州政府がフラッキングについて事実上の拒否権を手にしたため，ひとまず，こうした計画の実益は失われたといえそうである。ただし，2021年の見直しの結果によっては，州政府による抵抗の切り札として再浮上する可能性も否定できず，各州政府の今後の動きにも注目しなければならない。

Ⅶ　むすびにかえて

　(1) これまで見てきた経緯に照らせば，フラッキングによるシェールガスの規制に向けた今回の立法措置は，現象的には，政治的な妥協の産物であることは明らかといえる。連邦与党と野党，連邦政府と各州政府，産業界と環境団体など，他の環境問題と同様に，この問題においても，各種の利害対立が複雑に絡まる。もちろん，この問題については，連立与党内にも多くの慎重派を抱える一方，抵抗勢力の主役である州政府間でも意見の相違がある。さらに，産業界においても，業種などにより存否が分かれ，環境団体においても，天然ガスに対するスタ

---

[62] この点につき，さしあたり，山本紗知「インフラ事業の立地計画とその展開」一橋法学17巻2号145頁（2018）。

[63] これについて，Schink, Verbot der Fracking als Ziel der Raumordnung? NWVBl. 2016, S.177ff.; Schlanke/Schnittker, Fracking und Raumordnung – Steuerungspotenziale der Landesentwicklungsplanung, ZUR 2016, S.259ff.

[64] Kment, Landesplanerisher Ausschluss von Fracking-Vorhaben in NRW, NWVBl. 2017, S.1ff.

ンスは必ずしも一致していない。このような錯綜した対立の中で，最終的な一致点を見出すことを断念して，2021年までのモラトリアムを継続するとしたのが，今回の立法手続の「落としどころ」であったとみられよう。

　もちろん，フラッキングによる地下水汚染等の環境リスクについて，一致した科学的見解が存在しないとすれば，その導入には慎重であるべきであるとするのが「疑わしきは安全のために」という「予防原則（Vorsorgeprinzip）」の要請であるはずである[65]。そうだとすれば，今回の立法は，少なくとも結果としては，この原則の実現とも評価されるべきこととなろう。もともと，政府案においては，フラッキングを原則禁止としながら，監督下での試験掘削などにより，そのリスクに関する知見の集積を図り，それに基づいて制度を見直そうという構想であった。そこでは，未解明のリスクについて，技術の世界における常識である試行錯誤を前提としつつ，その成果を継続的にリスク管理に取入れていくことを標榜する「順応的な（adaptive）」なリスク制御の制度化が目指されていた[66]。その意味では，この法律自体がいわゆる「実験法（Exprimentierregelung）」の性格を持つものであり[67]，リスク制御法制の常道を行くものともいえた。

　しかし，結果的には，立法過程において，試験採掘が極めて困難な制度とされてしまったために，こうした色合いが大幅に薄められたことは否定できない。とはいえ，新法は，フラッキングのリスクに対して，予防原則にそった慎重な姿勢を保ちつつ，専門会員会などによる知見に基づく見直しを制度化したわけで，ドイツにおける立法によるリスク制御の方向性について，興味深い実例を提供するものといえる。

　(2)　最後に，環境リスク等のリスク制御において，議会が果たすべき役割について，触れておきたい。今回の立法について，必ずしも科学的な判断に基づくものではなく，政治的な妥協の産物の面が強い旨をくり返し述べてきた。ただし，この点は，必ずしもネガティブにのみ評価されるべきではない。未解明の部分が多く残されるリスクの制御においては，その時点における最善の科学的知見に基づくべきことは当然であるとしても，最終的には，政策的判断が必要となることは，古くから指摘されてきたところである[68]。ここで注目しておくべきこと

---

[65]　予防原則について，さしあたり，山田洋『リスクと協働の行政法』11頁（信山社，2013）。
[66]　順応型のリスク制御について，下山憲治「リスク言説と順応型の環境法・政策」環境法研究7号1頁（2017），横内恵「順応型リスク制御と比例性」同13頁。
[67]　Wolff, aaO.（Fn. 49）, S.271f.
[68]　さしあたり，山田・前掲注65)12頁。

は，ドイツにおいては，こうした政策判断についても，民主主義さらには「重要事項留保（Wesentlichkeitsvorbehalt）」理論の帰結として，議会の役割が強調されていることである[69]。

　もともと，フラッキングの問題についても，行政ではなく立法すなわち議会による問題解決が目指されていたわけであるが，その内容についても，とくに政府案について，専門家委員会の位置づけの重さが批判されてきた。専門家の意見は尊重されるべきであるとしても，フラッキングの是非は，最終的には連邦議会が決めるべきものであることが強調されるのである。リスク制御における科学的知見と政策判断とをどのようにリンクさせるか，また，それをどのように制度化するかは，一般化の難しい難問である[70]。ここでも，問題の指摘に止めざるを得ない。

　〈追記〉
　本稿は，2017年4月に京都大学で開催されたエネルギー法に関連した研究会（主宰・高木光教授）における報告を基に，2018年12月，同名で獨協法学12号に掲載されている。本稿で紹介したように，シェールガス採掘のためのフラッキングについては，2016年に4か所の調査掘削のみを認める法改正がなされたものの，法規制と経済性のハードルが極めて高いことから，実際に掘削に乗り出す企業は現れず，2021年に予定されていた制度の見直しについても，連邦議会の議決による棚上げがなされたまま，今日に至っている。ウクライナ戦争により天然ガス供給が逼迫し，LNGの輸入なども始まった今日でも，新たな動きは見られないようである。こうした状況について，von Tschirnhaus, Fracking als Chance? NuR 2022, S.817ff.; Reinhardt, Der Stand des Fracking-Verbots im Wasserhaushaltsgesetz, NVwZ 2022, S.999ff.

---

69) Boeme-Neßler, NVwZ 2015, S.1249ff.; Bünnigmann, DVBl.2015, S.1418ff.; Frenz, NVwZ 2016, S.1042ff.
70) この点をリスク制御の「手続化」の観点から論ずるものとして，横内・前掲注66)15頁。

第7章 水素エネルギー利用の立法的課題
——ドイツの動向から

I はじめに

(1) 水素ガスは，空気中で燃焼させることにより，大きな熱量を得ることができるが，当然のことながら，その際に発生するのは水のみであり，二酸化炭素等の温室効果ガスは，排出されない。さらに，水素は，燃料電池によって，酸素と反応させることにより（電気分解の逆の作用），かなり効率よく電力（さらに熱）を発生させることが可能であり，そうした意味でも，水素ガスは，使い勝手の良いエネルギー源といえる。

そして，水素ガスは，のちに見る製造方法にもよるが，原理的には，化石燃料のような枯渇の心配もなく，温室効果ガスの排出もない新たなエネルギー源として，「エネルギー安全保障と温暖化対策の切り札[1]」とも位置付けられる。その結果，さまざまな分野において，これを現在の化石燃料に代替させることが期待されている[2]。

(2) まず，現状において温室効果ガスの発生量が多いエネルギー産業においては，そこでの化石燃料による火力発電を水素の燃焼による発電に置き換えることで，温室効果ガスの大幅な削減が期待できる[3]。ちなみに，先述の燃料電池による発電は，現状では，設備が大きくなるなどのため，大量の発電には適さないようである[4]。そのほか，さまざまな製造業の工場などにおいて，エネルギー源として化石燃料が使用されているが，これらも水素に置き換えれば，温室効果ガスの排出は避けられる。こうしたエネルギー源以外にも，たとえば，製鉄業においては，現状では還元材として石炭（コークス）が用いられており，多くの温室効果ガスが排出されているが，ここでも水素への置き換えの可能性が指摘されてい

---

1) 再生可能エネルギー・水素等関係閣僚会議「水素基本戦略」（平成29年12月26日）1頁。
2) 水素エネルギーの利用については，わが国でも関心が高まっており，近年は多くの啓蒙書等も刊行されているが，眼についたものとして，西宮伸幸『〔カーボンニュートラル〕水素社会入門』1頁（河出書房新社，2021）。
3) さしあたり，基本戦略・前掲注1)23頁。
4) 西宮・前掲注2)117頁。

る。そのほか、各種の化学工業やセメント製造など、さまざまな製造業でも、水素利用による温室効果ガスの大幅削減の可能性があるといわれる[5]。

　自動車による排気ガスなど、交通分野も温室効果ガスの排出が多い分野であるが、ここでも、排気ガスを出さない自動車として、通常の充電による蓄電池を用いる電気自動車（EV）と並んで、水素由来の電力で走行する燃料電池自動車（FCV）がすでに実用化されている。現状では、後者は、経済性などにおいて前者に劣るものの、短時間の水素充塡で長時間の走行が可能になるなどのメリットもあり、とりわけバスやトラック、フォークリフトなどでの利用の拡大が期待されている。さらには、こうしたメリットを生かして、将来的には、鉄道、航空機、船舶などの動力としての利用も構想されている[6]。ちなみに、燃料電池によることなく、水素燃料によるエンジン駆動車も早くから開発されてきた。これらが普及すると、交通分野においても、脱化石燃料と脱温室効果ガスへの展望が大きく開けることとなろう。

　また、家庭や事務所などにおいても、燃料電池を利用して、電力を発生させるとともに、その熱によって給湯等をする装置（いわゆる「エネファーム」）がすでに普及しつつある。現在の装置は、通常の都市ガスなどから水素ガスを取り出して燃料電池に送る仕組みであるため、当然、そのプロセスで相応の二酸化炭素が排出される。もっとも、現状でも、エネルギー利用の効率化により、総体としては二酸化炭素の排出削減に寄与する装置として推奨されているシステムではあるが、将来的に、家庭等に直接に水素ガスを供給できるシステムが構築できれば、都市ガス等から水素ガスを取り出す装置は不要となり、そこからの二酸化炭素の排出もなくせる。こうした装置を普及させることができれば、家庭等からの温室効果ガスの排出も、大幅に削減できることとなろう[7]。

　(3)　このような多くの利用の可能性を秘めた水素ガスであるが、その製造方法については、のちにも述べるようにさまざまなものがある中で、まず想起されるのは、水の電気分解であろう。いうまでもないが、水に電流を通すことによって、陽極に酸素、陰極に水素が発生する。そして、先に述べたとおり、逆に燃料電池（あるいは、水素火力発電）を用いることによって、水素から電力を生み出すこともできる。要するに、電力により水素を製造し、水素から電力を生み出す（戻す）ことが可能なのである（もちろん、相応のロスは不可避であるが）。

5）基本戦略・前掲注1）28頁。
6）基本戦略・前掲注1）24頁。
7）基本戦略・前掲注1）29頁。さらに、西宮・前掲注2）113頁。

さて、これも周知のとおり、電力は、効率的な貯蔵が困難であり、その結果、長距離の（たとえば、海を越えた）輸送も困難なエネルギーである。この弱点は、とりわけ、太陽光や風力といった再生可能エネルギーに由来する電力（再エネ電力）において顕著であり、こうした電力は、需要とは無関係に、自然条件によって発電量が上下することとなる。このため、需要の増減によって、発電の中断を余儀なくされ、逆にバックアップの発電源が必要になるといった事態が避けがたく、このことは、再エネ電力の割合が増大するほど、顕在化する。

　これに対して、水素ガスは、容易に貯蔵でき、長距離の輸送も可能である。そこで、余剰の電力を水素化（水素ガスもしくはアンモニア等の化合物化）して貯蔵し、必要な時、それで発電をするというシステムが注目されることとなる（いわゆるPower-to-GasあるいはPower-to-X）。これによって、電力の再エネ化における最大の課題について、その解決に途が開けるわけで、とりわけ温室効果ガス削減のシナリオにおいて、水素エネルギーが重視される所以でもある[8]。さらには、気候などが再エネ電力の発電に適しており、その価格も安い国から、水素化を介して、「再エネ電力の輸入」といったことも可能となり、その国際市場の成立といった将来も見通されることとなるわけで、水素エネルギーは、電力の再エネ化と不可分のエネルギー源と考えられるのである。

　(4)　さて、近年のパリ条約の締結などに象徴される気候変動への関心の高まりと温室効果ガス削減への取り組みの強化を背景として、各国も、水素エネルギーの利用拡大、さらには、その利用に依拠する「水素社会」あるいは「水素経済」の確立に向けて、さまざまな政策を打ち出している[9]。わが国においても、かなり以前から水素エネルギーへの期待は語られてけたが、近年では、平成29（2017）年12月26日、政府の閣僚会議が「水素基本戦略[10]」を決定し、2050年を視野にして、「水素社会実現に向けて将来目指すべき姿や目標」を示すとともに、「その実現に向けた行動計画」が定められることとなった。目立ったところでは、東京オリパラ2020においても、水素社会の実現が目玉の一つとされ、福島県内の実証実験施設で製造された水素ガスが聖火に用いられたほか、燃料電池バスの使用や選手村での水素利用などが実現している[11]。

　そのほか、欧州においても、2020年7月8日、欧州委員会が「EU水素戦略[12]」を定め、ここでも2050年を目標とした行動計画を発表している。これに

---

8) 多く指摘される点であるが、さしあたり、西宮・前掲注2) 71頁。
9) さしあたり、基本戦略・前掲注1) 14頁。
10) 基本戦略・前掲注1) 1頁。
11) 西宮・前掲注2) 164頁。

125

第2部 エネルギー政策と環境　第7章 水素エネルギー利用の立法的課題

先立ち，再エネ化による「エネルギー転換（Energiewende）」を最大の国策とするドイツにおいても，2020年6月10日，「国家水素戦略（Nationale Wasserstoffstrategie[13]）」が決定され，水素社会の構築に向けた計画が示されることとなっている。そのほか，欧州内外の多くの国においても，水素利用の促進に向けた動きが活発化しつつある。

(5) もちろん，いずれの国においても，水素エネルギーの多分野での利用拡大による「水素社会」の構築については，そのハードルは，かなり高い。そもそも，温室効果ガス削減の政策的順位も国によって異なり，それによって化石燃料利用への姿勢も変わってくる。さらに，その削減方法についても，水素エネルギーの利用以外にも，多様である。たとえば，交通分野での削減方法としても，先に述べた燃料電池自動車（FCV）と通常の電気自動車（EV）のいずれが優位に立つかは，今後の技術開発等の動向に依存することとなる[14]。その結果，水素社会という方向自体についてさえも，悲観的あるいは批判的な見解も少なくないわけで，これを乗り越えることは容易ではない[15]。

いうまでもなく，水素エネルギーの利用拡大における最大のハードルは，そのコストの高さである[16]。現状の水素エネルギーのコストは，天然ガス等の化石燃料によるものはもちろん，再エネ電力によるものよりも，はるかに高い。これを克服するためには，技術開発や需要の拡大が必須であり，現実にも，近年は大幅なコスト減の傾向が伝えられてはいる。もちろん，水素社会の実現のためには，より一層の技術の開発とともに，それを実現する社会的なシステムとそれを支える法制度が不可欠である。今のところ，わが国においては，水素エネルギーの利用拡大の政策論はともかく，それを実現するための法政策論への関心は限られている。本稿は，やや前のめりに水素社会へのスタートを切ったドイツの議論を参考に，わが国の法制度構築の基礎固めのための示唆を求めるものである[17]。

---

12) Europäische Kommission. A hydorogen strategy for a climate-neutral Europe v. 8. 7. 2020. Kom（2020）301 final. S.5ff.
13) Bundesregielung, Die Wasserstoffstrategie v. 10. 6. 2020.
14) 西宮・前掲注2)92頁。
15) ドイツにおいても，政財界に水素利用への批判が強いことを指摘するものとして，Fehling/Franzius/Schütte. Grüner Wasserstoff: Hoffnungsträger der Energie- und Verkehrswende, ZUR 2021. S.193f.
16) 水素エネルギーのコスト削減の必要性について，たとえば，基本戦略・前掲注1）17頁。
17) ドイツの水素戦略については，わが国でも，産業界などの関心は高いようで，web上でも，いくつかの紹介がある。目についたものとして，フアマン・ミヒャエル（三井物産戦略研究所）「ドイツの国家水素戦略」1頁（2020年12月），JETRO海外調査部「ドイツの気候変動政策と産業・企業の対応」9頁（2021年4月）。

Ⅱ　ドイツの水素エネルギー政策

(1) 周知のとおり，近年のドイツは，2019年12月施行の「気候保護法（Klimaschutzgesetz[18]）」によって，2030年の温室効果ガスの排出量を1910年比で55％以上削減するという目標と各部門で許容される年鑑排出量を法定化するなど，気候変動対策を加速してきた。2050年における温室効果ガス排出の「ニュートラル化（実質ゼロ）」というEU目標についても，連邦憲法裁判所の決定[19]を受けた2021年の法改正[20]により，その達成が2045年に前倒しされている。こうした目標を達成するために，従来から，国策として「エネルギー転換（Energiewende）」が推進され，とりわけ電力部門において，現状も3割近くを占める石炭発電からの2038年までの撤退（Kohleausstieg）が決定される一方[21]，洋上風力発電などによる再エネ電力への置き換えが着実に進行しつつある。そのほか，排出権取引の義務付けなどにより，その他の製造業などにおける排出についても，それなりの削減が見込まれることとなっている。

しかし，先に述べた法定の削減目標は，その排出を極小化するものともいえ，もはや従来のエネルギー部門などの削減だけでは，到底，その達成が不可能なことが明らかである。このため，気候保護法においても，エネルギー，製造業のほか，交通や建築などの部門ごとに年間排出許容量を法定しており，これに基づく政策プログラムでも，部門ごとの削減策が詳細に定められている。とりわけ，今後は，相対的に排出量に占める割合が増えてきている交通部門や建築部門（家庭等の暖房など）による排出の抑制が課題となっている[22]。

(2) こうした中で，このような電力の再エネ化の効力が及びにくい部門の温室効果ガス削減の決め手であり，究極的には，その排出の極小化に道を拓くものと

---

[18] Bundes-Klimaschutzgesetz v. 12. 12. 2019, BGBl. I S.2513. この法律についての包括的な紹介として，勢一智子「ドイツにおける気候変動法則の進展」環境法研究12号111頁（2021）。

[19] BVerfG. Beschl. v. 24. 3. 2021, NVwZ 2021. S.951ff. この決定については，各方面から，すでにきわめて多くの論評があるが，環境法的観点からのものとして，Schlanke, Klimaschutzrecht-Ein Grundrecht auf intertemporale Freiheitssicherung, NVwZ 2021, S.912ff.

[20] Erstes Gesetz zur Änderung des Bundes-Klimaschutzgesetzes vom 18.8. 2021, BGBl. I S.3905. この改正について，Fretz, Das Novellierte Klimaschutzgesetz, NuR 2021, S.583ff.

[21] ドイツにおける脱石炭化について，勢一・前掲注18）130頁。

[22] こうした動きにつき，勢一・前掲注18）127頁。さらに，山田洋「気候変動対策としての鉄道整備？」獨協法学112号351頁（2020）〔本書第2章〕，同「温室効果ガスと訴訟」法と政治72巻1号591頁（2021）〔本書第3章〕。

127

第 2 部 エネルギー政策と環境　第 7 章 水素エネルギー利用の立法的課題

して，水素エネルギーが注目されることとなる。そこで，連邦政府においても，以前から水素エネルギー政策に関する数次のプログラムは制定されていたものの，気候保護法の制定とも合わせて，先にも触れたとおり，2020年6月10日，「国家水素戦略（Nationale Wasserstoffstrategie）」が決定されることとなった。この戦略においても，その冒頭で温室効果ガスの削減目標やエネルギー転換の要請が強調されていることに象徴されるように，その手段としての水素エネルギー利用の拡大という位置づけは，極めて鮮明である[23]。そうした意味では，わが国の戦略と比較すれば[24]，相対的には，新エネルギーの確保策という色彩は薄いともいえる。

そこでも明確化されているとおり，この目的に照らすと，この戦略策定当時の究極目標は，2050年の温室効果ガスのニュートラル化ということになるが，そのために，2030年までに，水素の利用を倍以上に拡大して，水素経済の市場を成立させることが中期的な目標とされる[25]。これを実現するための2023年（一部は2026年）までの短期的な行動計画（Aktionplan）を明らかにするのが本計画であり，この間，この計画達成のために120億ユーロを超える支出が予定されている。行動計画においては，水素の政策につき4項目，その利用につき15項目，水素の供給インフラにつき3項目，研究開発につき7項目，EU関係につき4項目，グローバル市場と国際協力につき5項目の5部門計38項目の施策が記載されている。ちなみに，利用の項目の内訳は，交通について9項目，製造業につき4項目，建物の熱利用につき2項目であり，やはり，温室効果ガス対策が急がれる交通部門の重視が目立つ[26]。

(3)　繰り返し述べてきたように，水素エネルギーの利用拡大のための最大の課題は，そのコストの高さである。とりわけ，次節に詳しく述べるが，温室効果ガス削減のために求められる再エネ電力による電気分解によって製造される「グリーン水素」の価格は，現状では極めて高い。もちろん，製造コストを低下させるためには，新たな技術開発も必要で，そのための助成等も求められるわけであるが，何よりも，経済的インセンティブによる需要の拡大によって製造規模も拡大させ，「規模の利益」によるコスト低下を図ることが先決ということになる[27]。たとえば，ドイツにおいては，製造業などにおいて水素エネルギーへの

---

23) Strategie (Fn. 13), S.2ff.
24) たとえば，基本戦略・前掲注1）5頁。
25) Strategie (Fn. 13), S.3.
26) Strategie (Fn. 13), S.11ff.
27) Strategie (Fn. 13), S.10ff.

転換により温室効果ガスの削減を実施をすれば，その分の排出権を市場で売却できることとなるが，その売却価格を政府の補助金によって保障するといった方策が予定されている[28]。

ドイツでも，現状においても，化学製品の原料となるアンモニアの製造などの化学工業をはじめ，多くの製造業において，相当量の水素ガスが使用されている。ただ，ほとんどが天然ガス等から分離される（製造に温室効果ガスの排出を伴う）「グレー水素」である。経済的インセンティブにより，こうした分野などでの「グリーン水素」への転換を図り，これを他の分野に波及させることができれば，その需要が大幅に拡大し，そのコストの低下も期待できるとされるのである[29]。このような多角的な需要の拡大により，そのコストの低下を図り，水素供給市場を構築するというのが，ドイツの基本的な戦略といえる。

もちろん，目論見どおりに需要が拡大すれば，「グリーン水素」の供給も，大幅に拡大する必要がある。北海の洋上風力発電所に付属する電解施設などが計画されているほか，既存の天然ガス用のパイプラインの利用や専用の新設などによる輸送インフラの整備などの国内の体制整備が計画されている。しかし，国内の供給だけでは，供給不足が当然に予想されているため，欧州内でのパイプラインによる供給が予定されるほか，アフリカなどの再エネ電力のコストの低い国での水素ガス等の製造とそこからの輸入といった国際戦略も想定されているのである[30]。

Ⅲ　グリーン水素とブルー水素

(1)　水素エネルギーは，化石燃料や風力や太陽光などの自然エネルギーのような自然に存在する一次エネルギーではなく，それから生み出される二次エネルギーであるから，その評価においては，それが生み出されるプロセスも視野に入れなければならない。すなわち，水素ガスは，燃焼時には温室効果ガスを発生させず，その意味で，その排出削減に資するエネルギー源として期待されているわけであるが，その製法は，さまざまであり，その製造過程で温室効果ガスを発生させるとすれば，結局のところ，その削減の手段としては，評価できないこととなる[31]。

---

28) Strategie (Fn. 13), S.21.
29) Strategie (Fn. 13), S.21f.
30) Strategie (Fn. 13), S.27ff.
31) この点について，Fehling, u.a. ZUR 2021, S.193f.; Buchmüller, Das energie- und regu-

第2部 エネルギー政策と環境　第7章 水素エネルギー利用の立法的課題

　現在も，化学原料などとして，相当量の水素ガスが」製造されていることは，すでに述べたが，その多くは，天然ガス（主成分はメタン）などの化石燃料と水蒸気とを高温で反応させることによって発生されている（水蒸気改質）。わが国においては，石油精製などの副産物として，多くの水素ガスが製造されており（副生水素），施設内で燃料などとして利用されているが，こうした水素も同様の発生プロセスといえる。当然，こうしたプロセスにおいては，二酸化炭素が発生することとなり，こうした水素を「グレー水素（grauer Wasserstoff）」と呼ぶことも述べた[32]。こうした水素を利用したとしても，その製造過程で温室効果ガスが排出されるため，その総体としての削減の効果は限定的となることには，注意を要する。

　これに対して，水の電気分解によって製造される水素ガスは，その製造過程でも，温室効果ガスが発生する余地はない。ただし，そこで用いられる電力について，その発電が石炭火力発電といった温室効果ガスを発生させる方法によるとすれば，ここでも温室効果ガスの削減の効果は，期待できない。そのためには，発電のプロセスにおいて温室効果ガスを発生させない再エネ電力を用いて水を電気分解して発生させた水素ガスが要求されることになるが，これのみが「グリーン水素（grüner Wasserstoff）」ということになる。ちなみに，原子力発電の電力による水素ガスも，温室効果ガスとは無縁であり，「イエロー水素（gerber Wasserstoff）」などとも呼ばれるが，その評価は，原子力発電自体の評価に係る[33]。

　(2)　さて，化石燃料からの水素ガスの製造に限らず，化石燃料の利用において，そこから発生する温室効果ガスを回収し，地下深くに圧入して封じ込める技術が各国で開発されようとしてる（carbon capture and strage-CCS）。さらに，これを天然ガスなどの増産に利用し，あるいは，回収した二酸化炭素を原料として再利用する構想も存在する（carbon capture and utirization and strage-CCUS[34]）。この技術と結びつけることによって，化石燃料から水素ガス製造においても，温室効果ガスの排出を実質ゼロとすることが可能となると考えられ，こうした水素

---

　　　lierungsrechtlichen Baustellen auf dem Weg zur Wasserstoffwirtschaft, ZUR 2021, S.195ff.
[32]　以下のような，グレー水素，グリーン水素，ブルー水素といった呼び方は，ドイツの水素戦略にも用いられている。Strategie（Fn. 13），S.29. 今日では，こうした用語法は，わが国でも通常に用いられている。たとえば，西宮・前掲注2）141頁。
[33]　ちなみに，わが国においては，原子力発電と水素エネルギー利用の併用を推奨する論者もいる。森谷正規『水素エネルギーで甦る技術大国・日本』190頁（祥伝社，2016）。
[34]　各国におけるCCSの法政策に関する包括的な研究として，柳憲一郎＝小松英司＝中村明寛『脱炭素とCCS』3頁（信山社，2021）。

ガスが「ブルー水素（blauer Wasserstoff）」と呼ばれている。

　このブルー水素は，結果的には，大気中に温室効果ガスを排出しないわけで，気候変動対策の観点からは，グリーン酸素と同様の評価が可能なはずである[35]。現状では，その価格がグリーン酸素と比較してはるかに低いこともあって，わが国の水素戦略では，もっぱらブルー酸素の利用が念頭に置かれている[36]。計画される海外からの水素の導入計画なども，ほとんどがブルー水素である[37]。また，EUにおいても，その水素政策において，過渡的にではあるが，ブルー水素の利用を認めている[38]。

　(3)　それに対して，ドイツの水素戦略の最大の特色は，グリーン酸素の利用に固執する点にある[39]。もっとも，ここでも，短期的にはブルー水素の利用を完全には排除しないとしているものの，あくまで中長期的に目指されているのは，グリーン水素による水素市場の構築である。単純な言い方をすれば，結局のところ，有限な化石燃料を原料とし，貯蔵場所などにも有限なCCSを前提とするブルー水素は，「持続可能性（Dauerhaftigkeit）」を欠き，未来のエネルギーとはなりえないと評価されるのである。

　こうしたブルー水素に対するドイツにおける評価の背景には，先に触れたCCS等の技術に対する根深い不信感がある。他の諸国と異なり，ドイツは，従来から，この技術の利用について，極めて消極的である[40]。CCS等については，石炭火力発電所や製鉄所などからの大気中への温室効果ガスを削減する方策として，十数年前から世界的に注目を集め，わが国においても，実証実験が行われている。EUにおいても，これに注目して，2012年には，その実現のための法整備を加盟国に求める指令（Richtlinie[41]）も出されている[42]。ドイツも，この指令を同年に国内法化しているものの[43]，内容的には，地下貯蔵の小規模な実証

---

[35] ドイツにおいては，CCS等によるブルー水素のほかに，メタンの熱分解によって生成される「ターコイズ水素（Türkiser Wasserstoff）」が流通するが，これも，製造過程で出る固形炭素を回収すれば，ブルー水素と同様となる。

[36] 基本戦略・前掲注１）７頁など。

[37] 西宮・前掲注２）146頁。

[38] この点につき，Fehling, u.a. ZUR 2021, S.193f.

[39] Strategie (Fn. 13), S.3. もっとも，ドイツでは，もはや前提条件ともいうべきものであり，水素戦略自体で詳しく論じられているわけではない。

[40] ドイツにおけるCCSの導入については，Kloepfer/Durner, Umweltrecht, 3. Aufl. (2020), S.310f.; Kohls/Lienemann/Warke/Wittrock, Umweltvorsorge bei der unterirdischen Speicherung von Kohlendioxid, ZUR 2015, S.141ff.

[41] Richtlinie 2009/31/EG v. 23. 4. 2009 über geologische Speicherung von Kohlendioxid, ABl. L 140, S.114.

[42] EUの動きにつき，柳ほか・前掲注34）16頁。

実験の手続等が定められているに過ぎない。実際には，地震の誘発や地下水汚染など，環境リスク[44]に対するさまざまな危惧などに由来する州政府等の反対が強く，少なくとも，国内におけるその利用の動きは，凍結状態が続いている[45]。水素の製造においても，その利用を選択肢とすることには，強い抵抗があることになろう。

　(4)　ただ，グリーン水素にこだわり，その利用にメリットを与えるとなると，何をもってグリーン水素といい，いかにしてそれを認証するかという，困難な課題が顕在化する[46]。たとえば，その製造に用いるべき再エネ電力についても，再エネ発電施設から直接に送電された「純粋の再エネ電力」でなければならないのか，あるいは，通常の「再エネ電力」として販売されている電力と同様に，一般の送電網により送電される「再エネ電力保証書」付きの電力で足るのか。後者を認めれば，発電施設から離れた多くの場所で簡便にグリーン水素が製造できようが，再エネ電力の拡大の効果は，限定的となる。後者を認めるとしても，電解施設と新たな再エネ発電施設の設置をセットする必要はあろう。

　もちろん，そのようにして製造されたグリーン水素についての公的な認証制度は不可欠であり，安価なグレー水素などが混入しないように監視する仕組みがなくてはならない。現状においては，ドイツでも制度化されてはいない[47]。いずれにしろ，グリーン水素を適正に定義し，それを認証する制度を確立する立法が急がれ，さらには，EUなどにおいての国際的な標準化も求められよう。おそらく，これが水素社会を構築するための法制度の第一歩となろう。

Ⅳ　水素エネルギーとインフラ法制

　(1)　いうまでもなく，水素ガスとりわけグリーン水素を製造し，流通させ，さらには，その利用を可能するためには，さまざまなインフラの整備が不可欠となる。そのためには，その整備を事業者等が着実にすすめていけるような法制度の構築が必要となろう。しかし，こうした面での法制度の整備についても，ドイツ

---

43) Gesetz zur Demonstration der deuerhaften Speicherung von Kohlendioxid v. 17. 8. 2012, BGBl. I S.1726.
44) シェールガス開発の議論との類似性を指摘するものとして，Kohls, u.a. ZUR 2015, S.148. ドイツにおけるシェールガス開発について，山田洋「シェールガス採掘と環境リスク」獨協法学107号159頁（2018）〔本書第6章〕。
45) Kloepfer. u.a. aaO.（Fn. 40）. S.311
46) 以下の点につき，Buchmüller, ZUR 2021. S.195f.
47) Buchmüller, ZUR 2021. S.201.

において，現状では，なお欠陥が少なくないとされる[48]。

　まず何より，グリーン水素の製造のためには，電気分解に要する再エネ電力が十分かつ安価に提供されなければならない。水素ガスの製造が天候等による供給過剰時の再エネ電力の受け皿（あるいは貯蔵法）となりうることは，すでに述べたが，余剰分の再エネ電力だけで増大していくはずのグリーン水素製造を賄えないのは明らかである。当然，電解施設に再エネ電力を供給する発電施設や送電施設などのインフラの増設が必要となる。グリーン水素の問題を措くとしても，ドイツのエネルギー転換において，再エネ電力の拡大は，喫緊の課題であり，たとえば，風力発電所の増設や送電線の延長の促進のために，それらの土地利用計画上の位置づけや設置手続などについて，さまざまな法整備が進められてきたことは，周知のとおりである[49]。今後は，電解施設を併設した風力発電所などの建設も拡大することとなり，そうした側面からの法整備も求められることとなろう。

　ちなみに，電解施設のための再エネ電力の供給に関しては，その供給のインフラ整備もさることながら，そのコストの削減も必須である。再エネ電力のコストの削減も，水素ガスの製造に限定されない一般的課題ではあるが，グリーン水素のコスト削減のためにも，特段の措置が必要とされる[50]。現在でも，電気分解施設に供給される電力については，いわゆる「電気税（Stromsteuer）」や「送電線使用料（Stromnetzentgelten）」が免除されているほか，さらに「再エネ賦課金（EEG-Umlage）」の免除も拡大しているなど，グリーン水素のコスト削減のための立法措置がなされつつある。もっとも，これにも限界があるため，再エネ発電のコストが低い海外でのグリーン水素製造も視野に入れられていることも，すでに触れた。

　(2)　グリーン水素の製造のための水の電気分解（Wasserelektrolyse）のための基本的なインフラである「電気分解施設（Elektrolyseur）」自体についても，ドイツにおいても，それに特化して規制する法規定は存在せず，今のところ，いかなる法によって規制されるかも分明ではない[51]。そもそも，法的規制の前提として，水素ガスは，医療用の吸入がなされていることが示すように，人体への毒

---

48) Fehling, u.a. ZUR 2021, S.193f.; Freytag/Herbst, Grüner Wasserstoff in Recht, NuR 2021, S.179 (181f.).
49) さしあたり，マルティン・イプラー（山田洋訳）「ドイツ行政法における新たな課題と発展」獨協法学109号315頁（2019）。
50) 以下の点につき，詳しくは，Buchmüller, ZUR 2021, S.198ff.
51) 詳しくは，Langstädtler, Brauchen wir ein Wasserstoffinfrastrukturgesetz? ZUR 2021, S.203ff.

性はない。また，それ自体が本稿で話題としている温室効果を有していないのはもちろん，漏出によるその他の環境汚染のおそれも報告されていない。また，電解施設についても，排水などによる環境への一定の影響は避けられないものの[52]，施設の性格から，大気汚染物質や汚水の排出や騒音，悪臭等の特段の環境被害の発生は，考えにくいともいえる。

そのためもあって，水素ガス製造のための電解施設については，大気汚染や騒音等の環境保全のための基本的ルールである連邦イムミシオン防止法[53]による許可の対象施設に該当するか否かも明確でない。同様に，環境影響評価法（UVPG[54]）による評価対象施設に該当するかも，明確とは言えない。施設の規模によっては，電力を供給する送電線の関連施設として，エネルギー経済法（EnWG[55]）による計画確定手続の対象となることもあり得るとされるが，その対象も明確ではない。

類似の状況は，製造されたグリーン水素の運搬システムについても，存在する。それを利用する工場棟に近接して電解施設を設置すれば，水素の運搬手段は不要となるが（ただし，送電施設が必要となる），洋上風力発電所等の再エネ発電施設に近接して電解施設を設置するとなると，そこから消費地への長距離かつ大量の運搬手段が必要となる。わが国と異なり，ドイツ国内を含むEU諸国においては，現状でも，天然ガスを輸送するパイプライン網が整備されており，将来の大量の水素ガスの運搬についても，その利用が想定される。エネルギー利用については，少なくとも当初は，天然ガスに水素ガスを混合させて，既存の施設で運搬することが可能である。しかし，交通部門や工業原料等へのグリーン水素の利用が増大すれば，水素専用のパイプラインの新設や既存施設の転用が必要となる。ここでも，現状は，エネルギー経済法などに水素専用のパイプラインを規制する法規定はないようで[56]，ここでも立法措置が急がれる。

(3) ただし，環境上の懸念は少ないとしても，いずれにしろ対応を要するのは，水素ガスの爆発の危険性である。可燃ガスであるから，密閉した空間に充満して着火すれば，爆発することとなる。もっとも，水素ガスは，きわめて軽く，

---

52) これについて，Langstädtler, ZUR 2021, S.206.
53) Gesetz zum Schutz vor schädlichen Umwelteinwirkungen durch Luftverunreinigungen. Geräusche, Erschütterungen und ähnliche Vorgänge (Bundes-Immissionsschutzgesetz-BImSchG) v. 17. 5. 2013. BGBl. I S.1274.
54) Gesetz über Umweltverträglichkeitsprüfung v. 24. 2. 2010. zuletzt geändert am 12. 12. 2019, BGBl. I S.2513.
55) Energiewirtschaftsgesetz, zuletzt geändert am 20. 7. 2017. BGBl. I S.2808.
56) Langstädtler, ZUR 2021, S.209ff.

漏出しても短時間で拡散するため，他の可燃ガスと比較して，爆発事故の危険は高くはないともいわれる。福島事故などによるわが国での一般的な不安感は，やや過剰なようであるが，製造や貯蔵運搬に際して十分な安全性確保が求められるのは，論を俟たない[57]。わが国においても，水素ガスの製造や貯蔵は，高圧ガス規制法等による規制を受けるが，もちろん，ドイツにおいても，水素の製造および貯蔵運搬施設は，連邦イムミシオン防止法による事故（Störfall）の安全規制などの対象となる[58]。そのほか，建築法による建築制限などの対象となることも，もちろんである。

しかし，今後のグリーン水素の拡大と重要性を考えると，その関連施設の立地等を規制するため，それに特化した許認可あるいは計画法制の整備が必要とされよう。ドイツにおいても，連邦イムミシオン防止法の改正による許可の対象施設化など，さまざまな選択肢が検討されているが[59]，最終的には，電解施設や運搬施設等の立地を統一的に規制する計画法制としての「水素インフラ法」といった立法措置も求められることとなろう。

V　むすびにかえて

(1)　他の環境政策の多くと同じように，グリーン水素による水素社会の実現を一足飛びに実現しようとするドイツの「理想主義」と，むしろ意図的に化石燃料由来のブルー水素に依存するわが国の水素戦略の「現実主義」との間の乖離は大きい。繰り返し述べてきたように，グリーン水素の製造には，十分な再エネ電力が前提となる以上，再エネ電力への転換についての十分な見通しも立っていないわが国の現状においては，グリーン水素の利用を目標として掲げることが現実的でないのは，もちろんであろう。そもそも，その基本戦略の随所にみられるように[60]，わが国の水素戦略は，温室効果ガス削減のための環境政策であるとともに（あるいは，それ以上に），エネルギー供給の多角化のためのエネルギー政策と位置付けられるものである以上，より安価なブルー水素（さらにはグレー水素）に注目が集まるのは，むしろ合理的とすら言えるかもしれない。

しかし，両国の水素戦略も明言するように[61]，水素エネルギーの生産と利用

---

57)　西宮・前掲注2)127頁。
58)　Langstädtler, ZUR 2021, S.207.
59)　Langstädtler, ZUR 2021, S.211.
60)　基本戦略・前掲注1) 7 頁など。
61)　Strategie (Fn. 13), S.27f. 基本戦略・前掲注1)31頁など。

の拡大は，水素の国際市場の成立によるグローバル化を意味する。そして，その前提として，それに関する国際的な標準化も不可欠となろう。そうした中で，わが国が目論むような安価なブルー水素の海外からの十分な供給が確保できるか否かは，不透明といわなければなるまい。そもそも，ブルー水素の製造の前提となるCCSの技術的な将来も，必ずしも十分に見通せているわけではなさそうであり，いずれにしろ，生産国の意向次第ということになる。さまざまな障害によってブルー水素の供給が行き詰まる可能性は否定できないようである。その際，あらためてグリーン水素のの利用に舵をきるのではなく，ドイツの論者が危惧するように[62]，グレー水素に「裏口」を開くということにもなりかねない。そのようなこととなれば，水素エネルギーの利用は，再生エネルギー有効利用の手段どころか，化石燃料利用の延命策とすら評されることとなろうし，そうしたことが国際的に許容されるとも思われない。

（2）もちろん，ドイツでさえ，過渡的にはグリーン水素以外の水素の利用を完全には排除していない[63]。先にも述べたように，社会的な前提条件を全く異にするわが国において，いきなりグリーン水素の導入を目標として掲げることには，無理があるかもしれない。ここでも，諸外国の動向を見極めながら，できること，あるいは，なすべきことを着実に進めていくしかないのであろう。水素利用を進展させるとすれば，そのための技術開発やインフラ整備は，加速されなければならない。

それとともに，将来的には，その実用化に伴って，本稿で管見したドイツで検討されているように，各種の法制度の整備も課題として浮上しよう。近年における気候変動適応法の立法化などに鑑みると，わが国においても，近年は，一定の政策パッケージを立法化するといった方法も，採用されるようになっている。あるいは，今後の水素戦略を議論しつつ，「水素社会推進法」といった基本法の制定も検討すべきかもしれない。本稿は，そうした将来に向けた準備作業の小さな第一歩を志したものともいえる。

〈追記〉
　本稿は，2022年3月，水野忠恒先生古稀記念『公法・会計の制度と理論』（中央経済社）に同名で掲載されている。諸般の事情から，場違いのテーマを承知で，寄稿させていただいた。水素エネルギーの利用については，近時のわが国においても，（ブルー水素を想定する）低炭素水素の供給利用についての基本方針を定め，その供

---

62) Fehling, u.a. ZUR 2021, S.194.
63) Strategie (Fn. 13), S.3.

給利用者の計画を認証して支援すること等を定める「水素社会推進法」が立法化されるなど，その実効性の評価は分かれるとしても，様々な動きがある。ドイツを含む欧州においても，その推進に向けた多くの法的な動きがあるようであるが，近年のまとまった論稿として, Franzius, Beschleunigung des Markthochlaufs von Wasserstoff, ZUR 2024, S.72ff.

第8章　地熱発電と立地規制

Ⅰ　はじめに

(1)　火山の島である日本は，アメリカ，インドネシアに続く世界3位の地熱資源を有する地熱大国とされる[1]。そのため，地熱で熱せられた地下の貯留層からの高温，高圧の蒸気で発電を行う「地熱発電」[2]についても，その歴史は古く[3]，1920年代から発電実験がなされており，戦後には，1966年に日本を代表する岩手県の松川地熱発電所（現認可出力2.3万kW），翌年に大分県の大岳地熱発電所（同1.2万kW）が稼働して，本格的な運用が開始されている。その後，1970年代のオイルショックの影響などもあって，地熱発電への関心も高まり，1997年頃までに，1万kW以上のものだけでも10数か所の発電所が建設された。

しかし，その後，建設のペースは下がり，1万kWを超える本格的な発電所の建設はなくなって，総発電容量も横ばいとなる。2012年の電力固定価格買取制度（FIT）の導入後に[4]，やや立地が進んだものの，小規模なものが多く，現状でも，地熱発電量は，世界8位に止まっている。2018年3月末現在，1000kW以上のものが23か所，それ以下のものが45か所の発電所が存在するにすぎない。その後，2019年1月に岩手県の松尾八幡平発電所（7500kW），同年5月に秋田県の山葵沢発電所（4.6万kW）が久々の大型施設として稼働したものの[5]，わが国の地熱発電総容量は，50数万kWに止まり，電力需要の0.2%程度を賄っているに過ぎない[6]。

(2)　地熱発電が拡大しない最大の原因は，いうまでもなく，その発電に要するコストの高さである[7]。地熱発電は，地下深くのボーリングを要するなど，初期

---

1) 多く指摘されることであるが，たとえば，近藤かおり「地熱発電の現状と課題」調査と情報（国会図書館）837号2頁（2015），塩崎功「日本の地熱発電開発」応用地質60巻3号121頁（2019）。
2) 地熱発電の仕組みにつき，さしあたり，諏訪・柴田・村山編『コミュニティと共生する地熱利用』24頁（学芸出版社，2018）。
3) 日本における地熱利用の歴史について，野田・江原編『地熱エネルギー技術読本』7頁（オーム社，2016）。
4) 地熱発電へのFITの適用について，野田他・前掲注3)287頁。
5) 山葵沢地熱発電所について，諏訪他・前掲注2)108頁。
6) 塩崎・前掲注1)122頁など。
7) たとえば，近藤・前掲注1)11頁，塩崎・前掲注1)123頁など。

費用が極めて高い。さらに，十分な地熱を得られる貯留層の発見に失敗するリスクも低くはない。もちろん，運転コスト自体は低く，施設の稼働期間も長いわけであるが，総体として，地熱発電のコストは，長期的には価格が低落の傾向を示してきた化石燃料による火力発電や増大する原子力発電などに比べると高くなり，電力会社等にとって，それほど魅力的な発電方法ではなかったと考えられる。このコストの問題は，地熱発電の電力が再生可能エネルギーとして固定価格買取制度の対象となったことにより，ある程度は改善され，2012年以降の新規立地につながったといわれるが，風力や太陽光といった他の再生可能エネルギーとの比較においても，地熱発電のコストの高さの問題が解消したわけではない。

　さらに，地熱発電の拡大を困難にしているもう一つの要因として，自然保護や景観保護との摩擦の問題が指摘される[8]。この問題は，他の再生可能エネルギーについても，共通の問題であり，近年の日本においては，とりわけ，太陽光発電施設の景観問題が各地で顕在化している[9]。しかし，地熱発電においては，問題はより深刻で，ことの性質上，その適地のほとんどは，活動中の火山に近い景勝地ということになる。現に，日本の地熱資源の80％が国立公園や国定公園といった自然公園法上の自然公園の区域内にあるとされる[10]。こうした地域に大きな施設を伴う地熱発電施設が立地することは，その目的である自然や景観の保護と衝突することとなり，当然のことながら，そうした施設の設置は，同法の規制対象とされることとなる。

　他方，地熱発電に利用される地下深くの地熱水も，温泉法に所定の「温泉」に当たるものとされ，通常の入浴等を目的とする温泉の掘削と同様に，同法による都道府県知事の掘削許可を要する。しかし，地熱発電の適地の周辺には，すでに観光目的の温泉施設が数多く存在するのが通常であろう。地熱水の採掘が通常の「温泉」の湧出に影響しうるか否かについては見解が分かれるものの，既存の温泉との調整も，地熱発電のための温泉掘削許可のハードルとなる[11]。

　(3)　さて，このような各種の要因によって，日本における地熱発電の拡大は，必ずしも順調に進んできたわけではない。しかし，この間，気候変動対策としての温室効果ガス削減が急務となる中で，世界的には，再生可能エネルギーとしての地熱発電への関心は高まり続けており，多くの諸国でその拡大が続いてき

---

8) たとえば，近藤・前掲注1)6頁，塩崎・前掲注1)123頁など。
9) 太陽光発電施設の立地問題について，詳しくは，高橋寿一『再生可能エネルギーと国土利用』17頁（勁草書房，2016）。
10) 川波佳子「地熱発電と温泉」環境管理49巻11号49頁（2013）。
11) たとえば，近藤・前掲注1)9頁，塩崎・前掲注1)123頁など。

た[12]。日本においても，とりわけ2011年の福島事故による原子力発電の停滞などを受けて，近年は，状況の変化の兆しがみられる。政府も，その拡大の姿勢を示しており，エネルギー基本法に基づく2018年の「第5次エネルギー基本計画」[13]において，「安定的に発電を行うことのできるベースロード電源」と位置付けられてきた。さらに，先年に閣議決定された第6次計画においても[14]，同様の位置づけが維持されるとともに，2030年に向けた発電施設数の倍増が記載されている。こうした動きに連動して，数年前から，地熱発電に関係する自然公園法などの規制を緩和する動きも本格化しており，いずれも，国立公園や国定公園の地域外ではあるが，先にも触れたように，久々の大型発電所の設置も実現している[15]。以下，本稿では，こうした動向の一端を紹介し，日本における地熱発電に関する法的課題の解明の一助とすることとしたい[16]。なお，地熱エネルギーについては，発電以外にも，住居等の暖房への直接利用など，さまざまな可能性があるが，本稿では，さしあたり地熱発電を念頭に置くこととする。

II　自然公園と地熱発電

(1)　先に触れたとおり，地熱発電の適地である地熱資源が豊富で地熱貯留層の存在しやすい地域は，活動中の火山の周辺部ということになり，多くが保全されるべき景勝地の周辺となる。そうした地域に地熱発電のための大規模な施設や送電線を設置することになれば，当然に，地域の環境や景観の保全との摩擦を生ぜざるを得ない。日本における地熱発電の拡大のためには，まずは，自然保護の要請との調和が課題とされるわけであるが[17]，周知のとおり，日本における自然と景観の保護のための基本的な仕組みとしては，自然公園法に基づく「国立公園」と「国定公園」（さらには「都道府県立自然公園」）の制度がある[18]。ちなみ

---

12) 各国の地熱発電の最新の動向について，NEDO技術戦略研究センター「地熱発電分野の技術戦略策定に向けて」TSC Foresight 106号7頁（2021）など。
13) 「第5次エネルギー基本計画」平成30年7月（資源エネルギー庁HP）18頁。
14) 「第6次エネルギー基本計画」令和3年10月（資源エネルギー庁HP）34頁，68頁。
15) 塩崎・前掲注1）123頁など。
16) 地熱発電に関する課題を法律学の見地から包括的に検討する先駆的な論稿として，三浦大介「地熱開発の法的課題」論究ジュリスト28号62頁（2019）。本稿も，多くの示唆を得ている。
17) 地熱発電における環境との調和の必要性を強調するものとして，江原幸雄「わが国の地熱エネルギー利用の現状・課題と将来展開」水素エネルギーシステム35巻1号31頁（2011）。
18) 自然公園法の仕組みと問題点等について，見通し良く整理したものとして，やや古く

に，自然保護のための法律としては，別に「自然環境保全法」があるが，これは手つかずの自然が保全された特殊な（より狭い）地域を厳格に保護するための自然環境保全区域などを規律する法律であって，自然環境保護の一般法ではなく[19]，むしろ，自然公園法に基づくものが基本的な仕組みと位置付けられる。

　これらの国立公園と国定公園は，いずれも環境大臣が指定するが（自然公園法5条），前者は，国を代表する景勝地で（2条2号），国が管理するが，後者は，それに準ずる景勝地で（同3号），都道府県が管理することとなる（都道府県立自然公園は，都道府県が条例により指定，管理）。いずれも，一定の地域を指定して，当該地域内の土地利用を規制する仕組み（いわゆるゾーニング方式）であり，アメリカ等の国立公園のように国が所有権を取得する仕組みではないことは，もちろんである[20]。両者は，管理の主体が異なるものの，土地利用等の規制の仕組みは，ほぼ同一である。

　現在，国立公園と国定公園は，合わせて国土全体の1割弱を占めるなど[21]，かなり広域的に指定されている。これは，手付かずの自然や良好な景観が保全されているような地域のほか，そうした地域と一体のものとして環境の保全を図るべき周辺地域も指定対象とされるためであり，その結果，当然，農地や住宅地などに利用されている地域も多く含まれる。そこで，それらに指定された地域内を一律に規制することは不可能とであるため，段階的な規制がなされることとなる[22]。すなわち，それらの地域は，まず，特別の保護を要する地域である「特別地域」（20条）とその周辺で一体的に保護を図る「普通地域」（33条）に分けられる。さらに，特別地域は，ほぼ現状維持が図られる地域である「特別保護地区」（21条）のほか，それに準ずる第一種特別地域，農林業等との調和を図りながら自然保護を図る第二種及び第三種特別地域に分類される（同法施行規則9条の2）。そして，法所定の工作物の設置や土地の形状変更等については，普通地域においては届出で足るものの（法33条1項），特別地域においては許可を要する（20条3項）。その許可要件については，後にも触れるように，それぞれの地域ごとに，環境省令に定めがある（同法施行規則11条各項）。

　(2)　さて，地熱発電施設との関係であるが，まず，普通地域については，もと

なった憾みはあるものの，畠山武道『自然保護法講義〔第2版〕』208頁（北海道大学出版会，2004）。近年のものとして，北村喜宣『環境法〔第4版〕』542頁（弘文堂，2017）。
19) 畠山・前掲注18)233頁。
20) 畠山・前掲注18)210頁。
21) 他国での指定状況との比較などを含めて，野田他・前掲注3)234頁
22) 以下の規制の仕組みにつき，畠山・前掲注18)213頁。

もと産業活動等もなされている緩衝地帯であり，土地利用が届出制であるなど，規制は弱い。隣接の特別地域との関係などから景観上の特段の支障がない限りは，地熱発電施設の立地のハードルも低いといえよう[23]。ただし，全地域の4分の1程度と区域も狭く，地熱発電の適地が含まれる例は，それほど多くはなく，地熱発電の適地の80％が国立公園等に含まれると先に述べたが，そのほとんどが特別地域である[24]。その中でも，特別保護地区と第一種特別地域については，活動中の火山の周辺など，地熱発電の適地は多いと思われるが，ほぼ現状維持が求められる地域であって，前記の施行規則による基準においても，工作物等の設置等を許可できないこととされており（11条1項2号など），地熱発電施設の立地が許可される可能性は，法的にも考えにくい。ただし，当該地域の地下にある地熱貯留層への地域外からの傾斜掘削の許容性が議論されている[25]。

問題は，第二種及び第三種特別地域であって，面積的にも自然公園の半分以上を占めるなど，地熱発電の適地も少なくないといわれる[26]。実際にも，いわゆる景勝地などと農地などが混在する地域であり，自然保護の必要性の価値判断も，その立場によって分かれやすい地域といえよう[27]。それだけに，こうした地域における地熱発電施設の設置の可否が当面の議論の焦点ということになる。現状でも，太陽光発電施設などで頻発している国立公園内等における景観問題などが地熱発電についても顕在化する可能性も否定できない[28]。たとえば，先に触れた新設の山葵沢地熱発電所は，栗駒国定公園の第二種特別地域に隣接しているが，同地域の内部である近隣にも新たな発電所の設置が計画されている[29]。

---

[23] 普通地域においては，環境省においても，従前から景観上の特別の支障がなければ，個別審査によって認めるとする方針であった。ただし，従前の運用下では，実際に認められた例は，なさそうである。普通地域における立地について，さしあたり，近藤・前掲注1）9頁など。
[24] 近藤・前掲注1）6頁など。
[25] 近年は，特別保護地区や第一種特別地域などへの傾斜掘削の是非について議論があるが，これについては，さしあたり，野田他・前掲注3）233頁など。
[26] 近藤・前掲注1）6頁など。
[27] たとえば，地熱発電の促進の見地から，これらの地域の線引きの見直しを主張するものとして，野田他・前掲注3）234頁。
[28] 一例を挙げれば，国定公園の第三種特別地域内での太陽光発電施設の設置にかかる自然公園法上の許可申請が景観上の理由から県知事によって拒否された事例において，景観への影響は大きくないとして，この拒否処分を取消した判決として，水戸地裁平成30年6月15日判決（D1-Law）。
[29] 諏訪他・前掲注2）106頁。さらに，川波・前掲注10）50頁。

Ⅲ　自然公園法による規制とその緩和

（1）　いうまでもなく，地熱発電施設も，発電施設である以上，電気工作物として，その設置については，工事計画についての通商産業大臣の認可を要する（電気事業法47条1項）[30]。本来は，この認可は，各種の技術的な基準等への当該施設の適合性を審査する場であり，立地基準への適合性等を要件とするわけではないが，地熱発電施設を含む発電所においても，一定規模以上のものについては，環境影響評価が義務付けられ，その結果との適合性も認可の要件とされている（同条3項3号）。すなわち，環境影響評価法施行令別表第一により，地熱発電施設についても，出力1万kW以上の施設は，「第一種事業」として環境影響評価が義務付けられ，7500kW以上のものは「第二種事業」としてスクリーニングの結果により環境影響評価がなされることとされている（環境影響評価法2条2項，3項）。

　この環境評価の手続については，環境影響評価法のほか，電気事業法にも多くの特則があるが[31]，地熱発電施設については，景観への影響のほか，硫化水素などの排ガスや水質汚染など，さまざまな評価がなされることとなっている[32]。もちろん，この手続には環境大臣も関与することとされており，法定規模以上の施設については，自然公園の区域内での立地に際しての自然公園法上の許可の可否も含めて，その立地と自然環境の保全との調整の場として機能することが期待される[33]。ただし，それ以下の規模の施設については，地元自治体の条例による手続がなければ[34]，自然公園法による許可の手続が主たる舞台となろう。

（2）　もっとも，自然公園法においても，その区域内での地熱発電施設の立地についての特段の規定はなく，通常の工作物の設置や掘削（土石の採取）として，先に触れた特別地域内での許可の対象とされるに過ぎない（20条3項）。その許可基準を定める同法施行規則においても（11条），風力や太陽光発電施設とは異なり（同条11項，12項），地熱発電所について特別の定めはなく，通常の工作物等に関する基準が適用されることとなる（同条6項）。ただし，この基準は，とり

---

[30]　地熱発電所の設置に至るプロセスについて，野田他・前掲注3）195頁。
[31]　この点につき，北村・前掲注18）308頁，野田他・前掲注3）297頁。
[32]　地熱発電所に関する環境影響評価について，その実例の紹介を含めて，諏訪他・前掲注2）108頁。
[33]　ただし，近年，立地促進の観点から，手続の迅速化が試みられているとされる。この点について，三浦・前掲注16）64頁。
[34]　地熱開発の条例による規制について，さしあたり，三浦・前掲注16）64頁。

わけ第二種及び第三種特別地域については、「公益上必要であり、かつ、申請に係る場所以外の場所では目的を達することができない」ものについては、「周辺の風致又は景観と著しく不調和ない」場合には、例外的に許可できることとされるなど、きわめて抽象的であり（同条6項ただし書、2項ただし書、1項ただし書）、許可権者である環境大臣や都道府県知事に広範な裁量を認めるものとなっている。

その結果、地熱発電施設などを含めて、施行規則の基準に特段の定めのない施設への許可については、その可否は、事実上、環境大臣の策定する基準としての各種通知などに委ねられ、それに沿って運用がなされてきた[35]。地熱発電については、先に触れた1966年の松川地熱発電所が十和田八幡平国立公園内において許可されるなど、当初の地熱発電所の多くが国立公園等の特別地域内に設置されており[36]、これに許可を与える方向での運用がなされていたようである。

しかし、地熱発電施設による自然環境への影響に関する憂慮の高まりを背景として[37]、1972年に、当時の環境庁と通商産業省との間で、自然公園内では松川などの既存の6か所以外の新たな地熱発電所を設置しない旨の覚書が締結されることとなった。さらに、この趣旨が1974年の環境庁の通知などによって確認されることによって、自然公園内での地熱発電所の立地は、途絶えることとなる[38]。1994年になって、新たな通知によって、普通地域内での個別審査による立地の余地が認められたに止まる。これらの通知等は、自然公園法による許可の許可基準を定めることを意図するのか、単なる政策的な行政指導の指針なのかも必ずしも分明ではなく、今日の目から見ると、法治主義の観点からの疑義を免れないかもしれない。いずれにしろ、こうした当局の通知等により、事実上、特別地域での立地は、長く閉ざされることとなった。

(3) さて、こうした硬直的な規制に対する本格的な緩和の動きは、とりわけ福島事故による原子力発電の停滞などにより再生可能エネルギーへの関心が本格化する2010年代以降である。まず、2012年の環境省による新たな通知（いわゆる平成24年通知）により、前述した従前の通知等は廃止され、第二種及び第三種特別地域において地熱発電所の設置は原則として認めないとする立場は維持されたものの、優良な事例については、許可を個別に検討することとされた[39]。そのほ

---

35) こうした指摘として、近藤・前掲注1）6頁、三浦・前掲注16）63頁など。
36) 野田他・前掲注3）7頁、江原・前掲注17）32頁。
37) 当時の地熱発電から排出された蒸気等による周辺樹木や景観への影響について、さしあたり、江原・前掲注17）31頁。
38) 近藤・前掲注1）7頁、三浦・前掲注16）63頁。

第2部 エネルギー政策と環境　第8章 地熱発電と立地規制

か，こうした地域への地域外からの傾斜掘削なども認められることとなっている。さらに，この通知は，2015年に改正され（平成27年通知），第一種地域についても，傾斜掘削を認めるなどの一層の規制の緩和がなされている[40]。

　さらに，2021年9月には，平成27年通知が廃止され，新たな通知がなされることとなった（令和3年通知）[41]。ここでは，第二種及び第三種特別地域において地熱発電所の設置は原則として認めないとする従来の通知の文言が削除され，自然環境の保全との十分な調和や地域との共生が図られている「優良事例」については，個別に検討した上で認めることとしている。もっとも，優良事例を個別に認めるとする点では，従来の通知が踏襲されているともいえるわけで，新たな通知が実際の運用に与える影響は，不透明といえよう。平成27年通知でも強調されてきた「地域との共生」が運用の要となろう[42]。

　ただ，国立公園等における地熱発電の立地については，施設の建設による自然や景観の破壊のほか，空気中に排出される硫化水素などによる動植物への影響や地中に還流されるはずの大深度の地下水の漏出など，環境への影響を危惧する声も，今なお絶えない[43]。先に触れたとおり，一定規模以上の地熱発電所の設置には，環境影響評価法による環境影響評価が必要とされるが，今回の規制緩和の動きに対しても，自然保護団体などから，多くの反対意見も提出されているという。政府の思惑通りに，規制緩和が効果を生むのか否かは，不透明というべきであろう。

Ⅳ　温泉法による規制

(1)　さらに，温泉法による規制についても，簡単に触れておく。地熱発電に利用される蒸気や熱水は，相当の深度の熱源から採取するものであり，温泉施設などで利用されている「温泉」とは通常は水脈を異にする[44]。しかし，それらも，「地中からゆう出する温水…水蒸気…」で，一定以上の温度と成分を有するため，日本の温泉法においては，「温泉」に含まれる（1条）。そこで，それらを

---

39) 平成24年通知につき，近藤・前掲注1) 8頁。
40) 平成27年通知の内容については，野田他・前掲注3) 230頁。さらに，三浦・前掲注16) 63頁。
41) 環境省自然環境局長各地方環境事務所長あて通知「国立・国定公園内における地熱開発の取扱いについて」令和3年9月30日（環境省HP）。
42) この点を強調するものは多いが，さしあたり，諏訪他・前掲注2) 29頁。
43) 地熱開発による環境リスクにつき，三浦・前掲注16) 63頁など。
44) 江原・前掲注17) 32頁。

湧出させる目的の土地の掘削は，都道府県知事による「掘削許可」の対象となると解されている[45]。通常の温泉は，日本においては貴重な観光資源であり，温泉の掘削許可の是非が争われる例は，古くから少なくない。しかし，ここでも，その許可要件に関する規定は，周辺の温泉の湧出量等に「影響を及ぼすと認めるとき」（4条1項3号）のほか，「公益を害するおそれがあると認めるとき」（同4号）に拒否できるとされているなど，きわめて抽象的で，判例上も，知事に広い専門技術的な裁量が認められるとされてきた[46]。そこでの考慮事項は，当然，多岐にわたるが，周辺の既存の温泉の湧出に対する影響は，極めて重要な考慮要素であり，現実にも，多く争われることとなる[47]。

通常の温泉においても，温泉相互間の影響を予測することは困難であり，まして，地熱発電に用いる大深度の熱水の採取が通常の温泉に影響を及ぼしうるかについては，先にも触れたとおり，意見が分かれるようである[48]。しかし，もちろん無関係とする確証もないわけで，地熱発電施設の環境影響評価における評価事項には，周辺の温泉への影響も含まれている[49]。こうした状況においては，地熱発電施設についても，温泉掘削許可の申請を受けた知事としては，周辺の温泉施設の事業者による反対を押し切って，これを許可することは困難ということになる[50]。

(2) もっとも，自然公園法に基づく許可とは異なり，温泉法に基づく掘削許可については，そもそも地熱発電のための掘削を想定した基準は存在せず，主務官庁である環境省の通知などが直接的に地熱発電の妨げとなってきたわけではない。たとえば，2007年に策定された都道府県にあてた環境省による温泉資源保護に関するガイドラインも，通常の温泉施設を念頭に置くもので，地熱発電等に関する記述はない[51]。おそらく，地熱発電のための掘削についても，通常の温泉掘削に関する裁量判断の枠内で対応可能とされていたのであろうし，先にも述べた事実上の立地の停滞のために，温泉法上の許可の問題が顕在化しにくかったとも考えられる。

---

45) 川波・前掲注10)50頁など。
46) 著名な判決として，最高裁三小昭和33年7月1日判決民集12巻11号1612頁。同判決は，既存の温泉への影響は軽微であるとして新規の温泉の掘削を許可した知事の判断について，裁量の範囲内であるとする。
47) その他の判決について，三浦・前掲注16)64頁。
48) 詳しくは，野田他・前掲注3)249頁。
49) 諏訪他・前掲注2)115頁。
50) 近藤・前掲注1)9頁など。
51) 近藤・前掲注1)10頁など。

しかし，2010年代以降，地熱発電の拡大化の方向で政府の政策転換がなされると，既存施設への配慮に重点を置く知事の裁量行使という従来の温泉掘削許可の在り方について，これが地熱発電拡大の足かせとなるのではないかとの危惧も高まることとなる。そこで，先に述べた自然公園法の許可に関する規制緩和と足並みをそろえて，2012年3月には，地熱発電への掘削許可に特化した新たなガイドラインが策定されることになった[52]。このガイドラインの目的は，地熱発電のための温泉掘削許可の判断基準を明確化し，そこでの知事の裁量判断に枠をはめようというものであり，とりわけ温泉資源に関する影響を判断するために必要な資料とそれに基づく判断方法等が示されている。これによって，許可における判断が科学的あるいは客観的になされることを担保したいとの意思が見て取れる。

　このガイドラインは，2017年10月に大幅に改訂されている[53]。ここでは，各種の判断基準が詳細化されたほか，別紙として，「許可が不要な掘削」が提示されていることが注目される。すなわち，従来，利用した熱水を地下に戻すための還元井やモニタリングのための井戸など，本来の「温泉をゆう出させる目的」に該当しない掘削まで，掘削許可の対象としていたという実務などを踏まえ，こうした掘削については許可を要しない旨が明記されることとなっている[54]。さらに，2021年9月には，このガイドラインに環境影響評価を要するような「大規模な地熱開発」の許可基準が追加された[55]。ここでは，開業後のモニタリングによる見直しを重視する「順応的管理」が強調されている[56]。

　(3)　自然公園法の許可におけるのと同様に，ここでも，地熱発電への対応は，許可官庁の広範な裁量権とそれを縛る主務官庁である環境省の通知やガイドラインによって動いてきたといえる。ちなみに，これらの通知等は，環境省の出先機関に向けられたものは，訓令として，もちろん当該機関を拘束することになるが，都道府県に向けられたものは，法的拘束力のない「技術的助言」(地方自治法245条の4第1項) と位置付けられている。しかし，事実上，これを都道府県が無視するとは考えにくく，例えば，各都道府県の温泉掘削許可の審査基準に反映

---

52) 環境省自然保護局「温泉資源の保護に関するガイドライン〔地熱発電関係〕」平成24年3月 (環境省HP)。この平成24年ガイドラインについては，近藤・前掲注1) 10頁など。
53) 環境省自然保護局「温泉資源の保護に関するガイドライン〔地熱発電関係〕〈改訂〉」平成29年10月 (環境省HP)。
54) この点につき，三浦・前掲注16) 64頁。
55) 環境省自然保護局「温泉資源の保護に関するガイドライン〔地熱発電関係〕〈改訂〉」令和3年9月 (環境省HP)。
56)「順応的管理」について，一般的には，さしあたり，下山憲治「リスク言説と順応型の環境法政策」環境法研究7号1頁 (2017)。

されることとなろう。
　環境省は，自然公園法と足並みをそろえて，温泉法との関係でも，規制緩和に舵を切ったわけであるが，現在のガイドラインも，科学的な判断の重要視する一方で，当然のことながら，温泉事業者等との合意形成の必要を強調し続けている。温泉事業者との共生は，多くの関係者の従来からの主張でもある[57]。データが十分とは言えない中で，とりわけ大量の熱水を汲み上げる大規模な地熱発電施設について，新規の許可による温泉枯渇等の不安[58]を払拭することは容易ではあるまい。ここでも，法的な障害が低くなったことにより個別案件への許可が現実に増加して，施設の新たな立地につながるか否かは，なお不透明ということになる。

V　ドイツの地熱発電？

(1)　ここまで述べてきたことは，主として伝統的な方法による地熱発電を念頭に置いている。冒頭でも触れたが，単純に言えば，地下にある地熱の貯留層から熱水と蒸気を噴出させ，その蒸気の圧力で発電機のタービンを廻す方式である。ちなみに，現在では，利用後の熱水等は，有害物質等を含みうるため，還元井を通じて地下に戻され，基本的には排出されることはない。これを「フラッシュ方式」と呼ぶ[59]。こうした方式による発電のためには，当然のことながら，高圧すなわち高温（地下で200℃以上）の熱水等が必要となり，こうした貯留層が適度の深さに存在するのは，火山の周辺などに限られるわけであり，80％が国立公園等に含まれるとされるのも，こうした地域ということになる[60]。
　いうまでもないが，たとえば，ドイツには火山は存在しない。しかし，近年では，再生可能エネルギーの一環として，なお限られた数ながら，地熱発電施設（Geothermiekraftwerk）の設置が進められている[61]。これが可能となるのは，伝統的なフラッシュ方式とは異なった発電方式によっているためである。すなわち，地下からの蒸気等で直接にタービンを廻すのではなく，地熱によって水より沸点の低い熱媒体（沸点36℃のペンタンなど）を沸騰，気化させて，その圧力でタービンを廻す方法である。これによれば，最低で60℃程度の地熱によっても発

57）　諏訪他・前掲注2）141頁など。
58）　三浦・前掲注16）65頁。
59）　フラッシュ方式にも各種のものがあるが，詳しくは，野田他・前掲注3）161頁。
60）　塩崎・前掲注1）121頁など。
61）　ドイツにおける地熱発電についての紹介として，諏訪他・前掲注2）226頁。

電が可能となるとされる。地熱水系と熱媒体系の二つのサイクルを用いることになるため、これを「バイナリー（Binary）方式」と呼ぶ[62]。

　ドイツにおいても、深度3500m程度の掘削により100℃程度の地熱が得られるという。ただし、自然の雨水等による熱水の貯留槽は存在しないため、掘削した井戸から高圧の水を注入し、その圧力によって岩盤に割れ目を生じさせる（水圧破砕法 Fracking）[63]。そして、そこで熱せられた水を汲み上げて、その熱によって熱媒体を気化させてタービンを廻している（EGS）[64]。こうした方法によって、従来は暖房などへの地熱利用に限られていたドイツにおいても、2010年代から地熱発電が拡大している。現状で、バイエルン州を中心に、専用の発電施設3か所、地域暖房との併用施設9か所が稼働している。なお、大きい施設でも出力5000kW程度で、総出力でも4.4万kW程度と日本の1割程度であり、僅かな規模に止まるとはいえる[65]。もちろん、ドイツにおいても、地熱発電施設についても、鉱業法や水管理法による許認可を要するほか、土地利用計画上の制限等を受けることになる[66]。しかし、都市近郊への立地が可能であるなどの利点も多く[67]、再生可能エネルギーの一翼としての固定価格買取制度による手厚い援護によって、増設が続いている。

　(2)　ただし、バイナリー方式による地熱発電は、日本においても、一般の注目度は高くないが、目新しい技術ではなく、以前から、すでに実用化されている。ここでは、ドイツのように地下深く掘削するまでもなく、フラッシュ方式による発電ができるほど高温ではないものの、バイナリー方式には十分な温度の「温泉」資源が豊富に存在する。多くの温泉施設においては、源泉の温度が入浴には高すぎるため、自然に温度を下げて利用しているわけであるが、この熱を利用してバイナリー方式での発電が可能であり、実際にも、こうした施設が各地に設置されている（たとえば、福島県土湯温泉）。この場合、地熱発電のための新たな掘削は要しないこととなるが、もちろん、温泉施設とは独立の掘削による発電施設

---

62) バイナリー方式は、地熱だけではなく、バイオ発電などへの利用も可能な汎用性の高い技術といえるが、この方式について、詳しくは、野田他・前掲注3) 178頁。
63) 水圧破砕法は、地熱発電のほか、シェールガス採掘などに広く用いられる技術であるが、これについては、山田洋「シェールガス採掘と環境リスク」獨協法学107号159頁 (2018)〔本書第6章〕。
64) 深部の地熱資源を用いるEGSについて、江原・前掲注17) 34頁など。
65) ドイツ連邦地熱協会（Bundesverband Geothermie）HPによる。
66) ドイツにおける地熱発電に関する法規制については、Denecke, Rechtsfragen der Tiefengeothermie, ZfBR-Beil. 2012, S.25ff.
67) 諏訪他・前掲注2) 226頁。

が設置されることもありうる（大分県八丁原地熱発電所など）[68]。

　東京都内に多くの「天然温泉」施設が存在することからも明らかなように，従来型のフラッシュ方式に比べると，バイナリー方式による「温泉発電」の適地は，はるかに広く，必ずしも，国立公園等の地域内への立地にこだわる必要もないこととなる。しかも，現状の環境省通知においても，小規模なバイナリー発電については，特別地域内での立地を許可する旨が明記されている[69]。さらに，とりわけ既存の温泉施設との共存する場合においては，既存業者との紛争は避けられ，新たな掘削許可も要しない[70]。そのため，政府においても，バイナリー方式については，2008年の新エネルギー促進法の改正において，「新エネルギー」として推進の対象とされてきた[71]。現実にも，2012年から地熱発電全体が固定価格買取制度の対象とされたのちに設置された数10か所の地熱発電施設のほとんどがバイナリー方式である[72]。

　(3)　もっとも，バイナリー発電施設は，現状では，大きいものでも1000kW程度と，発電規模は小さい。したがって，こうした発電施設の増加によって，地熱発電の総発電量を一気に飛躍的に増大させることは，困難といえるかもしれない。しかし，災害対策などの見地からも，エネルギーの「地産地消」が求められる現在，火山の周辺などの山間部に伝統的な大規模な地熱発電施設を設置し，そこから送電線により都市部等の消費地に送電するよりは，小規模でも適地が多く社会的な受容性も高いバイナリー方式の施設を数多く設置して，周辺地域に供給するという考え方も，選択肢となりそうである。

　いわゆる規模の利益は，ここでも働きそうで，大規模施設の設置による方法が目先の地熱発電コストの低減には資するのであろう。しかし，長期的には，小規模な施設を数多く設置し，電力の地産地消を進めることが，結局は，地熱発電の拡大への早道なのかもしれない。エネルギー基本計画が地熱発電施設の発電量ではなく，施設数の倍増を目標としている含意も，そこにあるとも考えられよう[73]。その意味では，バイナリー発電についても，今少し，一般的な注目が集まってしかるべきなのであろう。

68）日本におけるバイナリー発電所の例として，諏訪他・前掲注2）70頁。
69）前掲注41）参照。
70）こうした指摘として，川波・前掲注10）53頁など。
71）近藤・前掲注1）4頁など。
72）NEDO・前掲注12）18頁。
73）前掲注14）参照。

VI むすびにかえて

(1) そもそも，地熱エネルギーは，鉱業資源などと同様，公共の資源であり，本来，掘削場所の土地所有者が自由に利用できる性格のものではなかろう[74]。いわんや，これも公共の資源というべき自然公園に属する土地における掘削ということになれば，法的制約を課されることは，やむを得ないものと考えられる。その運用の透明化自体は歓迎すべきであろうが，特別地域内での地熱発電の規制緩和には，遠からず限界が来ると思われる。いずれにしても，1970年代前半に国立公園内等への地熱発電施設の立地が許可されないこととなったのちでも，1990年代半ばまでは，地熱発電所の設置や発電量は増え続けていたわけであり，それ以降の地熱発電の停滞の直接の原因が国立公園問題であるとは考えにくい。もちろん，温泉掘削許可の制約も当時からの問題である。

結局のところ，この時期からの地熱発電の停滞の原因は，化石エネルギーの価格の安定や原子力発電の拡大といったエネルギー事情の変化を背景とする政府によるエネルギー政策の転換によって，地熱発電への開発予算が激減したことに求められそうである[75]。当時においても，こうした国家の支援がなければ，冒頭にも述べたように，失敗のリスクを抱えつつの長期間の調査を経て，稼働してからも，膨大な初期費用の回収に10年以上を要するとされる地熱発電について，ビジネスとして魅力を感じる事業者は，多くはなかったということであろう。一般には，現在以上に開発圧力は強く，自然環境保護への意識は高くなかったはずの当時において，自然公園内での地熱発電の立地を拒み続けることができたのも，事業者等にとって，それを敢えて突破するほどの魅力が地熱発電にはなかったということかもしれない。

(2) 先に少し触れたドイツにおいても，固定価格買取制度による手厚い保護によって，バイナリー方式による地熱発電が始まりつつある。日本の地熱発電においても，2012年からの固定価格買取制度の適用によって，一定の復興の兆しがみられる。当然のことながら，地熱発電の将来のカギとなるのは，発電コストの問題である。周知のとおり，近時も地熱発電を含む再生可能エネルギーの固定価格買取制度については，大きな変革がなされた。将来のエネルギー価格が見通せな

---

74) この点を強調するものとして，三浦・前掲注16)67頁。
75) たとえば，清水徹郎「地熱発電の現状と拡大に向けた課題」調査と情報（農林中金総研）36号4頁（2013）。さらに，野田他・前掲注3)283頁。

VI　むすびにかえて

い中，開発に10年近くも要するという大規模な地熱発電施設に興味を示す事業者が多いとも思われない。

　もちろん，今後の技術の進展によっては，いわゆるエネルギーの「地産地消」の観点から，これに興味を示す自治体などが登場する可能性は否定しないが，バイナリー発電などによる小規模な施設にとどまるのではないか。おそらく，こうした地域密着型の施設の展開が日本の地熱発電の将来となるとも思われる。その意味では，近年の規制緩和の効果は，限定的ということになろうか。

〈追記〉

　本稿は，2021年11月1日に台湾政府経済部の委嘱によりオンラインで開催された地熱発電に関する研究会における報告に，脚注を加えるなどの大幅な加筆修正を加えて，2022年8月，「日本における地熱発電と立地規制」の題名で獨協法学118号に掲載されている。なじみのないテーマについて，勉強の機会を与えてくれた主宰者である頼宇松副教授（国立東華大学），当日の通訳の労をおとりいただいた小林貴典助理教授（国立台北大学）に謝意を表したい。なお，本稿においても，若干，言及したドイツの地熱エネルギーの利用について，近年のまとまった論稿として目についたものとして，Leidinger/Franken, Geothermie – Schlüssel zur Treibhausgasneutralität im Wärmesektor, NVwZ 2024, S.361ff.

◆ 第3部 ◆
気候変動と洪水防御

第9章　洪水防御と土地利用計画
―― ドイツの「浸水地域」制度をめぐって

I　はじめに

　(1)　温室効果ガスの排出などを原因とする「気候変動」あるいは「地球温暖化」については，世界的な関心事となって久しい。周知のとおり，京都議定書などに基づく温室効果ガス削減のための国際的枠組み作りなどの努力がなされ，わが国においても，温室効果ガスの排出抑制のため，排出権取引の制度化，環境税の導入，各種のエネルギー消費の抑制，再生可能エネルギーへの転換など，その現実の効果はともあれ，様々な対策が提案あるいは実施されている。こうした気候変動の「緩和」については，わが国においても，少なくとも，関心は極めて高いといえる。しかし，国際的枠組み作りの停滞に象徴されるように，これらの緩和策が着実に実現しているとは，到底，評価できず，また，もし，これらが実現したとしても，その効果は，限定的と考えざるを得ない。そうなると，その程度はともかく，気候変動は継続し，その結果として，人間生活にも，降雨量の増大等による水害のほか，温暖化による農水産業への影響，感染症などの健康への影響，生態系の変化による自然環境への影響など，広範な影響が及ぶことを覚悟しなければならないこととなる。そこで，気候変動に対する対応としては，これを温室効果ガス排出の削減により「緩和」することとならび，その影響に「適応 (adaption/Anpassung)」するための対策が必要となる。この気候変動への「適応」に対する関心も，諸外国においては極めて高く，多くの国において，かなり以前から，これについての総合的な政策プログラムが存在する[1]。これに対して，わが国においては，個別の分野はともかく，気候変動に対する「適応」が総合的な政策目標として意識されることは少なかったといえる。ようやく，本年夏に，政府による「適応計画」がまとめられる予定であり，その前提となる各分野の計画が策定されつつある。

　こうした中において，洪水対策の分野は，その影響が顕著なこともあって，気

---

1) たとえば，ドイツにおいては，Deutsche Anpassungsstrategie an den Klimawandel (von Bundeskabinett am 17.12.2008)。

第3部 気候変動と洪水防御　第9章 洪水防御と土地利用計画

候変動への「適応」という意識は，かなり早くから存在しており，すでに平成20年に社会資本整備審議会が「気候変化への適応策」に関する答申を出している[2]。さらに，平成27年2月には，前記の政府全体の動きを受けて，「気候変動対応策」に関する答申の中間とりまとめが発表されている[3]。わが国においても，ようやく「適応」についての関心が高まりつつあるといえよう。

(2)　こうした気候変動に対する「適応」についての欧米諸国とりわけドイツの議論を管見すると，その実現の主要な手段として，都市計画などを含む土地利用計画，ドイツ流の表現によれば「国土利用計画（Raumplan）」の役割が強調されていることが容易に見て取れる。気候変動による人間生活への影響を受けとめるためには，それに見合った土地利用のあり方を将来に向かって計画的に実現していく必要があるという発想である。もちろん，ここでも，もっとも顕著な例は災害対策の土地利用への反映ということになるが，それに限定することなく，気候変動への適応が計画の目標として位置づけられ，その中に広範な適応策が位置づけられているわけである[4]。

気候変動への適応が長期にわたり着実に推進すべき政策であるとすれば，それを土地利用計画の中に位置付けることは，極めて自然なことといえる。ただ，従来の土地利用計画は，インフラ整備といった所与の政策目標を着実に実現していくことを目指す「静態的」な計画であったのに対して，気候変動への適応は，未知あるいは不確実な要素を多く含み，それについての計画は，将来的な変化に柔軟に対処できる「動態的」な計画である必要がある。いいかえれば，気候変動への適応は，一種の「リスク対応」の要素をはらむものであり[5]，そこでの計画自体も，「順応的（adaptive/anpassungsfähig）」でなければならないこととなる。

すなわち，ここでの土地利用計画の役割は，現状において望ましいと考えられる土地利用のあり方を固定的に定めるのではなく，将来の気候変動の知見の増大や社会情勢の変化の中で，常に気候変動への適応する土地利用の決定がなされるよう，プログラミングしておくことにあるといえる。このために，ある論者によると，以下のような計画制度が求められるという[6]。まず，計画策定に際して，

---

2) 社会資本整備審議会「水災害分野における地球温暖化に伴う気候変化への適応策のあり方について（答申）」（平成20年6月）。
3) 社会資本整備審議会河川分科会気候変動に適応した治水対策検討小委員会「水災害分野における気候変動適応策のあり方について（中間とりまとめ）」（平成27年2月）。
4) 近年のものとして，Reese, Klimaanpassung im Raumplanungsrecht, ZUR 2015, S.16ff.; Köck, Festlegelungen zur Anpassung an den Klimawandel durch die Raumplanung, ZUR 2013, S.269ff.; Kment, Raumplanung unter Ungewissheit, ZUR 2011, S.127ff.
5) とりわけ，Kment, ZUR 2011, S.127f.

常に，気候変動への適応を考慮すべき責任を明確化することである。次に，そのために，気候変動等への知見を継続的に調査し，それに応じて，定期的に計画を見直す義務を定めることである。さらに，こうした計画が確実に実現されるための保障として，そこに各分野の適応策が適切に統合され，それに外部的な拘束力を持たせることである。そもそも，気候変動への適応といった長期的な政策目標は，その時々の経済活動の要請などに劣位する結果となりがちであるため，それが常に最適に実現されるよう，計画制度の中でプログラミングしておくことが必要であると考えられているわけである。

(3) さて，多岐にわたる気候変動への適応の中でも，河川氾濫などによる水害を防ぐための措置は，直接に住民の生命にも関わるものであり，これが喫緊の政策目標であることには，およそ異論はなかろうが，この分野においてさえ，この政策目標を土地利用計画に適切に反映させることは容易ではない。ここでも，将来の不確実な水害への対策より，目前の土地利用の経済的利益が優先されやすいからである。こうした傾向は，「計画なければ開発なし」という強固な都市計画制度を有するドイツにおいても，同様に見ることができる。ここでも，近年の洪水被害の増大を背景として，洪水へのより高度の対応の必要性が認識され，とりわけ水害の危険性の高い地域での建築制限等を内容とする新法の制定が実現したが，それを既成市街地で実現することは，容易ではない。逆に言えば，それだけに，これについて，法的拘束力をもった土地利用計画によって実現する必要性が強調されることともなるのである[7]。

以下，本稿においては，ドイツにおける土地利用計画における洪水への対応を素材として，そこにおける気候変動への適応のための土地利用計画の役割について考えてみたい。もちろん，気候変動への適応は，各国に共通の課題であるが，国情を異にするわが国において，ドイツと同様の土地利用計画による水害対策が容易に実現するとは思われない。とはいえ，わが国においても，もはや，河川施設の拡大による水害対策が限界に来ていることは間違いなく，河川の氾濫を前提とした「減災」を図らなければならないとの認識は一般化しつつある。また，「まちづくり」などと連携した水害対策は，各種の答申などでも，常に取り上げられ続けている年来の課題といえる。法的な整備に一日の長を有する海外の動向にも目を配っておくことは，新たな途を模索していく上で，必ずしも無益ではないと考えられよう。

---

6) Reese, ZUR 2015, S.18.
7) たとえば，Reese, ZUR 2015, S.24f.

II　ドイツの水管理法制と洪水防御

(1)　ドイツにおける河川管理は，伝統的には州政府の権限とされており，連邦レベルの本格的な洪水対策立法は，2002年のエルベ川の大洪水などを契機とする2005年の「洪水防御法（Hochwasserschutzgesetz）」[8]に始まる。しかし，その直後の2006年の基本法改正により，連邦に河川管理に関する競合的立法管轄権が認められたこと，さらには，2007年に「洪水リスクの評価と管理に関する EU 枠組み指令」[9]が発せられたこと，により，この法律自体は，短命に終わる。これを受けて，2009年に新たな「水管理法（Wasserhaushaltsgesetz）」[10]が制定され，洪水対策についても，その第6章「洪水防御」編として，先のEU指令の国内法化を含めた新たに洪水対策の法制度が立法化されることとなった。こうした経緯や立法内容については，すでに別稿で紹介を試みたが[11]，ここでは，土地利用計画との関係を中心として，現行の水管理法における洪水防御法制を概括しておく[12]。

まず，担当行政機関（通常は州政府）は，全ての流域について，地形図や過去の洪水のデータなどの既存の情報に基づいて，洪水リスクに関する予備的な評価を実施し，それに基づいて，2011年12月までに，洪水の頻度や被害を勘案して「重大な（signifikant）」洪水リスクを有する地域である「リスク地域（Risikogebiete）」を設定する（73条）。そして，これらの地域について，2013年12月までに，「ハザード・マップ」と「リスク・マップ」が調整される。前者には，洪水の蓋然性（低・中・高），その範囲や水位等が記載され，後者には，住民数や，経済活動，危険施設などの被害予測が記載される（74条）。

さらに，これらの「リスク地域」については，担当行政機関は，2015年12月までに，洪水被害の減少の目標とその対応策を定めた「リスク管理計画（Risiko-

---

[8] Gesetz zur Verbesserung des vorbeugenden Hochwasserschutzes vom 3. 5. 2005, BGBl. I, 2005, S.1224ff.
[9] Richtlinie 2007/60/EG des europäischen Parlaments und Rates vom 23. 10. 2007 über die Bewertung und das Management vom Hochwasserrisiken, ABl. L 288, S.27ff.
[10] Gesetz zur Ordnung des Wasserhaushalts vom 31. 7. 2009, BGBl. I S.2585ff.
[11] 山田洋「洪水リスクへの法対応」同『リスクと協働の行政法』163頁（信山社，2013）。
[12] 現行法化における洪水防御法制全般について，前稿で参照したもののほか，注釈として，Reinhardt, Wasserhaushaltsgesetz, 10. Aufl.（2010）, S.978ff.; Hünneckens, in: Landmann/Rohmer, Umweltrecht, WHR, vor §72ff.（Stand 2011）. そのほか，Rolfsen, Öffentliche Hochwasservorsorge vor dem Hintergrund von tätsachlichen und rechtlichen Grundvorgaben（2013）, S.1ff.; Jablonski, Hochwasserschutzrecht（2014）, S.1ff.

managementplan)」を策定することになる（74条）。その記載内容の大綱は、EU指令の定めるところによるが、具体的には、その地域の特性により、極めて多様なものとなろう[13]。洪水被害の減少のための「建設によらない措置（nicht bauliche Maßnahme）」を目標として記載する旨の規定があるが、もちろん、ダムや堤防等の建設を否定する趣旨ではない[14]。しかし、このような措置が重視される結果、ここで注目している土地利用制限などが計画の大きな要素となることとなる。

以上のプロセスは、ほぼEU指令に準拠したものであるが、洪水をリスクと捉え、それへの対応が「リスク評価」から「リスク管理」へ、という枠組みで規定されていることとなる。このような将来の不確実性の要素をはらむリスクへの対応という認識を反映して、これらのプロセスについては、気候変動による影響などを反映するため、以後、6年ごとの見直しが義務付けられていることに注目しておきたい。

(2) さて、このようなEU指令に準拠したプロセスに水管理法によって接合された制度が「浸水地域（Überschwemmungsgebiete）」である。洪水の危険性の高い地域の開発行為を規制する類似の制度は、他のEU加盟国などにも存在するようであり、ドイツにおいても、制度としては、古くから、従前の水管理法に準拠する各州法などに規定されていた[15]。しかし、先に触れたエルベ川大洪水などを契機とする2005年の洪水防御法の制定に際して、その制度の中核として強化され、これが現行法に引き継がれている。ここでも、洪水リスク管理法制の中核と位置づけられることとなる。

すなわち、「浸水地域」については、従来の立法を踏襲して、一応は、河川などの地表水と堤防等の間の地域、及び洪水に際して貫流もしくは浸水し、あるいは洪水の緩和や保留に必要な地域であると定義されているものの（72条1項）、正式には、州政府により設定される。このような浸水地域が設定されるのは、まず、本法によるリスク評価の結果により「リスク地域」に指定された地域及び従来の知見により重大な洪水リスクがあるとされた地域のうち、統計的に、少なくとも100年に1回の頻度で洪水が予想される地域である（同条2項1文1号）[16]。

---

13) Rolfsen, aaO. (Fn. 12), S.144ff.
14) Reinhardt, aaO. (Fn. 12), S.1011f.
15) Jablonski, aaO. (Fn. 12), S.105ff.
16) ただし、「洪水」は、法的定義においては「浸水」と言い換えられているにすぎないため（72条）、どの程度の浸水が該当するかについては、不明確さが残る。この点については、Rolfsen, aaO. (Fn. 12), S.20f.

これ以上の頻度で洪水が予想される地域については，裁量の余地なく，浸水地域が設定されることとなるが，もちろん，これより頻度の低い地域に設定することも許される。さらに，リスク地域等に含まれていなくとも，洪水の緩和や保留のために必要な地域についても，浸水地域が説される。この設定は，州政府の法規命令（Rechtsverordnung）の形式でなされ，事前に，州法の定めによる住民参加も必要とされる。

　浸水地域に該当する地域については，それが正式に設定されるか否かを問わず，洪水を溜めるための「保留地（Rückhaltenflächen）」としての機能を保全されなければならない（77条）。開発行為など，その機能を特段の公益のために損なう場合には，それを補う措置が求められている。こうした点は，当然のことながら，のちに述べる都市計画の策定などにおいても，重要な考慮事項とされることとなるのである。

　(3)　このような浸水地域が正式に設定されると，こうした地域には，厳しい土地利用規制がなされることとなる（78条）。まず，こうした地域においては，原則として，新たな「建築地域（Baugebiete）」を設定する建築管理計画（Bauleitungplan）の策定が禁止される。例外が認められるのは，市街地の発展のために他に手段がないこと，既存の計画地域と隣接すること，洪水の状況を悪化させないこと，洪水の保留につき補償措置がとられること，などの厳しい条件を満たした場合に限定される。ドイツにおいては，原則として，計画外での建設は認められないから，これにより浸水地域内の新規の市街化は，食い止められる。

　さらに，こうした地域内での建築物の建築や建増しも，原則として禁止される。これについても，例外的に許可を得るためには，ここでも，洪水の保留や流下に悪影響を及ぼさないなど，厳しい要件が課されている。これによって，地域内における既成市街地内の建築密度の拡大などにも，歯止めがかかることになる。

　そのほか，浸水地域については，土地の形質変更の禁止，危険物質の貯蔵の禁止など，様々な土地利用の制限が規定されている。その結果，とりわけ市街地における浸水地域の設定においては，土地利用と水害防止の要請との間で，厳しい軋轢が避けられないこととなる。以下，浸水地域の設定，そこでの建築管理計画の設定，個別の建築の許可，の各局面について，目に付いた裁判例を手がかりにして，その調整のあり方を管見することとしたい。

Ⅲ　浸水地域の設定

(1)　まず，州政府による浸水地域の設定については，とりわけ，その地域がすでに市街化している場合においては，そこでの土地利用の制限を嫌う土地所有者や自治体の強い抵抗が予想される。浸水地域の設定は，先に述べたように，州政府の法規命令の形式でなされるため，ほとんどの州においては，利害関係者は，これに対する規範審査訴訟を高等行政裁判所に提起できることとなり[17]，以下の連邦行政裁判所2004年7月22日判決[18]は，その代表例といえる。先に触れたとおり，2005年以前の旧法においては，その設定は州法の裁量に委ねられていたわけであるが，新法への改正直前の時点で，洪水防御とりわけ浸水地域の意義を述べたものとして，多く引用される判例である。

事件は，ヴィースバッハ川流域の浸水地域に関するものであり，州政府は，1990年代の初頭に浸水地域の設定の必要性を認識して，民間会社に調査を依頼している。その結果，当該地域は，50年に1度の頻度で洪水に見舞われるとの結果を得たため，浸水地域設定の手続に着手した。しかし，地元の自治体（Gemeinde）の意見聴取などの手続に手間どり，結局，2002年6月に浸水地域が設定されることとなった。しかし，その間にも当該地域の開発は進み，地区詳細計画（Bプラン）は存在しないものの，すでに市街化した地域（いわゆる「連担建築地域」）となっており，原告である土地所有者は，住居や下水処理施設などを所有し，養蜂場の設置計画なども存在した。こうした新たな地域の事情を考慮せずに設定された浸水地域は無効であるなどとして，土地所有者や自治体が出訴したものの，高等行政裁判所で敗訴したため，連邦行政裁判所に上訴している。

(2)　さて，判決は，そもそも，（Bプランが存在する場合も含めて）市街地を浸水地域に含めることは，違法ではないとする。こうした地域であっても，洪水のための保留地としての役割を果たしうるのであって，これを損なう増築等を防ぐ必要があるからである。建築法により建築が認められている地域であっても，他の法規による制約は予定されているのであって，水管理法による制約は，建築法

---

[17]　行政裁判所法47条により，のちに触れる建築法典所定のBプランなどについては，当然に規範審査訴訟が認められるものの，これを他の法規命令等について認めるか否かは州法の定めに委ねられている。しかし，現在では，ほとんどの州がこれを認めている。この点を含めて，法規命令に対する規範審査訴訟については，Kopp/Schenke, VwGO, 20. Aufl. (2014), S.511ff.

[18]　BVerwG Urt. v. 22. 7. 2004, BVerwGE 121, S.283ff.

と矛盾するわけではない。さらに，浸水地域による土地利用制限は，比例原則に反するものでもなく，また，補償のないことも違憲の理由とはならない。洪水防御は，「高位の公益的任務」とされ，土地所有者は，これに合致するように土地を利用すべき任務を課せられているとされるのである。したがって，当該地域が市街化しているからといって，浸水地域を設定できないわけではないとするのである。

ただし，本件における浸水地域の設定は，10年以上前の調査に依拠しており，その後の洪水対策の進展や土地の状況変化が考慮されていないため，現在は，洪水の頻度が変化している可能性が否定できない。その結果，浸水地域を設定すべき範囲が変わっている可能性もあり，原審においては，この点の審理が尽くされていないとして，判決は，事件を原審に差戻している。

(3) さて，この事件は，市街化の進む地域において，浸水地域を設定して土地利用を制限することの困難さを典型的に示すものといえよう。土地利用者等の抵抗は，当然に予想されるところであり，これを乗り越えて設定を実現することは，ドイツにおいても，おそらく政治的に容易なことではない。その結果，2005年の改正以前においては，市街地においては，ほとんど浸水地域が設定されていない州もあったようで，その執行不全が指摘されていた[19]。本件におけるように，州政府が設定に積極的な場合においても，調査や手続に長い年月を要し，その間に市街化が進行してしまうこともありうるであろう。その結果，地元の抵抗が強まるのみならず，その設定の実効性にも疑問が生ずることともなるわけである。こうした状況を打開するため，2005年法さらには現行法においては，州政府の裁量の余地を排除して，最低限，10年に1度の頻度で洪水が予想される地域については，浸水地域の設定を義務付けている[20]。さらに，EU指令によるリスク評価の期限の設定という外的要因によるものではあるが，これと連動して，浸水区域の設定についても，2013年12月までという期限も設定されている。さらに，これもEU指令の要請でもあるが，市民等の参加手続の整備も，おそらく，手続の計画的進行による促進に繋がるものと考えられる。このようにして，着実な浸水地域の設定を法的に保障する一方，他方では，その見直しについても，意識されている。洪水のリスク評価が6年ごとに見直されることは前述のとおりであるが，浸水地域の設定についても，「新たな知見に適応すべきこと」が明記さ

---

19) Jekel, Das Gesetz zur Verbesserung des vorbeugenden Hochwasserschutzes, ZUR 2005, S.393（395f.）.
20) これが義務であることは，しばしば指摘されるところであるが，Hünneckens, aaO. (Fn. 12), §76 Rn.9.

れている（76条2項2号2文）。

　とはいえ，現行法制度によっても，浸水地域の設定をめぐる争いが根絶されるわけではない。地域の事情によっては，法定の洪水頻度を下回る地域についても浸水地域が設定されることが当然に予定されており，こうした場合についての政策的な裁量の行使については，もちろん争いが生じる余地が残る。さらに，特定地域の洪水頻度の判断そのものは，科学的リスク評価の問題ではあるが，かなりの不確実性をはらむ判断であり，そこに争いが生ずることも否定できまい。いずれにしても，リスク地域全体について，地域の実情に即して，リスク管理計画に基づくさまざまな洪水対策措置を柔軟に適用していくとするのがEU指令さらにはドイツ法の基本的コンセプトであるが，ドイツは，最もリスクの高い地域における対策を下支えする制度として，浸水地域を義務的制度として法定したわけである。法定の設定期限は経過したものの，それが実効的に機能するか否かは，今しばらく見守る必要があろう。

Ⅳ　新規計画の禁止

　(1)　先にも触れたとおり，浸水地域が正式に設定されると，その地域内においては，新たに「建築地域（Baugebiete）」を設定する「建築管理計画（Bauleitplan）」を設定することは許されなくなる。例外が厳しく制限されていることも，すでに述べた。周知のとおり，ドイツにおける自治体（Gemeinde）による建築管理計画は，領域全体の土地利用の大綱を定める「土地利用計画（Fプラン）」とそれを反映して地区毎の具体的土地利用の詳細を定める「地区詳細計画（Bプラン）」の二層構造をなし，原則として，建築などは，Bプランに記載されたもののみが認められる[21]。浸水地域が設定されると，建築法典（Baugesetzbuch）の定め（5条4a項，9条6a項）により，その地域がFプランと（すでに設定されていれば）Bプランに記載されることとなる。そして，こうした地域について，建築を認める新たな地域を設定するBプラン等の設定を自治体は禁じられることとなり，たとえば，従来はBプランがないために建築が許されなかった地域について，これを新たなBプランにより認めるといったことは不可能となり，浸水地域内の新たな市街化は食い止められることとなる。

　しかし，問題は，Bプラン等の設定禁止の射程範囲である。前節でも見たとおり，とりわけ現行法においては，既存の市街地にも浸水地域が設定されることが

---

21) さしあたり，Battis/Krautzberger/Löhr, Baugesetzbuch, 12. Aufl.（2014), S.512ff.

予想される。まず，当該地域について既にBプランによって建築が認められている場合に，計画を変更すること（Umplanung）が認められるであろうか。さらに，当該地域にBプランが存在しなくても，事実上は市街化していると認められる地域（連担建築地域）については，例外的に建築が認められているわけであるが[22]，こうした地域に確認的にBプランを設定すること（Überplanung）は認められるか。とりわけ，設定されるBプランにおいて，その区域が拡大されたり，より高度の土地利用が容認されたりする例があり，これが新たな建築の容認ではないかと問題視されるわけである。

　この問題は，立法当初から議論が分かれており，こうしたBプランの設定は禁止されていないとする見解が主流であったと考えられる[23]。しかし，プランが無効とされた場合の万一の混乱を恐れてか，自治体の担当者は，こうしたプランの設定には消極的であったといわれる[24]。ちなみに，Bプランは，自治体の条例の形式で設定されるが，これについての規範審査訴訟が認められており，伝統的に，その効力を争う多くの裁判が提起されてきた。この問題に決着を付けたのが，連邦行政裁判所2014年6月3日判決[25]であり，実務に大きな影響を与えるものとして，注目を集めている[26]。

　(2)　この事件は，浸水地域の設定されたモーゼル河岸の地域について，これを住居地域（Wohngebiet）から混合地域（Mischgebiet）に変更する自治体によるBプランに対して住民が提起した規範審査訴訟である。原告は，地域内の所有地に住居を有していたが，隣地には以前に廃業した発泡ワイン醸造所が存在する。当該地域の振興策の一環として，自治体は，隣地に屋外レストランを併設したワイン醸造所の開業を認めることとし，そのために前記のBプランの変更を決定したが，これに原告は反対している。訴訟において，原告は，騒音問題など，さまざまに主張をしているが[27]，その一つとして，当該地域は浸水地域であるか

---

22) 建築法典34条。Battis u.a. aaO.（Fn. 21），S.551ff.
23) 早期のものとして，たとえば，Breuer, Die neuen wasserrechtlichen Instrumente des Hochwasserschutzgesetzes vom 3. 5. 2005, NuR 2006, S.614ff.（620）.; Hünneckens/Arnord, Bau in Überschwemmungsgebieten, BauR 2006, S.1232ff.
24) Kerkmann, Das Verbot der Ausweisung neuer Baugebiete in Überschwemmungsgebieten, UPR 2014, S.328（636）.
25) BVerwG Urt. v. 3. 6. 2014, NVwZ 2014, S.1377ff.
26) この判決の解説として，Ruttloff, NVwZ 2014, S.1381ff.; Stüer/Garbrock, DVBl. 2014, S.1936ff. さらに，Kerkmann, UPR 2014, S.328ff.; Oerder/Nettekoven, Die Ausweisung neuer Baugebiete in festgesetzten Überschwemmungsgebieten, BauR 2014, S.635ff.
27) ちなみに，当該Bプランは，騒音調査の不備を理由に，一度，無効とされている。OVG Koblenz, Urt. v. 8. 6. 2011, juris.

ら，新たな土地利用を認めるBプランの設定は水管理法に違反すると主張している。しかし，高等行政裁判所で請求を棄却されたため，上訴している。

判決は，従来から通説に従って，建築地域の「新たな設定」ではなく「新たな建築地域」の設定を禁じている法の文言，制定時における議会などでの議論，禁止の例外を認める規定との整合性などから，禁止されるのは，従来は認められなかった地域の建築を新たに認める計画であり，従来から建築が認められていた地域についての計画変更や確認的な計画設定は禁じられていないと解している。たとえ，これによって区域が拡大し，あるいは高度の土地利用が可能となっても，その是非は，Bプランなどの設定に際しての衡量において考慮される問題であるとされるのである。そして，本件のBプランについては，原告の主張する衡量原則違反などは認められないとして，結論としては，原判決を維持している。

(3) この判決の結論については，正面から異論を唱えるものは見当たらず，当然のことながら，自治体の現場からは歓迎されているようである[28]。その悪影響への憂慮も一部に見られるものの[29]，各地の市街地の相当部分が浸水地域に取り込まれつつある状況を前提とすると，そうした地域における計画変更などについて，全面的に禁止することは，地域の整備の観点からも，現実的ではないということであろう。現実に市街地が浸水地域の中に存在する以上，洪水対策を含めて，そこにおける秩序ある土地利用の誘導の要請は否定できず，土地利用計画の役割も続くことになる。

結局は，こうした地域における計画の内容であり，その内容を洪水防御に適合したものとしていくことである。いいかえれば，判決も述べるように，計画の設定における衡量において，洪水防御の利益が適切に考慮されることを担保することである。この問題については，節を改めて，見ていくこととしたい。

V 計画裁量と衡量

(1) 当然のことながら，Bプランに代表される都市計画は，自治体の計画裁量の所産であり，そこでは，関係する諸利害が適切に比較衡量されなければならず，考慮すべき要素を不当に軽視した計画は，違法な裁量行使として違法と評価されることとなる。こうした考慮要素として，当該地域の洪水防御の要請が含まれることは，当然のことではあるが，2005年の洪水防御法の制定に際して，建築

---

28) たとえば，Stüer/Garbrock, DVBl. 2014, S.1396.
29) Kerkmann, UPR 2014, S.332.

法典も改正され，都市計画において，洪水防御を考慮すべきことが明文化されている（1条6項12号）[30]。その意味では，当該地域が浸水地域であるか否かに関わらず，洪水防御を考慮することは，都市計画に際しての当然の要請ということになる。

浸水地域についていえば，こうした地域における計画設定の禁止は，衡量によって相対化できない法的拘束ということになるが，これが適用されない場合にも，都市計画の設定に際しての衡量において，洪水防御について，特段の配慮が要請されることとなる。すなわち，先に述べたように，浸水地域については，特段の公益がない限りは，洪水の「保留地」として保全されるべきこととなるが，これは，諸要素の比較衡量における「最適化要請（Optimierungsgebot）」，いいかえれば，特別の事情がなければ実現されなければならない要請を意味すると解されているのである[31]。この結果，Bプランの変更等による建築地域の拡大や利用の高度化は，洪水の保留能力を損なうこととなるため，原則として許されないこととなるのである。

類似の要請は，上位計画との関係からも導かれる。国土整備法（Raumordnungsgesetz）により，州政府は，州全体の発展計画と各地域の地域計画を策定することになるが，同法の基本原則として，洪水防御が規定されており（2条2項6号）[32]，より具体的には，計画への洪水防御のための空地等の記載を認めている（8条5項2号d）[33]。これをうけて，州政府は，地域計画の中で，浸水地域を洪水防御の「優先地域（Vorrangsgebiete）」として記載する例が多いようである[34]。自治体は，建築法典により（1条4項），Bプラン等の設定に際し，州計画との適合（Anpassung）が義務付けられているため[35]，この点からも，浸水地域の目的に反する土地利用を認めるBプランは設定できないこととなる。

いずれの観点からも，例外は，極めて限定され，おそらく，新規の計画策定が例外的に認められている場合に順ずることとなろう[36]。前節の判決の事案も，既存の旧醸造所を改装してレストランを付設するに過ぎず，洪水への具体的な影響も本格的には争われていない事案であったために，Bプランの変更が適法とされているわけである。以下，計画変更の事例ではないが，衡量に違法があるとし

---

30) この点につき，Battis u.a. aaO.（Fn. 21），S.60f.
31) この点を強調するものとして，Hünneckens, aaO.（Fn. 12），§77 Rn.6ff.
32) Spannowsky/Runkel/Goppel, Raumordnungsgesetz（2010），S.123f.
33) Spannoesky, u.a. aaO.（Fn. 32），S.313ff.
34) Kerkmann, UPR 2014, S.332f さらに，Hünneckens, aaO.（Fn. 12），vor §72 Rn.21f.
35) 適合義務につき，Battis u.a. aaO.（Fn. 21），S.34ff.
36) この点の指摘として，たとえば，Stüer/Garbrock, DVBl. 2014, S.1399.

て、Bプランが無効とされた著名な事例であるミュンヘン高等行政裁判所2007年7月30日判決[37]を紹介しておこう。

(2) この事件は、従来はBプランが存在せず、建築が認められなかった浸水地域内の土地について、新たに住居地区とするBプランに対する規範審査訴訟である。地元の自治体は、住宅用地の需要に応えるため、2006年4月、新たな住居地区を認めるBプランを設定している。これに州の水管理担当部局も同意している。ちなみに、当時は2005年法が適用されていたが、同法における浸水地域内での新規計画の禁止は、その文言上、同法自体により正式に設定された浸水地域のみに適用されることとなっていた[38]。本件のナーブ河岸の浸水地域は、100年に1回の頻度で洪水が予想される地域ではあったが、なお旧法による設定であったため、計画の禁止の適用はない。原告は、地域内で農業を営む土地所有者であり、住宅の建設による地下水汚染などの農業をめぐる自然環境への悪影響を憂慮しているものと見られる。

判決は、このBプランについて、衡量を誤ったものとして無効としている。すなわち、自治体は、住民のアンケート結果などを根拠として住宅地新設の必要性を主張するが、これのみでは、浸水地域内での洪水防御の重要性を上回る公益性は認められないとするのである。この結果、自治体は、衡量における利益の重み付けを誤ったわけであり、当該Bプランは、その設定の「必要性（Erforderlichkeit）」を欠くという意味では、建築法典（1条3項）に違反し[39]、浸水地域の保留地の機能を損ねるに足る公益性を欠くという意味では、水管理法に違反するとされたわけである。なお、Bプランには、保留地機能を補塡するための措置も予定されていたようであるが、事業に公益性が認められない以上は、こうした措置も意味はないとされている。

(3) さて、この事案自体は、本来は、新たな建築地域を設定するBプランとして、禁止されるべきものであり、自治体により、新法に基づく浸水地域の再設定を見越して、駆け込み的に設定されたものと考えられる。判決が住宅地新設の重要性を簡単に一蹴している背景には、こうした事情があるものと思われる。前節で見たような計画変更等の事案においては、計画策定による経済的利益と洪水防御の利益の衡量は、はるかに微妙な判断となる[40]。

---

37) VGH München, Urt. v. 30. 7. 2007, ZfBR 2008, S.52ff.
38) この点につき、Breuer, NuR 2004, S.621.
39) 計画が都市の発展と秩序にとって「必要」なものでなければならないことにつき、Battis u. a. aaO. (Fn. 21), S.29f.
40) 結果として、衡量の違法を否定した事例として、OVG Münster Urt. v. 28. 3. 2008, ZfBR

しかし，すでに述べたように，こうした衡量において，洪水防御の利益が特に重視されるべきものであり，特段の例外的な事情が存在しないかぎりは，これを損なうことができないことは，実定法上の明確な要請であり，確立された判例理論でもある。利害関係者による規範審査訴訟によるチェックの機会が開かれていることもあわせて，開発圧力への歯止めとして，それなりの機能が期待できるものと評価できようか。

Ⅵ 建築の制限

(1) 以上見てきたように，浸水地域の設定により，新規の建築地域を認める計画は禁止され，計画変更による拡大等についても，衡量原則による制限がかかることになる。しかし，浸水地域内の既存市街地における建設については，Bプランが存在しない連担建築地域はもちろん，在来のBプランの存在する地域についても，洪水防御の観点からの計画段階での規律は働かず，個別の建築の段階でコントロールするしかない。そこで，水管理法においては，設定された浸水地域内における建築物の建築や建増し等については，例外の許可を要することとされ[41]，この許可には，洪水の保留機能が損なわれないか，その補塡措置がとられること，洪水の水流を悪化させないこと，洪水防御の状況に影響しないこと，などの要件が課されている。要するに，建築法規により建築が認められる地域においても，洪水防御を悪化させるような建築は，許可されない仕組みである。

こうした許可については，これを独立の許可にするか，一般的な建築許可に包含させるかは，州法の定めによる。後者による場合には，州の水管理担当官庁の内部的同意が求められることとなる[42]。いずれの方式によるにしても，この許可が行政行為であることは，もちろんであり，これを拒否された申請者が義務付け訴訟または取消訴訟を提起できるのも当然である。しかし，こうした許可について，建築により洪水の危険が増大したと主張する隣人等が取消訴訟を提起できるか，いいかえれば，洪水防御のための建築制限を定める水管理法の規定が第三者保護機能を有するかについては，なお，争いがある[43]。最後に，こうした隣

2008, S.493ff.
41) この許可は，いわゆる「例外許可」であるとされ，許可要件を満たした場合においても，許可官庁の拒否裁量が認められるとされている。これについて，Hünneckens, aaO. (Fn. 12), §78 Rn.31ff.
42) Hünneckens, aaO. (Fn. 12), §78 Rn.38f.
43) この問題について，包括的には，Faßbender/Gräß, Drittschutz im Hochwasserschutzrecht, NVwZ 2011, S.1094ff.

人による訴訟を適法とした裁判例の一つとして，コブレンツ高等行政裁判所2010年3月2日判決[44]を紹介することとしたい．

　(2)　事件は，浸水地域内における住居の新設を認める例外許可について，隣地の所有者が提起した取消訴訟である．許可の申請者の土地及び隣接する原告の所有地は，モーゼル川河岸の浸水地域とされており，Bプランは存在しないものの，建築の許容される既存の市街地である．申請者は，住居の建設によって失われる洪水の保留機能を掘り込みによって補填できるなどとして州水管理官庁の例外許可を取得するとともに，別途，建築法上の建築許可を取得している．これに対して，隣地に居住する土地所有者である原告は，住居の新設により洪水の際の水流に変化が生ずることなどから，隣地に損害が及ぶとして，例外許可の取消しを求めて出訴している．しかし，一審で敗訴したため，控訴している．

　判決は，浸水地域における建築制限を定める水管理法の規定は，それが隣地への「配慮要請（Rücksichtnahmegebot）」を含む限度で，隣地所有者の権利を保護する効力を有するとする．その結果，隣地所有者は，例外許可の取消訴訟において，その要件充足性の全てを争えるわけではなく，こうした配慮要請に違反していること，すなわち当該建築により受忍できない損害を被ることのみを争えることとなる．もちろん，こうした損害が生じうるか否かの認定は困難であるが，だからといって，こうした保護機能を否定することは適当でなく，裁判所は，具体の事例におけるこうした権利侵害の存否を認定すべきであるとするわけである．そして，本件については，専門家による鑑定の結果などに基づき，住居の新築による洪水の水流変化などにより原告の土地に損害が及ぶとは認められず，その限りでは例外許可は違法ではないとして，取消請求を棄却しているのである．

　(3)　規範の客観的な適法性が争われる規範審査訴訟と異なり[45]，処分による権利侵害が争われる取消訴訟においては，根拠規範が原告の権利を保護する性格を有するか否かが正面から問題となることになり，水管理法による例外許可についても，これを隣人等の第三者が争いうるか否かが，争われることとなる．従来から，この制度は洪水防御という公益の保護を目的とするもので，第三者を保護するものではないという見解が有力であり[46]，旧法の下での判例でもあっ

---

44) OVG Koblenz, Urt. v. 2. 3. 2010, juris.
45) こうした意味から，規範審査訴訟は，客観訴訟と位置づけられることとなるが，これについても，規範による「権利侵害」が要件とされているため，水管理法のみに権利侵害の根拠を求める事例においては，取消訴訟と同様の保護規範性の問題が生ずることになる．規範審査訴訟の要件については，Kopp/Schenke, aaO.（Fn. 17）, S.526ff.
46) 現行法下でも，これを否定する代表例として，Hünneckens, aaO.（Fn. 12）, vor §72 Rn.34ff.

た[47]。しかし，2005年法さらには現行法において，浸水地域等の制度が強化され，その立法の目的として，住民の生命財産の保護の必要性が強調されてきたことを受けて，これによって守られるべき住民等の地位が法的にも重視されるのは，自然の流れといえる。

　もともと，浸水地域の制度は，保留による洪水のコントロールによって河川全体の安全度を高める観点から制度化され，当該地域内の住民の生命財産を保護するという発想には乏しい。そうした意味では，当該地域内のリスクに着目するEU指令と齟齬があるともいえ，その接続に際し，一定の発想の転換がなされたはずであるが，現行法でも，従来の文言が踏襲されている。こうした経緯が議論にも反映しているのであろうが，現行法の下においては，その範囲はともかく，浸水地域などに関する水管理法の規定に第三者保護機能を認める見解が目立つようになっている[48]。本判決も，この流れに位置づけられることとなる。おそらく，こうした傾向は，今後も，進展していくものと思われる[49]。そうなれば，許可官庁も，例外許可等による周辺への影響について，より慎重な調査と配慮が求められることとなり，ここでも，洪水防御の着実な進展が期待できることとなろう[50]。

Ⅶ　むすびにかえて

　(1)　冒頭に述べたように，地球温暖化といった不確定要因に適応しつつ，増大する洪水リスクに対応するためには，それぞれの地域の実情に応じて，さまざまな施策が総合的に講じられなければならない。これらの施策のうちでも，土地利用の制限は，最もリスクの高い地域に適用される施策であり，権利制限を伴う最もハードではあるが，実効性の高い施策であるといえる。しかし，いずれの国でも，このようなリスクの高い地域において，すでに市街化が進行しているという現実があり，即時に立退きを命ずるといった施策が不可能であることはいうまでもない。状況に応じて土地利用を承認しつつ，その悪化を防ぎ，将来に向けて，その土地に相応しい利用形態を実現していかなければならない。

　将来的にも土地利用が継続していく以上は，それに関して，その時々の状況に

---

47) BVerwG, Beschl. v. 17. 8. 1972, ZfW 1973, S.114ff.
48) たとえば，Reinhardt, aaO. (Fn. 12), S.1050.; Faßbender/Gräß, NVwZ 2011, S.1097ff.
49) 仮定的ながら，これに肯定的な例として，VGH Mannheim, Beschl. v. 18. 11. 2013, ZUR 2014, S.238ff.
50) Faßbender/Gräß, NVwZ 2011, S.1099.

おいて，さまざまの政策決定がなされることとなるが，洪水リスクについても，社会情勢等においても，不確実な要素が多く，その決定の内容を現状で予測することは困難である。ただし，とりわけリスクの高い地域においては，将来の決定に際して，洪水防御への配慮が最優先されるようにプログラミングしておく必要がある。ともすれば，それに対して，目前の経済的利益が優先することになるからである。これこそが法的拘束力を有する土地利用計画に期待される機能であり，ここまで見てきたドイツの浸水地域の制度は，まさに，このための制度である。そこでは，将来的に予想される地域内の土地利用に関して，様々な政策決定の段階で洪水防御の要請が重視されるようなプログラミングがなされていることは，紹介してきたとおりである。

(2) 将来の不確実なリスクに柔軟に対応することは，決して「場あたり的」に対応することではない。将来の事象に備えて，リスク評価を継続しつつ，対応を見直し，かつ，そこで変わらず優先すべき価値は何かを，あらかじめ制度的にプログラミングしておくことが必要であろう。おそらくは，これこそが強制力を持った法あるいは拘束力を持った計画に期待される役割ということになろう。

洪水防御に代表される気候変動への対応については，わが国においても，こうした制度の整備が急がれよう。国情を異にするとはいえ，こうした将来に向けた政策形成の場における法あるいは法的計画の役割については，海外の動向にも注目しつつ，今一度，考え直してみる必要があると思われる。

〈追記〉
　本稿は，2015年7月，一橋法学14巻2号に同名で掲載されている。やや古くなったが，浸水地域制度を中心に，ドイツの洪水防御のための土地利用規制につき，気候変動への適応という問題意識から，全体的な整理を試みたものとして，本書に収録した。次章以下の論稿と併せて，ご参照いただきたい。なお，本稿を含めて，第3部の各論稿は，「水害リスクマネージメント研究会」における報告を基にしている。この機会に，磯村篤教授をはじめとする参加の諸先生に御礼を申し上げる。

第10章　洪水防御は誰のためか
——土地利用規制の保護利益をめぐって

I　はじめに

(1)　古今東西を問わず，人の生活は，水と不可分であり，多くの都市は，河川の流域に発達してきた。さらに，近代になるほど，市街地とその周辺の土地は，産業あるいは住宅の用地として希少性を増し，河川の周辺の土地においても，開発への圧力が高まることとなる。これに応えて，いずれの国においても，こうした土地の安全性を確保し，それを開発可能にするために，古くから，堤防などの河川施設の整備が進められてきたわけである。

しかし，こうした河川施設の整備には，膨大な費用と極めて長い年月が必要となる。この結果，これが開発圧力に追い付かず，施設整備が不十分で河川等による浸水の恐れの高い地域が市街化してしまうといった現象も，多くの国に共通してみられるところといえる。とりわけ，近年は世界的な課題となりつつある気候変動の影響もあって，異常な豪雨が多発するなど，各国の市街地の水害に対する脆弱性が顕在化しつつある。わが国においても，近年，さまざまな水害対策が関係省庁などによりあらためて提唱されていることは，周知のとおりである[1]。また，わが国に比較して，水害に対する切迫感が薄いと見られてきたヨーロッパにおいても，EUが共通した水害対策に乗り出すなど，これへの関心が高まっている。とりわけ，ドイツにおいては，90年代以来のエルベ川などの洪水の多発による都市部の被害の拡大などを受けて，連邦レベルでの水害対応の立法化が進展しつつある[2]。

(2)　いずれにしても，市街地における土地利用の効率化と水害リスク等からの安全性の確保の調整は，時代と国を超えた共通の課題といえる。都市における水害の多発という状況に直面しながら，河川施設の整備が短期的には難しい中で，洪水対策を踏まえた都市計画などによる土地利用の調整が急務であることも，以

---

[1]　一例として，社会資本整備審議会「水災害分野における気候変動適応策のあり方について（答申）」平成27年8月（国土交通省HP）。
[2]　さしあたり，山田洋「洪水リスクへの法対応」同『リスクと協働の行政法』163頁（信山社，2013）。

前から，繰り返し指摘されてきた[3]。とはいえ，自由な開発と建築を原則としてきたわが国においては，洪水対策に限らず，とりわけ市街地における土地利用規制は，困難を極める。こうした現実は，都市計画制度の整備で一日の長のあるドイツにおいても，程度の差こそあれ，同様である。

　以前にも，別稿で紹介したことがあるが[4]，ドイツにおいても，近年，洪水対策のための土地利用規制が大幅に強化され，市街地を含めて，おおよそ100年に一度の浸水が予測される地域を「浸水地域（Überschwemmungsgebiet）」に指定し，この地域内での新たな建築計画の策定を原則として禁止するといった制度が立法化されている。しかし，市街地の開発圧力に対して，こうした厳格な利用規制を維持することは，必ずしも容易ではない。浸水地域内などにおいて，開発を急ぐ地元の自治体（Gemeinde）により，例外的な建築計画の策定や建築許可がなされる例も少なからずあるのは，理解しやすいところである。ただし，注目すべきは，こうした建築による洪水時の水流の変化等により自己の住居等に被害が及ぶことを心配し，周辺の土地所有者等が建築計画や建築許可を争う訴訟を提起する例が多発していることである。

　(3)　これも周知のとおり，ドイツにおいても，建築許可など処分の取消しを求める第三者は，当該処分が自己の権利利益を保護する規定に違反することのみを主張すべきものとされている。いわゆる「保護規範説（Schutznormtheorie）」である[5]。ここでは，洪水防御のための土地利用規制に関する法規定について，これが一般公益ではなく周辺住民の利益を保護するものといえるか否かが問題となるわけで，わが国における「法律上の利益を有する者」を巡る議論と類似の枠組みとなる。

　一方，建築計画である地区詳細計画（Bプラン）は，自治体の条例（Satzung）の形式をとるため，これを争うには，規範審査訴訟（Normenkontrollverfahren）によるのが通常である[6]。しかし，こうした例外的な計画策定には，州法所定の州政府機関の許可を要するため，こうした計画に反対する住民等は，ここでも，その許可の取消訴訟により争うこととなる[7]。そこでは，建築計画が原告の主観

---

3) こうした点を指摘する近時の文献として，三好規正「都市行政と水法」久末弥生編『都市行政の最先端』25頁（日本評論社，2019）。さらに，山田洋「気候変動への適応と水害リスクへの防御」法時91巻8号64頁（2019）〔本書第11章〕。

4) 山田洋「洪水防御と土地利用計画」一橋法学14巻2号345頁（2015）〔本書第9章〕。

5) これについても，極めて多くの研究があるが，引用を兼ねて，近年のものとして，吉岡郁美「原告適格とドイツ連邦制（一）」自治研究93巻10号102頁（2017）。

6) Bプランに対する規範審査訴訟についての近年の詳細な研究として，湊二郎『都市計画の裁判的統制』2頁（日本評論社，2018）。

的権利を侵害するか否か，いいかえれば当該計画の例外を認める根拠規定が原告の主観的権利を認めているか否かが問題となるわけで，洪水防御のための法規定がそれに沿った土地利用計画の策定を求める権利を周辺住民に保障するものであるかが問われるわけである。先に述べた建築許可に対する周辺住民による取消訴訟と比較すると，やや枠組みは異なるものの，洪水防御のための土地利用規制が周辺住民の権利利益を保護する趣旨であるか否かという同様のハードルが存在することとなる。

(4) ドイツにおける伝統的な考え方に従えば，浸水のリスクの高い土地における建築等の土地利用規制は，洪水時の河川を円滑に流下させ，流域全体の安全性を高めるという，まさに一般公益の保護のための制度であり，個別の土地建物等を保護する制度ではない[8]。いいかえれば，こうした規制に反する建築計画や建築に対して，その排除を求める法的な権利利益がその周辺の住民等に認められているわけではないから，こうした住民等が建築計画や建築への例外許可への取消訴訟を提起して，それを争うことは認められないはずである。

にもかかわらず，近年における洪水防御のための土地利用規制の大幅な強化と都市水害の多発による住民の関心の高まりを背景として，前述のように，浸水地域などにおける例外的な建築許可などに対する取消訴訟がそれによる被害を憂慮する周辺住民等によって多く提起されることとなっている[9]。こうした訴訟の可能性については，もちろん，これに消極的な下級審判決も存在するが，これに積極的に対応する途を模索する判決も存在し，見解が分かれていた。

こうした中で，2017年に連邦の水管理法（Wasserhaushaltsgesetz）[10]が改正され，そこにおける洪水防御の規定がさらに強化された。そこでは，前述の浸水地域の設定や運用において，周辺住民等の利益に配慮すべきことが明記されることになり，これまでの争いに立法的な解決が図られることとなった。こうした訴訟については，前稿においても，別の観点から触れてきたが，この法改正を機会

---

7) Schmitt, in: Giesberts/Reinhaldt, Umweltrecht (2018), WHG §78, Rn.58. ただし，異論があるようで，許可に基づくBプランそのものを規範審査訴訟によって争うべきであるとするものもある。Reinhardt, Wasserhaushaltsgesetz, 12.Aufl. (2019), §78, Rn.28. もっとも，客観訴訟である規範審査訴訟による場合でも，権利侵害が訴訟要件となるため，水管理法により権利侵害を根拠付けようとすれば，それに沿った建築計画を求める権利の有無が問題となる。規範審査訴訟の原告適格に付き，湊・前掲注6) 24頁。

8) さしあたり，Hünneckens, in: Landmann/Rohmer, Umweltrecht, WHG, vor §72. (Stand 2011), Rn.34ff.

9) 山田・前掲注4) 352頁。

10) Gesetz zur Verbesserung des vorbeugenden Hochwasserschutzes vom 3.5.2005, BGBl. I, 2005, S.1224ff. geänd. 30.6.2017 BGBl. I S.2193ff.

に，洪水防御のための土地利用規制の制度目的という観点から，あらためて再考を試みることとした。洪水防御に関するわが国との基本的な国情の相違を確認する上でも，新たな視角を提示できれば，幸いである。

Ⅱ　都市計画制度における洪水防御

（1）　周知のところであるが，ドイツの都市計画のシステムを簡単に振り返っておけば[11]，まず，連邦の国土整備法（Raumordnungsgesetz）および各州の州計画法に基づき，各州により，州全体の土地利用の概略を定める州発展計画（Landesentwicklungsplan）などの国土整備計画（Raumordnungsplan）が定められ，さらに，これを詳細化するために，州をいくつかの地域に分割して，それぞれの地域についての土地利用を定める広域地方計画（Regionalplan）が策定される。これを受けて，連邦の建築法典（Baugesetzbuch）に基づき，各自治体（Gemeinde）により，その区域全体の土地利用を定める土地利用計画（Flächennutzungsplan—F-Plan）が策定される。さらに，このＦプランによって住居地域などの建築可能とされた地域については，建築物の配置等を詳細に定める建築計画（Bebauungsplan—B-Plan）が策定される。両者を併せて，「建設管理計画（Bauleitsplan）」と呼ぶ。こうした４段階の計画システムに於いては，いうまでもなく，下位の計画は，上位の計画を反映しなければならないわけであるが，市民の土地利用を直接に拘束するのは，条例（Satzung）であるＢプランのみとされる。

　さて，個別の建築物の建設には，各州の建築秩序令（Baunutzungsverordnung）に基づく自治体による建築許可（Baugenehmigung）が必要となるが，建築が可能なのは，Ｂプランが策定されている地域と（制度確立前から）すでに市街化していた地域（連担建築地域）に限られ，それを除いた外部地域（Außenbereich）については，原則として，建築は許可されない。例外的に許可されるのは，農用建築物などの法定の場合と個別事情から例外的に認められる場合に限定される。もちろん，Ｂプランの存在する地域においては，それに即した建築のみが，連担建築地域においては，当該地区の建築秩序に即した建設のみが許可されることとなる。原則として，建築には，Ｂプランの策定が前提となるわけで，いわゆる「計画なければ開発なし」の原則が妥当しているわけである[12]。

---

11)　ドイツの都市計画法制については，古くから多くの紹介があるが，近年までの状況を概観するものとして，斎藤純子「人口減少に対応したドイツ都市計画法の動向」レファレンス761号3頁（2014）。

12)　ドイツにおける都市計画法制の特色を論ずるものとして，大村謙二郎「ドイツ現代都市

Ⅱ　都市計画制度における洪水防御

　(2)　さて，洪水防御との関連であるが[13]，これも周知のとおり，建築法典においては，建設管理計画の策定においては，関連するする全ての公的または私的利害が適切に衡量されるべきこととされる（1条7項）。いわゆる「衡量要請（Abwägungsgebot）」であるが[14]，洪水のリスクのある地域については，それへの配慮が衡量されるべき利害に含まれることは自明である。ただし，同法においては，衡量に際して考慮すべき観点が例示的に列記されているが（同条6項各号），後に触れる2005年の水管理法等における洪水防御規定の整備に合わせて，「洪水防御（Hochwasserschutz）」の観点が明記された（12号）。さらに，この規定は，2017年の洪水防御規定の強化に際して，「洪水予防（Hochwasservorsorge）」とりわけ「洪水被害の予防と軽減」という文言に改められている[15]。

　いうまでもなく，こうした法改正は，土地利用規制において洪水防御の観点を重視すべきことを求める立法者の意思を明確にすることを目的とするものである。とはいえ，法改正後においても，洪水防御の観点が他の様々な諸利害との衡量の中で考慮されるべき一つの観点に過ぎないことに変わりはなく，そうした衡量の中で優先的あるいは最大限に実現されるべき利害としての「最適化要請（Optimierungsgebot）」を意味するものでもないと解されている[16]。しかし，たとえば，洪水リスクを大きい地域において，これを適切に衡量することなくBプランを策定して建築を容認するとすれば，こうした計画は，衡量要請違反として違法の評価を受けることとなるわけで[17]，Bプランの存在する地域においては，これによって洪水防御と土地利用との調整が担保される仕組みである。

　(3)　ただ，Bプランの策定されていない地域については，これによる調整はなされないこととなり，個別の建築物についての建築許可の段階で調整する他はない。まず，外部地域においては，そもそも建築は，例外的にのみ許容されることとなっているし，例外許可についても，「洪水防御」を害してはならない旨の明

　　計画をどう理解するか」原田純孝先生古稀記念論集『現代都市法の課題と展望』457頁（日本評論社，2018）。
13)　建築管理計画における洪水防御の要請について，Köck, Hochwasserschutzbelange in der Bauleitplanung, ZUR 2015, S.515ff.; Mitschang, Blange des Wassers und Hochwasserschutzes in der Bauleitplan, ZfBR 2018, S.329ff.
14)　湊・前掲注6）166頁。
15)　これにつき，Dirnberger,in: Spannowsky/Uechtritz,Baugesetzbuch, 3.Aufl.（2018），§1. Rn.130f.; Battis, in: Battis/Krauzberger/Löhr, Baugesetzbuch, 14.Aufl.（2019），§1. Rn.86ff.
16)　Mitschang, ZfBR 2018, S.339f.
17)　一例として，VGH München, Urt. v. 30. 7. 2007, ZfBR 2008, S.52ff. この判決について，山田・前掲注4）358頁。

文規定があるため（35条3項1文6号），これが歯止めとなる[18]。これに対して，原則としては建築が認められる既存市街地である連担建築地域については，今のところ，洪水防御に関する明文を欠く。しかし，そこにおける建築は，「健康的な居住および労働環境（gesunde Wohn- und Arbeitsverhältniss）」の要請を充たすべきものとされているため（34条1項），ここに洪水防御の観点が読み込まれることになる[19]。

　いうまでもなく，いずれも不確定概念であり，個別の建築物についての解釈適用には，困難を伴うことは予想される。とはいえ，こうした地域においても，洪水防御の観点からリスクのある建築について，歯止めをかける一応の手がかりは用意されていることになる。ちなみに，わが国の都市計画法における洪水防御に対する一般的な言及は，「災害危険区域」の規定を除けば，洪水等を含む「災害の恐れのある土地の区域」（施行令8条2号ロ）が市街化区域に指定できないこととされているに留まる[20]。

　(4)　以上，建築法典所定の自治体による建築管理計画と洪水防御の関係を概観してきたが，河川が自治体内で完結することがないことから考えても，洪水防御と土地利用との調整は，自治体レベルに留まることなく，より広域的な観点からなされるべきことは当然といえる。そうであれば，こうした調整は，自治体レベルの建築管理計画のみならず，より上位の広域地域計画や州国土整備計画の役割でもあるはずである。前述した連邦の国土整備法は，国土整備計画により実現されるべき主要な「原則（Grundsatz）」を列記しているが，その中でも，他の多くの原則と並んで，「海岸及び内陸における予防的な洪水防御に配慮すべきであり，内陸においては，とくに緑地，保留地および緩衝地の保全と回復に配慮すべきである。」（2条6号5号）旨が明記されている。

　これによって，これらの上位計画においても，州政府などによって，流域全体の洪水防御の観点から，河川の流域の土地の空地（Freiraum）への指定などがなされるべきこととなる[21]。もちろん，これらの上位計画は，直接に市民の土地利用を制約する法的効力は有しないわけであるが，自治体は，建築管理計画の策定に際して，こうした国土整備計画に適合させる義務（Anpassungspflicht）を負っているため（建築法典1条4号）[22]，たとえば，空地の確保は，これに即した

---

18) Mitschang/Reidt, in: Battis u.a. aaO. (Fn. 15). §35. Rn.91.
19) Söfker, in: Ernst.u.a.Baugesetzbuch, (Stand 2019), §34. Rn.67.
20) この点につき，山田・前掲注3）68頁。
21) Spannowsky, in: Spannowsky/Runkel/Goppel, Raumordnungsgesetz, 2.Aufl. (2018), §2. Rn.139f.

建築管理計画によって実現が保障されるわけである。このように，4段階の土地利用計画システムを通じて，様々な形態での洪水防御のための土地利用規制が可能な仕組みとなっているわけである。

Ⅲ　浸水地域指定と土地利用計画

(1) ドイツには，ライン川，ドナウ川，エルベ川，モーゼル川，マイン川など，いくつもの大河が存在し，もちろん，その支流も，多数，存在する。国境をまたぐ国際河川も少なくない。これらの河川は，源流部の山地を除けば，広い平野を緩やかに流下しており，多くは掘り込み式である河道の勾配は少ない。そのため，そこで想定されてきた洪水も，豪雨による短時間での増水が破堤をもたらすといったものではなく，上中流部の融雪や長雨による何日にも渡る水位の上昇によって徐々に溢水するという形態であった[23]。そのため，何年かごとに発生する洪水においても，避難の遅れによる人的被害なども考えにくいことなどから，これに対する一般の関心も必ずしも高くはなかったといえる。

そこにおける治水対策としても，河岸の平野部に集中する都市部については，もちろん堤防等の河川施設による洪水防御は進められているものの，基本的には，中上流部などに残された氾濫原を自然の遊水地として利用し，それによって河川の水位の上昇を抑制あるいは緩和することを基本としてきた。そして，こうした既存の氾濫原については，前節に見た各州の国土整備計画を頂点とする都市計画システムによる土地利用規制によって市街化等から保全されるほか，各州の水管理法に基づく「浸水地域（Überschwemmungsgebiet）」などへの指定[24]といった河川管理法制による開発規制などによっても守られてきたわけである。

ちなみに，このような治水システムのあり方を前提として，ドイツにおいては，伝統的に，洪水防御を含む河川管理は，各州の役割であると考えられてきた。それについての立法権限も，原則として，各州に留保されており，連邦は，各州の水管理法の大枠を定める大綱的立法（Rahmengesetzgebung）に関する立法権限を有するのみであった。それが2006年の基本法改正により競合的権限とされたことにより，2007年に初めての本格的な連邦レベルの水管理法が制定されることとなったわけである[25]。

---

22) Battis, aaO. (Fn. 15), §1. Rn.39ff.
23) ドイツにおける河川と洪水の状況につき，さしあたり，戸田圭一「2002年夏のヨーロッパでの水害」京都大学防災研究所年報46号81頁（2003）。
24) Hünneckens, aaO. (Fn. 8), vor §72. Rn.1ff.

(2) さて，こうしたドイツの伝統的な治水システムの欠陥が露呈したのが2002年夏のエルベ川の大洪水である[26]。流域の記録的な豪雨の影響により，中小の支流で土石流被害などが多発したほか，本流の増水により，大都市ドレスデンの市街地が水没するなど，大きな被害が発生し，国民に強い衝撃を与えた。21人の死者と総額150億ユーロを超える被害が生ずる結果となり，これに前後した国内の洪水被害の頻発もあって，連邦政府も，洪水防御に本腰を入れることを迫られることになる。

こうした大水害によって認識されたことは，いかにドイツの市街地が水害に対して脆弱であるかであり，いいかえれば，いかに水害のリスクの大きな地域の開発が放置されてきたかである[27]。市街地や農用地への土地の利用形態の変化により，150年の間に，自然の氾濫原は，85%も減少したとされ[28]，それだけ増水時における河川の水位の上昇は，激しいものとなる。とりわけ，こうした地域が市街化することとなると，たとえ堤防等が整備されていたとしても，水害等の被害を受けやすくなることは当然である。先に述べた都市計画システムや各州法による開発規制なども，開発圧力の前に，氾濫原等を守る歯止めとしては，十分には機能してこなかったわけである。

他方では，気象条件も，大きく変わりつつある。気候変動などの影響もあり，2002年夏のエルベ川流域に限らず，ドイツを含むヨーロッパにおいても，記録的な豪雨が頻発するようになっている。これにより，従来は想定されなかったような河川の水位の上昇が，しかも急激に発生することともなる。いうまでもなく，世界的な気候変動は，ドイツにおいても，大きな関心事であるが，温室効果ガスの排出削減といった「緩和策」のみならず，早くから，それへの「適応策」にも関心が高く，2008年には，すでに連邦政府による総合的な制作プログラムが策定されている[29]。そこでも，洪水防御は，中心的な課題とされているのである。

(3) こうした背景から，連邦政府は，洪水防御のための立法措置を急ぐこととなるが，その端緒となったのが，2005年の「洪水防御法（Hochwasserschutzgesetz）」[30]である。これについては，すでに別稿で紹介したが，前述のとおり，

---

25) Reinhardt, aaO. (Fn. 7), Einl. Rn.7ff.
26) 戸田・前掲注23) 1 頁。
27) 山田・前掲注 2)166頁。
28) 戸田・前掲注23) 5 頁。
29) ドイツにおける気候変動への「適応」について，山田・前掲注 4)346頁。現在の政策プログラムとして，Aktoinsplan Anpassung der Deutschen Anpassungsstrategie an den Klimawandel von Bundeskabinett am 31.8. 2011. (HP BUM).
30) Gesetz zur Verbesserung des vorbeugenden Hochwasserschutzes vom 3.5.2005, BGBl.

Ⅲ　浸水地域指定と土地利用計画

当時は大綱立法であった連邦の水管理法の改正を中心とする建築法典などの改正一括法である。その直後の2006年の基本法改正により河川管理の競合管轄化が実現したこと，さらに，2007年のEUによる「洪水リスク枠組み指令」[31]を国内法化する必要が生じたことを受けて，あらためて2009年に水管理法が制定され[32]，現行の洪水防御法制の基礎が形成されたわけである。

　2009年法による制度の概略についても，すでに前稿で紹介しているため[33]，繰り返しは避けるが，この制度の究極的な目標は，洪水防御のための土地利用規制の実効化といってよかろう。先に述べたように，従来の制度は，州政府や自治体による運用（あるいは裁量行使）に難があったために，結局，開発の歯止めとならず，氾濫原の縮小，場合によっては，その市街化を招いてしまったわけであるが，こうした土地利用規制を活性化し，適切な運用を確保するのが立法の狙いといえる。その柱は，大きく分ければ，地域の洪水リスク評価の制度の明確化，「浸水地域」制度の再活性化，の二つである。

　まず，適切な土地利用規制の実施には，地域の適切なリスク評価が前提となるが，従前，これについての明確な制度設計がなされておらず，これが土地利用制限の実施をためらわせてきたといえる。新たな制度によると担当官庁（州政府）は，全ての流域について，予備的なリスク評価を実施して，2011年中に洪水の被害や頻度を勘案した「リスク地域」を設定し（73条），その地域について，2013年中の「リスクマップ」と「ハザードマップ」を作成する（74条）。さらに2015年までには，その地域の被害減少のための「リスク管理計画」が策定されることとなる（75条）。この制度は，先に触れた2007年のEU指令を国内法化したものであるが，これによって，全流域についての段階的なリスク評価の工程表が法定化されたわけである。

　さらに，この「リスク地域」に指定された地域を中心として，少なくとも100年に一度以上の頻度で浸水が予想される地域については，「浸水地域（Überschwemmungsgebiet）」に指定されなければならないとされる（76条2項）。従来の各州法に基づく指定とは異なり，この指定については裁量の余地はなく，義務的とされる[34]。この地域については，原則として，新たな「建築地域（Baugebiete）」

　　I, 2005, S.1224ff.
31）Richtlinie 2007/60/EG des europäischen Parlaments und Rates vom 23.10.2007 über die Bewertung und das Management vom Hochwasserrisiken, ABl.L 288, S.27ff.
32）Gesetz zur Ordnung des Wasserhaushalts vom 31.7.2009, BGBl. I S.2585ff.
33）山田・前掲注4）348頁。
34）zB.Reinhardt, aaO. (Fn. 7), §76. Rn.10ff.

を認める建築管理計画の策定による市街化等は許されない（78条）。例外については，市街の発展のために不可欠であること，既存市街地に隣接すること，洪水の保留地の補償措置が確保されること，などの厳格な要件が課される[35]。もちろん，この指定は，既存の氾濫原のみならず，要件を満たせば，Bプランや連担建築地域による既存市街地等も対象となしうるが[36]，こうした地域においても，新たな建築等は，洪水防御を害しないなど，厳格な要件の下での例外許可を要することとなる[37]。この制度によって，氾濫原の保全と再生が図られるとともに，洪水のリスクの高い地域の市街化等が防止されることとなる。

Ⅳ　洪水防御と個人の保護

(1)　以上で概観したように，2009年の水管理法における洪水防御規定の整備により，ドイツの連邦レベルでも，ひとまず，洪水防御のための土地利用規制のシステムが確立したといえる。2015年末で洪水リスク評価のサイクルは，一応，完了しており，義務化された浸水地域の各州政府による指定も，それなりに進展したといえる[38]。少なくとも，こうした指定がなされた地域においては，Bプランによる建築地域の新規の策定や建築等が原則的に禁止されることによって，氾濫原の市街化（あるいは農地化等）といった現象に，一応の歯止めがかかったとはいえる。

　もっとも，現行制度においても，先に触れたとおり，浸水地域内においても，例外的にではあるが，新規のBプランの策定が認められる余地は残されている。とくに既存の市街地などにおいては，浸水地域の指定がなされても，Bプランの策定や変更は可能とされる[39]。さらに，こうした地域を中心として，浸水地域内においても，建築等の例外許可がなされる余地は残されている。もちろん，こうした例外措置については，水管理法所定の厳格な要件による拘束はかけられているものの，自治体による運用次第では，浸水地域内での建築が広がり，

---

[35]　山田・前掲注 4) 351頁。
[36]　BVerwG Urt. v. 22. 7. 2004, BVerwGE 121, S.283ff. これについて，山田・前掲注 4) 352頁。
[37]　山田・前掲注 4) 355頁。
[38]　Wienhues, Baurecht und Drittschutz: Neue Antwortung auf alte Fragen? NordÖR 2016, S.437 (438). もっとも，こうした指定が必ずしも順調には進んでいないとする政府関係者による指摘として，Wagner/Wahlhäuser, Hochwasserschutz und Bauleitplanung, DVBl.2018, S.473（474）。
[39]　明文化されたのは，2017年改正によるが，従来から，判例は，これを認めてきた。BVerwG, Urt. v. 3. 6. 2014, NVwZ 2014, S.1377ff. この点につき，山田・前掲注 4) 356頁。

氾濫原の減少が続くことも，ありえなくはない。現実には，開発を急ぐ自治体においては，こうした事例も少なからず存在するようである[40]。

(2) さて，その後もドイツにおける洪水被害は続発し，とりわけ2013年夏には，エルベ川やドナウ川において大規模な洪水被害が発生することとなった。これを受けて，連邦政府は，河川施設の整備の促進など，新たな洪水防御の措置の決定を迫られる[41]。その一環として，洪水防御の法制度についても，見直しがなされることとなり，2017年に新たな一括法である「洪水防御法」[42]が成立する。これによって，水管理法の洪水防御規定についても，かなり大幅な改正がなされている。この改正においては，本稿で紹介してきた浸水地域とBプランの関係についても，従来は明文を欠いていた浸水地域内の既存市街地等におけるBプランの策定と変更の許容性を明確化する一方，そこでの衡量事項が規定され（78条3項），浸水地域に指定されていないリスク地域における建築規制が強化されるなど（77条），多岐にわたる[43]。その詳細に立ち入ることは避けるが，ここでの関心から注目しておきたい点は，浸水地域におけるBプランの新規策定や建築の例外許可の要件規定について，これが周辺住民等の利益を保護する目的を有することが明文化されたことである。

すなわち，先に触れたように，まず，浸水地域内におけるBプラン等による建築地域の例外的な設定については，水流や水位に影響しないこと，洪水の保留機能を害しないことなど，厳格な要件が規定されていたが，今回の法改正により，こうした要件の審査に際しては「近隣住民（Nachbarschaft）への影響も考慮（brücksichtigen）しなければならない」旨が規定された（78条2項2文）。同様に，浸水地域内における建築等の例外許可についても，その類似の要件の審理における近隣住民への影響の考慮が規定されたのである。これらの改正により，改正法政府草案の理由書によれば[44]，これらの例外要件の規定が「第三者保護の効力（drittschutzende Wirkung）」を有することが確認されたとされる。いいかえれば，これによって，影響を被る近隣住民は，こうした例外要件に違反したB

---

40) Wagner/Wahlhäuser, DVBl.2018, S.474.
41) Wagner/Wahlhäuser, DVBl.2018, S.474.
42) Gesetz zur weiter Verbesserung des Hochwasserschutzes und zur Vereinfachung von Verfahren des Hochwasserschutzes, v. 30. 6. 2017, BGBl. I S.2193.
43) Reinhardt, Trial and Eror: Die WHG-Novelle 2017 zum Hochwasserschutz, NVwZ2017, S.1585ff.; Scmidt/Gärtner, Hochwasserschutz im Baugenehmigungsverfahren, NVwZ 2018, S.534ff.; Mitschang/Arndt/Schnorr, Hochwasserschutz und Bauleitplanung, UPR 2018, S.361ff.; Wagner/Wahlhäuser, DVBl.2018, S.473ff.
44) Begrundung, BT-Drusache 18/10879, S.27ff.

第3部 気候変動と洪水防御　第10章 洪水防御は誰のためか

プランへの例外許可あるいは建築に対する例外許可については取消訴訟で，その効力を争うことができることが明確化されたわけである[45]。

(3) 前稿でも触れたとおり[46]，以前から，こうした訴訟は散見され，州水管理法の下における浸水地域の規定については，周辺住民等の利益を保護するものではないとする連邦行政裁判所の判決[47]も存在した。現行法下においても，これを踏襲する下級審判決があり[48]，これを支持する学説も存在した[49]。本稿冒頭でも述べたが，ドイツの浸水地域の伝統的理解は，自然の氾濫原を保全して，流域全体の水位の上昇等を抑制するというもので，当該地域の住民を保護するという発想に乏しかったことからすれば，この制度は，まさに公益保護のためのもので，個人の利益保護を目的とするものではないとする見解は，自然なものであったはずである。

しかし，現行制度を前提とする近年においては，こうした規定に個人の利益保護の目的を端的に認める判決もある[50]。また，その第三者保護機能を一応は否定しつつも，いわゆる「配慮要請（Rücksichtnahmegebot）」[51]に依拠して，受忍しがたい損害を被る者には，これを争うことを認める判決もある[52]。また，学説においても，こうした方向を支持するものが目立ち始めていた[53]。EU指令をうけて，当該地域のリスク評価の結果によって浸水地域を指定するとする現行制度においては，流域全体の安全度の向上と並んで，地域内の住民の生命財産の保護といった観点が重視されることも当然といえる。今回の改正は，こうした方向を確認するもので，草案理由書も，住民の生命安全の保護を強調する[54]。

(4) もちろん，今後に残された問題は，これによって保護される「近隣住民（Nachbarschaft）」の意味あるいは範囲である[55]。浸水地域における建築等の影響

---

45) zB. Reinhardt, NVwZ2017, S.1585.; Schmitt, aaO. (Fn. 7), WHG §78, Rn.31ff. 95ff.
46) 山田・前掲注4) 361頁。
47) BVerwG, Beschl. v. 17. 8. 1972, ZfW 1973, S.114ff.
48) zB. OVG Lüneburg, Beschl. v. 11. 3. 2010, NuR 2010, S.353ff.
49) zB.Hünneckens, aaO. (Fn. 8), vor §72.Rn.34ff.; Elgeti/Lambers, (Hoch-) Wasserrechtliches Rücksichtnahmegebot, BauR 2011, S.204ff.
50) zB. OVG Hamburg, Beschl. v. 28. 1. 2016, NVwZ-RR, 2016, S.686ff.
51) 配慮要請についても，多くの紹介があるが，近年のものとして，吉岡・前掲注5) 104頁。とくに水管理法との関係につき，山本隆司『行政上の主観法と法関係』316頁（有斐閣，2000）。近年の文献として，目についたものとして，Uechtritz, Das Rücksichtnahmegebot: dogmatische Verankerung und Bedeutung für den baurechtlichen Nachbarschutz, VBlBW 2016, S.265ff。
52) OVG Koblenz, Urt. v. 2. 3. 2010,juris. これについて，山田・前掲注4) 361頁。
53) zB. Faßbender/Gräß, Drittschutz im Hochwasserschutzrecht, NVwZ 2011, S.1094ff.
54) Begrundung, BT-Drusache 18/10879, S.27.

は，広範かつ多岐にわたる。従来から多く争われてきた例のように，隣地の建築によって洪水時の水流等が変化し，それにより隣家が被害を受ける恐れがあるといった事例もあれば，上流の氾濫原の市街化により，はるか下流の洪水時の水位が上昇し，家屋等の水没の可能性が発生するといった場合もありうる。

　これについては，裁判例の集積に待つほかはないが，法案理由書は，これについて，「直接の隣地住民（die ummitterbaren Grundstücksnachbar）」に限られず，受忍限度を超えた憲法上の法益を侵害されたものであれば，国境を超えることすらありうるとする[56]。おそらく，かなり広範な関係者が想定されていると思われる。さらに，同時に改正された環境救済法（Umwelt- Rechtsbehelfgesetz）」により，認定環境団体等による団体訴訟までもが容認されたことから考えても[57]，極力，出訴の途を拡大しようという立法者の意思は明確である。

　そもそも，周知のとおり，ドイツにおいては，いわゆる保護規範説は，かなり柔軟に解釈され，先に触れた「配慮要請」など，これを補完する理論も発達してきた。こうした経緯もあり，管見の限りでは，出訴の途を拡大するための実体個別法の改正は，あまり例がないように思われる。そうした意味からは，訴訟の多発等を恐れる各州政府による反対をおして実施された今回の改正は[58]，（潜在的）洪水被害者の権利救済の拡大という側面もさることながら，浸水地域を中心とする洪水防御システムの「執行の欠缺」を司法の手を借りて解消しようという立法者による政策的意図の現れと見るべきかもしれない。

V　むすびにかえて

(1)　いうまでもなく，洪水の防御は，とりわけ洪水リスクの高い土地における土地利用の規制は，最終的には，住民の生命や生活の保護を目的とする。しかし，そこで保護されるべき住民の具体像は，それぞれの制度設計や具体の状況によって異なってくる。当該地域を氾濫原として保全することによって，河川全体の安全度を高め，流域全体の住民を保護することに重きが置かれることもあろうし，当該地域内の建築等をあり方をコントロールすることによって，当該地域の住民自身の安全を確保することに主眼を置かれることもあるであろう。両者は，必ずしも相矛盾するものではなかろうが，具体の制度や規制措置においては，い

---

55)　Reinhardt, aaO. (Fn. 7), §78. Rn.27.
56)　Begrundung, BT-Drusache 18/10879, S.27.
57)　この点につき，Mitschang/Arndt/Schnorr, UPR 2018, S.370.
58)　Reinhardt, aaO. (Fn. 7), §78. Rn.24.

ずれかが主たる目的とされることになる。

これまでみてきたドイツの伝統的な「浸水地域」の制度は，基本的には前者を前提とするものであり，EU指令に基づく「リスク地域」の制度は，後者を目的とするものであるといえる。ちなみに，わが国の建築基準法に基づく「災害危険区域」の制度も，同様の発想に立つことは明らかであろう。ドイツにおける河川のあり方を前提とすれば，前者の発想に立つことは，ある意味では，自然なことであったのであろうが，後者に立つEU法との接合を余儀なくされたために，ある種の齟齬が生じ，発想の転換を難しくしていたと見ることもできそうである[59]。浸水地域の住民個人の利益保護を鮮明にした今回の法改正も，こうした発想の転換の一環であると考えるべきかもしれない。

(2) 類似のことを別の観点から述べれば，洪水防御を考える場合，これも相矛盾するものではないが，一方では，個別の河川の安全度から出発する発想があり，他方では，対象となる地域の安全度から出発する発想がありうる。河川区域内の河川施設の強化による治水を基本としてきたわが国が前者の発想に立ってきたことは，しばしば指摘されてきたが[60]，氾濫原の機能を重視してきたドイツも，実は同様の発想に立ってきたのではないか。地域のリスク評価から出発するEUの制度が異なった発想に立つことは，すでに述べた。

いずれにしても，最終的には，住民の生命や生活の保護が目指されることにはなるが，前者においては，ここでも，流域の住民全体が直接に視野に入ってくるため，その利益が抽象化され，よく使われる表現を踏襲すれば，これが一般公益に解消されることになりがちである。広い視野から洪水防御や河川管理を考えることは，決して否定されるべきことではないが，結果として，洪水のリスクに晒されている個別の住民への配慮が希薄となりはしないか。さらには，こうした住民のニーズを力として，土地利用規制を含む洪水防御のための幅広い施策を推進することが難しくなってはいないか。洪水防御措置の懈怠に対する周辺住民による出訴の途を開いた今回の法改正の背景を考えるとき，残された課題は大きいと言わなければなるまい。

(3) 冒頭でも述べたように，わが国においても，気候変動などによる豪雨の続発と被害の拡大への対応は，喫緊の課題である[61]。なお，未改修河川が多く残される中，膨大な費用と時間を要する河川施設の強化のみによって，これに対応

---

59) 山田・前掲注4) 363頁。
60) 山田・前掲注3) 69頁。
61) 気候変動への適応と洪水防御につき，山田・前掲注3) 65頁。

V　むすびにかえて

することは不可能となりつつある。都市部における内水氾濫の多発などを考えても，もはや，河川管理のみに依存する洪水対策は有効性を失いつつあり，個々の土地の安全性を確認し，その住民の生命と生活を守る「減災」対策が求められている。

　これまで見てきたように，都市計画制度の先進国とされているドイツにおいても，とりわけ都市部における洪水防御のための土地利用規制は容易ではない。さらに，そのための法制度の整備が，必ずしも現実の改善に直結しないことも，わが国と同様であり，出訴の途を開くことによる住民の力の動員といった手法まで使われている。困難な課題ではあるが，住民の生命と生活に直結するだけに，放置することは許されない。わが国にとっても，残された時間は，多くはないのかもしれない。

〈追記〉
　本稿は，2019年12月，同名で獨協法学110号に掲載されている。前章の論稿と重なる部分があるが，その後の法改正を踏まえて，やや視点を変えて論じている。ドイツの洪水防御法制については，その後の2021年夏の北西部での大水害などもあって，様々な動きがあるが，これらについては，Wagner, Hochwasserschutz in Raumordnung und Bauleitplanung – Was ist zu tun? ZUR 2023, S.283ff.

第11章　気候変動への適応と水害リスクの防御

I　はじめに

(1)　夏の猛暑や豪雨の頻発といった近年のわが国における異常な気象現象については，容易に実感されるところであり，これによって，すでに少なからぬ人命が犠牲となるとともに，国民生活にも多くの社会的あるいは経済的な影響が生じている[1]。これらの現象が世界的な気候変動あるいは地球温暖化の影響を被っていることについても，多くの内外の報道等によって周知のこととなっている。もちろん，個々の気象現象と全地球的な傾向としての気候変動との関係を明らかにすることは容易ではなく，いわんや，これと人間の活動による二酸化炭素などの温室効果ガスの排出とを直結させることは困難である。とはいえ，温室効果ガスの排出による気温の上昇により各種の気候変動が生まれ，それが生活に様々な影響を及ぼすという各種の調査研究による科学的なシナリオが世界的にも広く共有されている[2]。

このような気候変動による影響を防止あるいは緩和するため，温室効果ガスの排出を削減するための努力が継続されてきたことも，周知のとおりである。その国際的な枠組みとして，京都議定書に続いて，パリ協定が締結され，2020年からの枠組みについての国際的な合意が形成されつつある。わが国においても，平成10年に地球温暖化対策推進法が制定されるなど，その現実の効果はともかく，さまざまな排出削減策が実施されてきた[3]。このような気候変動の「緩和（mitigation）」については，国際的にはもちろん，わが国においても，従来から，少なくとも，それへの関心は高かったといえる。

(2)　もっとも，温室効果ガスの排出削減による地球温暖化の緩和については，さまざまなシナリオが提示されているものの，どのようなシナリオによっても一定の温暖化は避けがたく，気候変動による影響は拡大するものとされている。そ

---

1) わが国における近年の水害の状況について，さしあたり，気候変動による水害研究会『激甚化する水害』8頁（日経BP，2018年）。
2) 代表的なものとして，国連の「気候変動に関する政府間パネル（IPPC）」により2014年11月に公表された気候変動に関する第5次評価報告書の内容について，気候変動による水害研究会・前掲注1) 49頁。
3) 地球温暖化対策推進法についても，多くの解説があるが，その内容について，北村喜宣『環境法〔第4版〕』582頁（弘文堂，2017年）。

第3部 気候変動と洪水防御　第11章 気候変動への適応と水害リスクの防御

うすると，われわれは，気候変動の緩和策の成否にかかわらず，その程度はともかく，豪雨による水害，温暖化による農水産業への影響，感染症などによる健康への影響，生態系の変化による自然環境への影響など，さまざまな社会的あるいは経済的な影響を被ることを覚悟すべきこととなる。そうであれば，気候変動への対応としては，温室効果ガスの排出削減等により，その「緩和」を図るとともに，それによる影響に備える「適応（adaption）」が求められることになろう[4]。こうした気候変動に対する「適応」についても，国際的な関心は極めて高く，多くの国で，かなり以前から，このための総合的な政策プログラムが策定されていた[5]。先のパリ協定も，わが国においては「緩和」の文脈で関心を集めてきたが，これと並ぶ柱として「適応」に関する合意（7条など）を含んでいる[6]。

　これに対して，わが国においては，気候変動への対策としては，もっぱら「緩和」に関心が集中し，個別の分野においてはともかく，それへの「適応」が総合的な政策目標として意識されることは少なかったし，一般にも，ほとんど関心の対象とはなってこなかった。しかし，ようやく平成30年6月に「気候変動適応法」が制定され[7]，これに基づく法定計画として，「気候変動適応計画」も同年11月に閣議決定されるに至った[8]。もちろん，これにより気候変動に対する適応のための実効性のある対応策が実現するか否かは，今後の具体的な政策形成に待たなければならないが，今回の立法化によって，わが国の気候変動への適応政策が新たな局面を迎えたことは，疑いない。

　(3)　こうした中で，水害対策の分野は，気候変動の影響がかなり顕著であり，結果も甚大であることから，わが国においても，かなり早期から気候変動への適応としての位置づけが意識されてきた分野といえる。すでに，平成20年には，社会資本整備審議会が「気候変化への適応策」[9]と題する新たな河川管理に関する

---

[4]　「適応策」の必要性に関する国土交通省関係者等による指摘として，気候変動による水害研究会・前掲注1）122頁。

[5]　たとえば，ドイツ連邦政府による計画として，Aktoinsplan Anpassung der Deutschen Anpassungsstrategie an den Klimawandel von Bundeskabinett am 31.August 2011. (HP BUM). こうした点について，山田洋「洪水防御と土地利用計画」一橋法学14巻2号345頁（2015）〔本書第9章〕。

[6]　パリ協定などにおける気候変動適応策について，香西恒希「気候変動対策の概要と論点——気候変動適応法案の提出」立法と調査399号49頁（2018）。

[7]　その内容及び制定経緯につき，村上慈「気候変動適応法」法令解説資料総覧443号29頁（2018）。さらに，香西・前掲注6）57頁。

[8]　「気候変動適応計画」平成30年11月27日閣議決定（環境省HP）。以下，「前掲計画」という。

[9]　社会資本整備審議会「水災害分野における地球温暖化に伴う気候変化への適応策のあり方について（答申）」平成20年6月（国土交通省HP）。

答申を発表している。その後，今回の立法化に向けた動きの一環として，平成27年8月に同審議会により「水災害分野における気候変動適応策のあり方について」[10]が答申され，政府の適応計画においても，これが分野別施策の柱である水害対策に関する記載に反映されている[11]。ちなみに，この適応計画の基礎となった平成27年の「気候変動影響評価報告書」[12]においても，気候変動による水害への影響について，その重大性においては「特に大きい」とされる一方，その緊急性と確信性についても「高い」とされ，いずれも最高ランクの評価がなされている。

　政府の適応計画の法定計画化により，わが国の水害対策も，気候変動に対する適応策の一環として，あらためて法的に位置づけられたことになる。いうまでもなく，わが国の水害対策は，治水政策として極めて古い歴史を有するが，本稿では，これが気候変動適応策として新たな法的位置づけを得たことを機会に，その位置づけに相応しい今後の水害対策法制のあり方を考えてみたい。なお，気候変動による河川等への影響としては，水害の反面，渇水も考えなければならず，これへの対応も適応計画に盛り込まれているが[13]，本稿では，前者に視野を限定することとする。

II　水害への「適応」とその「主流化」

　(1)　気候変動が継続していく以上，これへの適応策を考える必要があること自体は，ある意味では自明であり，これに異論は少ないと思われる。しかし，それが自明であるだけに，敢えて気候変動適応法が制定され，政府の気候変動適応計画が法定計画化された意味は，あらためて問われなければならない。先に述べたように，気候変動への適応についての総合的な政策プログラムの策定においては，わが国は諸外国の多くに遅れをとってきたわけであるが，諸外国においても，これについて単独で法制化している例は，見当たらないようである[14]。

　そうした中で，その法制化に積極的な意味を見出すとすれば，結局のところ，気候変動への適応を「主流化(mainstreaming)」することにあるといえよう。こ

---

10)　社会資本整備審議会「水災害分野における気候変動適応策のあり方について（答申）」平成27年8月（国土交通省HP）。以下，「前掲答申」という。
11)　前掲計画52頁。
12)　中央環境審議会地球環境部会気候変動影響評価等小委員会「日本における気候変動による影響の評価に関する報告と今後の課題について」平成27年3月（環境省HP）。
13)　前掲計画39頁。
14)　村上・前掲注7)29頁。

第3部 気候変動と洪水防御　第11章 気候変動への適応と水害リスクの防御

の表現は，他国の適応計画のみならず[15]，わが国の適応計画における「基本戦略」にも見ることができるが，その表現をさらに借りれば，「あらゆる関連施策に気候変動適応を組み込むこと」ということになる[16]。気候変動の影響が多岐に及ぶ以上，それへの適応策も極めて多くの組織に跨る多様な施策を包含するものとなることは明らかである。これを効果的かつ効率的に実現していくためには，「防災，農林水産業，生物多様性の保全など，様々な関連する行政計画に気候変動適応の観点を加えていくこと」など，国と地方公共団体を含めた関連部局の連携のもとに，様々な手法を総合的に組み合わせていくことが必要であることも，先の基本戦略が強調するところである。古くから「縦割り行政」の通弊が指摘され続けてきたわが国においては，気候変動適応への考慮を分野横断的に意識づけるためには，その立法化が必要であったと考えられるし，また，これをその契機とすべきこととなろう。

　(2)　とりわけ，気候変動適応策の根幹の一つともいうべき水害対策においても，その「主流化」による関連施策への組み込みは，喫緊の課題である。古くから，水害への対策は，河川区域内における河川管理者による河川法に基づく堤防やダム等の河川施設の整備を意味してきた。この点，気候変動により降水量が顕著に増加するとすれば，理屈の上では，各水系の河川整備基本方針の定める基本高水や計画高水流量の修正が必要となるはずで，それによって河川整備計画の定める河川施設整備の見直し，例えば堤防のかさ上げや強化といった措置が求められることになる。しかし，現状の計画を前提としても，わが国の主要河川の施設整備率は，30年から40年に一度の降雨に対しても6割程度といわれている[17]。いうまでもなく，河川施設の整備には巨額の費用を要し，これを大幅に加速することは不可能に近いから，その着実な継続は必要であるとしても，気候変動自体による河川施設の整備に対する影響は限定的というほかない。さらに，集中豪雨などによる内水氾濫なども視野に入れれば，こうした限界は，さらに顕著となる。

　河川施設整備による「洪水」自体の防止に限界があるとすれば，ここでも，われわれは，ある程度，気候変動の影響としての「洪水」の規模と頻度の増大を覚悟すべきこととなる。やはり，「洪水」の発生を前提としつつ，その影響である「水害」を減らす対策が求められることとなる[18]。ここでも，洪水への「適応」

---

15) ドイツの例として，Aktionsplan (Fn.5), S.9.
16) 前掲計画7頁。
17) 前掲答申15頁。
18) 河川工学の専門家においても，近年は，こうした方向を重視する傾向があるが，たとえ

が求められるわけである。もともと，施設の整備率の低さを前提とすれば，洪水に対して，多くの河川は，まさに「過渡的安全性」しか有しないわけであり，整備のなされた河川についても，その想定を超えた降水量に耐えられないことは当然の前提である。したがって，そうした意味での洪水への「適応」が求められることは，いわば自明のことであったはずであるが，気候変動による降水量の増大により，それがさらに顕在化することとなろう[19]。

(3) さて，「洪水」の発生を前提としつつ，その影響による「水害」を減らすための施策としては，適応計画は，大きくは，「避難，応急活動，事業継続のための備え」と「まちづくり・地域づくりとの連携」を挙げている[20]。洪水の影響を軽減するためには，早期の避難を促す適切な体制の整備や早期の復興を可能にする災害廃棄物の処理体制の構築といった前者の対策が求められるのは当然である。しかし，本稿が問題としている気候変動適応策の「主流化」との関係で注目すべきは，もちろん，後者のまちづくり等との連携である。くりかえせば，各種のまちづくり等の施策の中に，水害を減らすという観点を組み込んでいくことが求められるわけである。もちろん，河川施設のみに頼らない都市計画等のまちづくり等と連携した水害対策といった観点も，かなり以前から，いわゆる「流域治水」といった考え方との関連から，河川管理者側からも，くりかえし提起されてきたところである[21]。しかし，その具体的な成果が十分とはいいがたかったことについても，多くの指摘がある[22]。水害対策を含む適応計画の法定化を機会に，適応策の一環としての水害対策のまちづくり施策における「主流化」が見直されなければなるまい。

III　リスク管理としての水害防御

(1) 気候変動適応策の一環として水害対策を考え，これをまちづくり等の具体的な施策に組み込もうとした場合，そこでネックとなるのは，その不確実性である。先にも触れたように，今後の気候変動の進行とそれによる降水量への影響に

　　　ば，堀智晴・古川整治・藤田暁・稲津謙治・池淵周一「氾濫原における安全度評価と減災対策を組み込んだ総合的治水対策システムの最適設計」土木学会論文集B64巻1号1頁（2008）。
19) こうした点につき，三好規正「都市行政と水法」久末弥生編『都市行政の最先端』25頁（日本評論社，2019）。
20) 前掲計画56頁。
21) 近時のものとして，気候変動による水害研究会・前掲注1) 175頁。
22) たとえば，三好・前掲注19) 31頁。

ついては，いくつものシナリオがある[23]。まして，それが個別の水系や河川の流量に与える影響を予測することは困難である。さらに，具体の河川において，計画高水流量を超えた場合に，どのような浸水が生じるかを予測することも容易ではない。水防法の規定により，一定の降水による河川ごとの一応の浸水予測はなされているわけであるが，他の河川の氾濫や内水氾濫との複合的な浸水の予測は，さらに困難となる。もちろん，計画高水流量の範囲内でも，破堤による洪水が生じない保障はない。河川の堤防は，長年にわたって改修を積み重ねたものであるため，その現状の強度に関するデータは，十分とは言えないからである。

もともと，洪水対策を含む河川管理は，自然を相手にする施策だけに，不確実性が付きものであるが，現代においては，それに気候変動という新たな不確定要因が加わったことになる[24]。こうした不確実性を前提としつつ，それへの適切な対応を考えなければならないところに，その対応の難しさがあるといえる。EU 等の水害対策において，不確実な事象としてのリスクの評価と管理というリスク論の枠組みが好んで援用されるのも[25]，この故である。その意味では，気候変動適応計画や水害の防御計画なども，「リスク管理計画」の性格を持つものといえる。

（2）周知のとおり，不確実な事象の管理を目的とするリスクの管理は，政策目標と施策を将来に向けて固定的に定める「静態的」なものではなく，将来の知見の変化に柔軟に対応しうる「動態的」なものでなければならない。安全工学等でいう「適応的 (adaptive)」あるいは「順応的」な管理が求められるわけである[26]。そこでの計画の役割も，将来の知見の増大や社会情勢の変化などの中で，常に気候変動や水害防御などに配慮した決定がなされるようにプログラミングしておくことにある。気候変動への対応といった長期的な政策目標は，その時々の経済活動の要請といったものに劣後しやすい性格のものであり，それへの最適な考慮を計画によってプログラミングしておくことが必要であり，それを保障するためにも，適応計画の法定計画化が必要であったと考えられるのである[27]。

23）前掲答申 6 頁など。
24）とくにドイツの気候変動適応計画は，その不確実性を強調する。Aktionsplan (Fn.5), S.9f.
25）EU の水害対策，とくにリスク論との関係につき，さしあたり，山田洋「洪水リスクへの法対応」同『リスクと協働の行政法』163頁（信山社，2013）。
26）順応型のリスク管理について，一般的には，下山憲治「リスク言説と順応型の環境法・政策」環境法研究 7 号 1 頁（2017）。
27）こうした点につき，ドイツの議論なども含めて，山田・前掲注 5 ）347頁。

気候変動推進法も，適応計画について，その「動態的」な性格を意識している。「気候変動及び多様な分野における気候変動影響の観測，監視，予測及び評価に関する最新の科学的知見」を踏まえつつ，おおむね5年ごとに「気候変動影響の総合的な評価についての報告書」を作成することを環境大臣に義務付けている（10条）。そのうえで，こうした評価などに基づき，適応計画について，政府は，「必要があると認めるときは，速やかに，これを変更しなければならない」旨を規定しており（8条），その定期的な見直しの必要性を強調している[28]。

(3) さらに，気候変動適応とりわけ水害防御へのリスク論的発想の導入は，その帰結として，この分野においても，不可分の予防原則の援用をもたらすことになる。これも周知のことであるが，この原則は，「疑わしきは，安全のために (no-regrets rule)」の標語の下に，不確実な知見を前提とした早期の国家の介入，とりわけ権利の制限を正当化する[29]。たとえば，水害についても，その規模や蓋然性についての知見が不確実であっても，その被害を防止するための土地利用制限等が是認されることとなり，ドイツなどにおいては，これを根拠に[30]，100年に一度と予測される降雨による一定の浸水のおそれがある地域について，新規の開発行為等が原則として禁止されている[31]。

もちろん，わが国の適応計画においては，土地利用規制といったハードな手法が主たる施策として想定されるわけではない。しかし，そこでも，不確実な知見を前提としつつも，気候変動に対して早めの適応策を講ずべきであるという予防原則的な考え方が基礎となっていることは否定できない[32]。他方で，予防的な措置も，その時点における最善の科学的知見を前提としなければならないのは当然であるが，それだからこそ，最新の知見による継続的な再検証が求められているということにもなる。

もっとも，気候変動適応法の立法化により適応計画が法定計画化したといっても，それについて，いわゆる法的拘束力が認められるわけではないことも，いうまでもない。しかし，先にも触れたとおり，国や地方公共団体が関連する各種の施策を決定するに際して，将来の気候変動とりわけ水害等への適応について，当該施策の根拠法の規定の如何にかかわらず，その衡量要素として相応の配慮を払

---

28) 適応計画も，科学的知見に基づく総合的な評価の必要性を強調する。前掲計画9頁。
29) この点につき，下山・前掲注26) 10頁。
30) Aktionsplan (Fn.5), S.10.
31) 山田・前掲注5) 348頁。
32) 水害の減災のために「想定し得る最大規模の外力の設定等」を見込むという考え方も，予防原則的な発想の影響ともいいうる。前掲答申20頁。

うべきことは，まさに法的な要請といえよう。まちづくりと連携した水害対策についていえば，たとえば，都市計画法に特段の記載はなくとも，都市計画の策定や開発許可などの運用において，水害への防御についての特段の配慮が求められることは，当然のことであり，これこそが気候変動適応法による気候変動適応策の「主流化」の法的要請ということになろう。

Ⅳ 都市計画による水害防御

(1) 気候変動適応策の一環としての水害防御をまちづくり法制において主流化するとすれば，もちろん，まず念頭に浮かぶのは，都市計画法制を中心とする土地利用計画である。とりわけ，都市計画の先進国として参照されることが多いドイツの気候変動適応計画においては，土地利用計画との連携が重視されており，国土整備法や建築法典などにおいて，都市計画策定等における気候変動適応一般や水害防御への配慮が衡量要素として明文化されるに至っている[33]。わが国の適応計画においても，必ずしも具体的とはいえないものの，土地利用計画との連携を進める旨の記述がある[34]。

もちろん，わが国の従来の都市計画法が水害防御にまったく無関心であったわけではない。基本的には，「溢水，湛水，津波，高潮等による災害の恐れのある土地の区域」（施行令8条2号ロ）については，市街化区域への指定は許されず，一方，市街化調整区域内における開発行為は原則として許可されないことになっているから，少なくとも，都市計画区域内では，水害のおそれがある区域については，都市計画法上も，開発行為はできず，宅地等が拡大することはないはずである。しかし，現実には，浸水のおそれがある地域などの宅地化が全国で拡大してきたことは，周知のとおりである[35]。

さらに，こうした一般的な都市計画法による制限のほか，建築基準法においては，地方公共団体は，「津波，高潮，出水などによる危険の著しい区域」を条例により「災害危険区域」に指定し，当該地域内における「居住の用に供する建築物の建築禁止その他建築物の建築に関する制限」をなせることになっている（39条）。これについても，従来は，水害の危険のある地域がこれに指定された例は，極めて少なく，水害の危険のある地域の宅地化等の歯止めとなってきたと

---

33) ドイツにおける衡量原則と洪水防御の関係につき，詳しくは，山田・前掲注5）358頁。
34) 前掲計画8頁など。
35) 三好・前掲注19)28頁など。

は，言い難い[36]。

(2) そもそも，河川の「洪水」を予防することから土地や住民を「水害」のリスクから防御することに視点を移動させた場合，必要とされるのは，まず，具体の土地について，そこでの浸水等のリスクを評価し，リスク低減の可能性なども考慮しながら，それに相応しい土地利用のあり方を考えていくという発想であろう[37]。いうまでもなく，これは，すぐれて都市計画等の土地利用計画の役割であり，これを所管する地方公共団体の任務である。

もちろん，古来，河川の流域などに密集して生活することを余儀なくされてきたわが国においては，土地利用の要請と水害リスク管理との調整は，困難を極める。こうした中で，地方公共団体が水害リスク管理を河川管理者任せにしてきた面は否定できまい。他方で，建築自由を前提として，一般的にも土地利用制限に消極的であるとの指摘がなされてきたわが国の都市計画法制は，水害リスク対策の側面においても，地方公共団体に対して，必ずしも十分な手段を用意しては来なかったといえる。気候変動による水害の激化と気候変動適用法の制定は，新たな対応を迫るものといえる。

(3) こうした中で，注目されるのは，滋賀県による「流域治水の推進に関する条例」（2014年3月31日公布，同9月1日施行）である。ここでは，堤防等の施設整備のみでは洪水を抑えきれないことを前提として，住民の暮らす流域の地点ごとの安全度（地先の安全度）を評価し，それを高めることが目標とされる。その安全度は，「床下浸水」「床上浸水」「家屋水没」「家屋流失」の被害と発生頻度によって評価される。こうした評価を前提として，各種の対策を総合的に推進することとされている。

土地利用計画との関係では，洪水被害の拡大を防ぐために，大幅な土地利用規制が盛り込まれていることに留意すべきである。具体的には，10年に1度以上の頻度で床上浸水が想定される地域については，住宅等の建設が認められる市街化区域への編入を認めず，さらに，200年に1度以上の頻度で家屋水没が想定される地域においては，住宅等の建設を制限するなどの利用制限が規定されている。そのほか，計画洪水のための遊水機能を有する地域における開発規制など，土地利用の制限とリンクした洪水被害の拡大防止対策が特徴的であり，今後のわが国の水害リスク対策の方向を先取りするものとして，注目されよう[38]。

---

[36] 災害危険区域の指定が少なかったことにつき，木下誠也『自然災害の発生と法制度』144頁（コロナ社，2018）。
[37] 治水計画について，類似の発想の必要性を指摘するものとして，堀他・前掲注18）1頁。
[38] この条例について，山田・前掲注25）174頁。さらに，山下淳「流域治水と建築制限」小

(4) この滋賀県の条例は，先に触れた建築基準法による「災害危険区域」の制度を利用して土地利用を制限するものであるが，このような地方公共団体による積極的な取り組みを促進する方向での法制度の運用と整備が求められることとなる[39]。たとえば，この災害危険区域に指定されていれば，建築基準法上の建築確認（6条）はもちろん，住宅などを目的とするものについては都市計画法上の開発許可（33条1項8号）も出ない仕組みとなっている。しかし，いずれについても，こうした指定がなされない限り，たとえば，浸水のおそれが高いといった土地の特性に着目してこれを拒否できるといった明確な規定はない。たとえば，開発許可については，災害防止の措置を求める規定はあるものの（同7号），その技術的細目を見れば，開発行為自体による災害を想定していると考えられる（施行令28条）。もちろん，いずれについても，伝統的に拒否裁量は認められないと考えられてきたわけで，結局，たとえば，水防法による浸水想定区域内であるからといって[40]，開発許可を拒否するといった措置は難しいこととなる。

すでに浸水のおそれの高い地域が広く市街化区域に指定され，宅地化している現状を前提とすれば[41]，せめて新たな開発許可の段階で水害のリスク等をチェックする仕組みが必要ではないか。もちろん，そのための都市計画法上の開発許可基準の見直しは期待される[42]。さらに，こうした立法措置を待つまでもなく，条例による規制強化を認める規定（33条4項）およびその基準（施行令29条の2）の柔軟な解釈による地方公共団体の条例化による途もありうると解したい。先に述べた気候変動適応法による「主流化」の帰結といえよう。

V　むすびにかえて

(1) 気候変動への適応，とりわけそれにより激化する水害への防御といった将来の不確実なリスクに柔軟に対応することは，決して「場あたり的」に対応することではない。将来の事象に備えて，リスク評価を継続しつつ，対応を見直し，かつ，そこで変わらずに優先すべき価値は何かを，あらかじめ制度的にプログラミングしておくことが必要であろう。おそらくは，これこそが法あるいは計画に

　　早川光郎先生古稀記念『現代行政法の構造と展開』633頁（有斐閣，2016）。
39)　三好・前掲注19)34頁。
40)　この浸水想定区域は，避難計画等の基礎になるに過ぎないが，これについて，木下・前掲注36)124頁。
41)　この点について，木下・前掲注36)142頁。
42)　同様の指摘として，三好・前掲注19)30頁。

V　むすびにかえて

期待される役割であり，そうした観点から，近時の気候変動適応法による気候変動適応計画の法定計画化の法的意味を捉えることは，必ずしも過剰な期待とはいえまい[43]。

同計画にも述べられているように，気候変動といった不確定要因に適応しつつ，増大する水害リスクに対応していくためには，それぞれの地域の実情に応じて，さまざまな施策が総合的に講じられなければならない。これらの施策のうちでも，本稿で主として考えてきた土地利用の制限は，最もハードではあるが，実効性の高い施策であるといえる。しかし，いずれの国でも，リスクの高い地域において，すでに市街化が進行しているという現実があり，即時に立退きを命ずるといった施策が不可能であることもいうまでもない[44]。状況に応じて土地利用を承認しつつ，その悪化を防ぎ，将来に向けて，その土地に相応しい利用形態を実現していかなければならない。

(2)　その時々の状況において，土地利用について，さまざまな政策的あるいは法的決定がなされることとなるが，水害リスク自体についても，社会情勢等についても，不確実な要素が多く，その決定の内容を現状で先取りすることは困難である。しかし，とりわけリスクの高い地域については，将来の決定に際して，水害防御への配慮が最優先されるようにプログラミングしておく必要がある。これが法的拘束力を有する土地利用計画に期待される機能であろう[45]。

くりかえしになるが，水害リスク管理の目的は，河川自体の安全性の確保ではなく，具体の土地と住民の安全性の向上にあり，前者は後者の一手段である。そうであれば，これが土地利用計画の課題であることは自明であろう。水害リスク管理のために土地利用計画がなすべきことは，安全確保のための当該土地における建築等の規制のほか，河川等への流入量を減らすための森林等の保全や遊水地の確保など，多岐にわたる。いずれも，古くから指摘され続けてきたことではあるが，気候変動適応法の制定を機会に，今一度，確認しておくべきであろう。

〈追記〉
　本稿は，2019年7月，小特集「洪水リスクをめぐる法的仕組みの現状と課題」の一篇として，法律時報91巻8号に同名で掲載されている。いわゆる「流域治水」については，2021年5月に「流域治水関連法」が公布されるなど，様々な動きがある

---

43)　もちろん，反面，気候変動適応に便乗した不必要な公共事業への予算獲得なども危惧されるが，この点を指摘するものとして，香西・前掲注6)65頁。
44)　ドイツの例について，山田・前掲注5)352頁。
45)　以上の点につき，山田・前掲注5)363頁。

ことは周知のとおりである。これにつき，さしあたり，宇賀克也「流域治水関連法について」行政法研究49巻5頁（2023年）など。

初出・原題一覧

序　章「気候変動期の行政法学」獨協法学第123号（2024年）293-306頁

◇ 第1部　インフラ計画と訴訟
第1章「計画策定手続の課題」行政法研究第50号（2023年）221-237頁
第2章「気候変動対策としての鉄道整備？ ── 「法律による計画（Legalplanung）」の復活」獨協法学第112号（2020年）147-176頁
第3章「温室効果ガスと訴訟 ── ドイツの気候保護法をめぐって」法と政治第72巻第1号（2021年）591-610頁
第4章「ドイツにおける気候訴訟」法学館憲法研究所 Law Journal 第28号（2023年）67-81頁

◇ 第2部　エネルギー政策と環境
第5章「水銀排出規制と石炭火力発電の将来 ── EU 水枠組み指令とドイツ」行政法研究第22号（2018年）37-52頁
第6章「シェールガス採掘と環境リスク ── ドイツの模索」獨協法学第107号（2018年）159-181頁
第7章「水素エネルギー利用の立法的課題」渋谷雅弘ほか編『公法・会計の制度と理論』（中央経済社, 2022年）737-751頁
第8章「日本における地熱発電と立地規制」獨協法学第118号（2022年）33-50頁

◇ 第3部　気候変動と洪水防御
第9章「洪水防御と土地利用計画 ── ドイツの「浸水地域」制度をめぐって」一橋法学第14巻第2号（2015年）345-365頁
第10章「洪水防御は誰のためか ── 土地利用規制の保護利益をめぐって」獨協法学第110号（2019年）157-174頁
第11章「気候変動への適応と水害リスクの防御」法律時報第91巻第8号（2019年）64-69頁

〈著者紹介〉
山田　洋（やまだ・ひろし）
　一橋大学名誉教授

1953年　仙台市に生まれる
1982年　一橋大学大学院法学研究科博士課程単位取得中退
西南学院大学法学部教授，東洋大学法学部教授，一橋大学
大学院法学研究科教授，獨協大学法学部教授など

〈主要著作〉
『大規模施設設置手続の法構造』（信山社，1995）
『ドイツ環境行政法と欧州』（信山社，1998〔改版新装・2008〕）
『道路環境の計画法理論』（信山社，2004）
『リスクと協働の行政法』（信山社，2013）
『現代行政法入門』共著（有斐閣，2007〔第5版・2023〕）

学術選書
254
行政法

気候変動期の行政法

2024（令和6）年11月30日　初版第1刷発行

著　者　山　田　　洋
発行者　今井 貴・稲葉文子
発行所　株式会社 信 山 社
〒113-0033　東京都文京区本郷 6-2-9-102
Tel 03-3818-1019　Fax 03-3818-0344
info@shinzansha.co.jp
笠間才木支店　〒309-1600　茨城県笠間市笠間 515-3
笠間来栖支店　〒309-1625　茨城県笠間市来栖 2345-1
Tel 0296-71-0215　Fax 0296-72-5410
出版契約 2024-8281-8-01010　Printed in japan

©山田洋，2024　印刷・製本／藤原印刷
ISBN978-4-7972-8281-8 C3332 P.216/323.900 a.016 行政法
8281-0101:012-030-010《禁無断複写》

JCOPY　〈(社)出版者著作権管理機構 委託出版物〉
本書の無断複写は著作権法上での例外を除き禁じられています。複写される場合は，
そのつど事前に，(社)出版者著作権管理機構（電話03-5244-5088，FAX03-5244-5089，
e-mail: info@jcopy.or.jp）の許諾を得てください。また，本書を代行業者等の第三者に
依頼してスキャニング等の行為によりデジタル化することは，個人の家庭内利用であって
も，一切認められておりません。

山田 洋 著

リスクと協働の行政法

ドイツ環境行政法と欧州
（新装第2刷）

道路環境の計画法理論

大規模施設設置手続の法構造
　─ドイツ行政手続論の現代的課題

信山社